कार्ल मार्क्स

कार्ल मार्क्स

सामाजिक अध्ययन

शम्भु लाल दोषी
प्रकाश चन्द्र जैन

रावत पब्लिकेशन्स
जयपुर • नई दिल्ली • बैंगलोर • गुवाहाटी • कोलकाता

ISBN 978-81-7033-264-0 (HB)

Reprinted, 2019

Published by
Prem Rawat for **Rawat Publications**
Satyam Apts., Sector 3, Jawahar Nagar, Jaipur - 302 004 (India)
Phone: 0141 265 1748 / 7006 Fax: 0141 265 1748
E-mail : info@rawatbooks.com
Website: rawatbooks.com

New Delhi Office
4858/24, Ansari Road, Daryaganj, New Delhi 110 002
Phone: 011-23263290

Also at *Bangalore, Guwahati* and *Kolkata*

Typeset by Rawat Computers, Jaipur

Printed at Nice Printing Press, New Delhi

अनुक्रमणिका
Contents

प्राक्कथन
Preface

समाजशास्त्र के शिक्षण में पिछले चार-पाँच दशकों में हिन्दी में बहुत कुछ लिखा गया है। हिन्दी में समाजशास्त्र के साहित्य का भण्डार भरता ही जा रहा है। यह सब होते हुए भी ऐसे कौन से कारण हैं जिनके तकाजे ने हमें कार्ल मार्क्स पर यह पुस्तक लिखने के लिये प्रेरित किया। पिछले कुछ वर्षों में समाजशास्त्र पढ़ाने के जो अवसर हमें मिले उनसे बराबर यह लगा कि हम समाजशास्त्र को हिन्दी भाषा में पढ़ाकर व लिखकर भी भारतीय सामाजिक परम्परा से जोड़ नहीं पाये। यह कमी हमें सिद्धान्त, विधि और सामाजिक विचारकों के क्षेत्र में अधिक खटकती है। हमारा यह दृढ़ विश्वास है कि कोई भी समाज विज्ञान अपने इर्द-गिर्द के समाज की विशेषताओं, दबावों और समस्याओं से विमुख नहीं हो सकता। यह बात सिद्धान्तों और विचारकों के विश्लेषण में और अधिक प्रासंगिक है।

हमारा विचार है कि समाज विज्ञानों में और विशेषकर समाजशास्त्र में जिन विचारकों का अध्ययन किया जाता है, उनमें कार्ल मार्क्स, दुर्खीम और मैक्स वेबर सम्मिलित हैं। इन विचारकों ने अपने युग में यानी 18 वीं और 19 वीं शताब्दी में यूरोप के समाज की जो समस्याएँ थी, उनके प्रति अपनी वैचारिक प्रतिक्रिया व्यक्त की थी। जब इन विचारकों का कृतित्व अपनी सृजन अवस्था में था, तब हमारे देश के समाज की अवस्था न तो पूँजीवादी थी और न औद्योगिक। न ही हम नगरीकरण की समस्याओं से ग्रसित थे। जो समस्याएँ उस युग में यूरोप में थी, वे आज मुंह बाये हमारे सामने आ खड़ी है। प्रस्तुत पुस्तक में हमने कार्ल मार्क्स को भारतीय समाज की अर्वाचीन पृष्ठभूमि में रखा है। पुस्तक लिखने की यह हमारी तीव्र प्रेरणा रही है।

पुस्तक लिखने का एक दूसरा कारण यह भी है। इधर हिन्दी में जो समाजशास्त्रीय साहित्य आ रहा है, उसमें भाषा की दुरूहता अधिक है। शायद इसका कारण तकनीकी पदों का पुरजोर प्रयोग भी है। कई बार तो यह भ्रम हो जाता है कि मौलिक पुस्तक भी अनुदित जैसी लगती है। प्रस्तुत पुस्तक में हमने विचारक और उसकी वैचारिकी के बीच में भाषा को व्यवधान के रूप में कभी खड़ा नहीं किया है। जिस हिन्दी भाषा को हम दैनिक पत्र-पत्रिकाओं में पढ़ते हैं जिस हिन्दी भाषा को आ़म आदमी सड़क चौराहे और दफ्तर में बोलता है, इसी का प्रयोग हमने पुस्तक में किया है।

पुस्तक लिखने का एक तीसरा कारण यह भी है। जब हमने मार्क्स पर अपना लेखन प्रारम्भ किया तब हमारे सामने समाज विज्ञान या मुख्य रूप से समाजशास्त्र के पाठक थे। पर तुरन्त हमें लगा कि इस पुस्तक को अन्य समाज विज्ञानों और सामान्य पाठक के लिये भी उपयोगी बनाना चाहिये, जो समाजवाद या साम्यवाद को किसी न किसी रूप में जानना चाहता है। इस अर्थ में यह पुस्तक समाज विज्ञान के छात्रों तथा साधारण पाठक के लिये भी उपयोगी है।

हमें आशा है बहुत शीघ्र हम विचारकों की इस कड़ी में दुर्खीम और मैक्स वेबर की पुस्तकों को लेकर भी पाठकों के सामने आयेंगे।

शम्भूलाल दोषी
प्रकाश चन्द्र जैन

अध्याय 1

भूमिका : ऐतिहासिक संदर्भ
Historical Context

कोई भी चिंतक या विचारक अपने युग की उपज होता है। प्रत्येक युग जो इतिहास के परिवेश में बंधा होता है, अपनी कुछ समस्याएँ रखता है। उस युग और समाज के लोग इन समस्याओं के साथ जूझते हैं। कुछ समस्याएँ ऐसी होती हैं जिनका निदान अपने युग में ही हो जाता है, लेकिन कुछ समस्याएँ ऐसी होती हैं जो अपने युग में आंशिक रूप से हल होने के बाद समस्याओं की एक नयी फसल ही पैदा कर देती है! हर युग का इतिहास अपनी समस्याओं के साथ इस तरह करवटें लेता रहता है। जो इन समस्याओं, चुनौतियों और त्रासदी का विश्लेषण कर सकें, वही चिंतक है। कई समस्याएं ऐसी भी होती है जो कभी-कभी युग की सीमा को पार कर कई युगों तक चलती रहती हैं। एक समस्या हल होती है और दूसरी पैदा हो जाती है। होता यह है कि समस्या के हल की कोख में ही नयी समस्याएं होती हैं। इस तरह युग दर युग समस्याओं का सिलसिला चलता रहता है और विचारकों की वीथिका सजती रहती है। इन विचारकों में कुछ विचारक ऐसे होते हैं जिनकी प्रासंगिकता अपने युग की सीमित अवधि के लिये होती है। लेकिन कुछ विचारकों की प्रासंगिकता कई युगों तक बनी रहती है। ऐसे विचारक सनातन विचारक बन जाते हैं।

समाजशास्त्र में और इस तरह समाज विज्ञानों में कुछ ऐसे विचारक हैं जिनकी प्रासंगिकता आज भी बनी हुई है। सौ-सवा सौ वर्ष पहले जो प्रासंगिकता कार्ल मार्क्स या दुर्खीम की थी, थोड़े बहुत हेर-फेर के साथ इनकी प्रासंगिकता आज भी बनी हुई है। प्रासंगिकता बने रहने का बहुत बड़ा कारण यह है कि जो समस्याएँ मार्क्स के युग में थी, वे आज भी उपस्थित हैं और इन समस्याओं के कारण ही विचारकों की प्रासंगिकता

बनी रहती है।

ऐतिहासिक परिप्रेक्ष्य
(Historical Context)

समाज विज्ञान के जाने माने विचारकों के व्यक्तित्व और कृतित्व को यदि ऐतिहासिक घटनाओं में देखें तो यह घटना क्रम ई. 1798 अर्थात् आगस्त काम्टे (August Comte) से लेकर ई. 1923 अर्थात् विलफ्रेडो पेरेटो (Vilfredo Pareto) तक चलता है। इतिहास में यह युग 18 वीं शताब्दी का अन्त और 20वीं शताब्दी का पहला चरण है। इतनी लम्बी अवधि में यूरोप में जहाँ के ये विचारक थे, बड़े क्रांतिकारी बदलाव आये। 1820 ई. की क्रांति, 1830 की क्रांति, 1848 की क्रांति के अतिरिक्त बहुत बड़ी क्रांति औद्योगिक क्रांति थी जो भाप के इंजिन से लेकर कोयले और बिजली के इंजिन तक पहुँच गयी। यह उसी युग में था जब औद्योगिक क्रांति हुई और इसके परिणाम स्वरूप शहरीकरण तथा अन्य कई बदलाव आये। वास्तव में औद्योगिक क्रांति की शुरूआत 18 वीं शताब्दी के मध्य में हुई। अब तक विज्ञान ने जो कुछ तकनीकी कुशलता और आविष्कार करने की क्षमता पायी थी, उसका उपयोग उत्पादन बढ़ाने में किया जाने लगा। यह औद्योगिक क्रांति किसी राज्य के उठा-पटक की नहीं थी, न ही इसमें साम्राज्यों के मानचित्र बदले और न ही मुकुट लुढ़के। वास्तव में, भाप के आविष्कार के बाद धीरे-धीरे कई छोटे बड़े आविष्कार हुए। कोयला आया और फिर बाद में बिजली आयी। आदमी ने स्वतः चलने वाली कई मशीनों का आविष्कार किया। इस सम्पूर्ण तकनीकी का प्रयोग अधिक से अधिक उत्पादन के लिये किया गया। जब अधिक उत्पादन होने लगा तो अपने आप अधिक कच्चे माल की जरूरत पड़ी। जब इंग्लैंड के बकिंघम सूती मिल में हजारों मीटर कपड़ा एक पारी में बनने लगा तो निश्चित रूप से अधिक कपास की आवश्यकता पड़ी। और जब अधिक कपड़ा पैदा हो गया तो उसकी बिक्री के लिये नये बाजारों की माँग कई वर्षों तक चलती रही। एक चक्र चल गया, एक पहिया घूम गया और अब कच्चे माल की माँग बढ़ गयी। नये बाजार खोज लिये गये, गाँव के मजदूर दिहाड़ी के लिये अपने पीछे परिवार छोड़कर शहर की ओर स्थानान्तरित हो गये। गाँव के करघे धीरे-धीरे और कहीं जल्दी-जल्दी बेमतलब होने लगे। छोटे-छोटे कारीगर, जुलाहे और सूती कपड़े के बाजार जो चरखे और करघे पर चलते थे, बेकार हो गये। औद्योगिक क्रांति ने कई नये हाथों को धंधा दिया, कई पुराने कारीगर हाथों को बेकाम कर दिया। नये मुनाफा खोर आये। पूंजी कुछ लोगों के हाथों में केन्द्रित हो गयी। अधिक लोग केवल दिहाड़ी करने वाले रह गये। इस तरह 18 वीं शताब्दी के औद्योगिक पूंजीवाद ने समाज के सामने कई नये

मुद्दे प्रस्तुत किये।

सामान्य लोगों को ऐसा लगा कि अब भाप से चलने वाले भीमकाय कारखाने राक्षस हो गये हैं जो गाँवों में बसे सैकड़ों कारीगरों को बेकार कर देंगे। औद्योगिक क्रांति से पहले जो सामाजिक एकीकरण था वह तहस-नहस हो जायेगा। ऐसा लगा कि सम्पूर्ण समाज, परिवार, विवाह सभी की चूलें हिल जायेंगे और बेचारा आदमी कहीं का नहीं रहेगा। इस तरह औद्योगिक क्रांति ने सामाजिक विघटन की चुनौती को तत्कालीन समाज के सामने प्रस्तुत किया। इस चुनौती का प्रत्युत्तर उस युग के विचारकों ने अपनी-अपनी समझ के साथ दिया। यह इसी कारण है कि कार्ल मार्क्स, मैक्स वेबर और दुर्खीम सभी ने औद्योगिक क्रांति अलगाव, पूंजीवाद और मजदूरों के शोषण और उनकी बेबसी पर लिखा है। चुनौती तो एक है– औद्योगिक क्रांति और उसके परिणाम। इस चुनौती का उत्तर अलग– अलग है। जो कुछ मार्क्स कहते है वह वेबर को स्वीकार नहीं है तथा मार्क्स और वेबर के सिद्धान्त जो कुछ रखते है वह दुर्खीम को स्वीकार नहीं है। इस विभिन्नता के होते हुए भी औद्योगीकरण की चुनौती का उत्तर सभी ने अपने तर्क के साथ प्रस्तुत किया है। यह तर्क इतना सशक्त है कि इसने इन लेखकों को विचारक के दर्जे पर रख दिया।

18 वीं और 19 वीं शताब्दी के यूरोप में एक और नया बदलाव देखने को मिला जिसे *'प्रबोध'* (Enlightenment) कहते हैं। 'प्रबोध' ने सम्पूर्ण यूरोप को अपनी परिधि में समेट लिया। इस युग का विचारक अपने पिछले युग से भिन्न था। प्रबोध युग के विचार का यह पुख्ता विश्वास था कि इस सम्पूर्ण संसार को समझा जा सकता है और इसका पूरा प्रयोग मनुष्य की आवश्यकताओ के लिये किया जा सकता है। इस युग की बहुत बड़ी विशेषता *तर्क* (Reason) हो गयी। विचारकों ने तर्क को ईश्वर के बराबर समझ लिया। इस आधार पर समाज विज्ञान में ऐसे नियमों की खोज को जाने लगी जो प्राकृतिक विज्ञानों के नियमों की तरह हो। इस युग के विचारकों के लिये सत्य (Truth) एक जीवन का अंतिम मुहावरा बन गया। इस सत्य की खोज में वे सभी सामाजिक संस्थाएँ जो अंध विश्वासों, मिथकों और भावनाओं पर आधारित थी, लड़खड़ाने लग गयी। दूसरे शब्दों में यह माना जाने लगा कि चर्च, राजा, प्रजाति आदि रूढ़िगत संस्थाएँ तर्क के आगे टिक नहीं सकती और इसलिये इनकी खूब आलोचना होनी चाहिये, इनकी छिछालेदारी होनी चाहिये और सत्य तथा तर्क को सबसे ऊंचा स्थान मिलना चाहिये।

18वीं तथा 19वीं शताब्दी के विचारकों का पूरा विश्वास विज्ञान, तर्क तथा प्राकृतिक नियमों में था। आगस्त काम्टे (1798-1857 ई.) ने विज्ञानों का वर्गीकरण किया जिसमें उन्होंने विज्ञानों में गणित और ज्योतिष को सबसे नीचे रखा क्योंकि वे

अमूर्त (abstract) हैं। उन्होंने जीव-विज्ञान तथा समाजशास्त्र को विज्ञान की इस सोपान अवस्था में सबसे ऊपर रखा। इसका कारण यह है कि बाद के ये दो विज्ञान आदमी और समाज के रूबरू होते हैं। इन सब विचारों को इस युग में प्रत्यक्षवादी व्यवस्था में रखा गया। प्रत्यक्षवाद (Positivism) ने 19वीं शताब्दी के परम्परागत विचारों और मूल्यों को एक चुनौती दी। यह चुनौती इसलिये थी कि प्रत्यक्षवाद ने धर्म तथा तत्व मींमासा की दोषपूर्ण अवधारणाओं को अस्वीकार कर दिया। यह उस दर्शनशास्त्र को रद्द करता है जो तत्व मींमासा की परिधि में बंधा रहता है। विज्ञान के विकास तथा प्रबोध ने इस युग के विचारकों को तर्क संगत बना दिया। वे आलोचक बन गये। उन्होंने सम्पूर्ण विचारधारा को आलोचना की दृष्टि से देखना शुरू किया। इसका परिणाम यह हुआ कि प्रबोध युग के विचारक यह प्रयास करते रहे कि वे समाज विज्ञानों और इस अर्थ में समाशास्त्र को एक विज्ञान का दर्जा दे सके। समाजशास्त्र प्राकृतिक विज्ञान की हैसियत में आ जाये। अपने इस प्रयास में इन विचारकों ने परिवार, प्रजाति, धर्म सभी पर आक्रमण किया। उन्होंने समाजशास्त्र में सबसे पहली बार सिद्धान्त निर्माण का कार्य प्रारंभ किया।

18वीं एवं 19वीं शताब्दी के विचारकों ने धर्म पर बहुत कुछ लिखा है। यह लिखावट तर्क तथा सत्य की खोज में की गयी है। मार्क्स कहते है, धर्म कुछ नहीं है पूंजीवाद का ढकोसला है, एक नकाब है, सब मिलाकर अफीम का एक ऐसा नशा है जो उन्हें शोषण के प्रति आवाज नहीं उठाने देता, बेसुध कर देता है। पूंजीवाद मजदूर के शरीर पर घाव कर देता है, उसे निचोड़े हुए नींबू की तरह नीरस कर देता है, फिर भी धर्म उसे सुलाए रखता है। धर्म पर जो इस युग की चुनौती है, उसके बारे में मैक्स वेबर ने भी लिखा है। उनकी प्रतिक्रिया दूसरी है। वे कहते हैं कि यह प्रोटेस्टेन्ट धर्म यानी उसके काल्विनवादी सम्प्रदाय के आचार्यों की देन है कि यूरोप में पूंजीवाद आया। जहाँ मार्क्स कहते हैं कि सामाजिक परिवर्तन *उत्पादन शक्तियों* (Production Forces) और *उत्पादन सम्बन्धों* (Production relations) के बदलाव के कारण होता है, वहीं मोटे रूप में वेबर कहते हैं कि यह बदलाव धर्म यानी *विचारों* (Ideas) द्वारा होता है। धर्म के सम्बन्ध में विचारकों का एक ग्रुप कहता है कि समाज में परिवर्तन आ जाता है तो दूसरा ग्रुप इसे अफीम से ज्यादा नहीं मानता। चुनौती एक है, प्रत्युत्तर अनेक। इधर मार्क्स और वेबर की तरह दुर्खीम ने भी धर्म पर अपनी प्रतिक्रिया जड़ी है। उन्होंने दुनियाँ भर की वस्तुओं को केवल दो भागों में बाँट दिया : *पवित्र* (Sacred) और *अपवित्र* (Profane)। जिन वस्तुओं के प्रति हमारे मन में आदर है, प्रतिष्ठा है, वे सब वस्तुएँ पवित्र हैं। और जो पवित्र नहीं है, वे केवल अपवित्र हैं। दुर्खीम *सामाजिक सुदृढ़ता* (Social Solidarity) के लिये धर्म को एक आवश्यक *सामाजिक तथ्य*

(Social Fact) की तरह स्थापित करते हैं। हमारा आग्रह यह है कि जब कभी इतिहास का कोई युग किसी चुनौती को रखता है, तो इस युग के विचारक अपनी-अपनी दृष्टि से चुनौती पर अपनी प्रतिक्रिया देते हैं।

18वीं एवं 19वीं शताब्दी के यूरोप में प्रबोध युग ने समाजशास्त्र और सामाजिक विज्ञानों को प्रत्यक्षवाद (Positivism) तथा विज्ञानवाद के परिणाम स्वरूप सिद्धान्त निर्माण के क्षेत्र में एक नयी दिशा प्रदान की। अब यह सोचा जाने लगा कि जब ज्ञान के क्षेत्र में प्राकृतिक विज्ञान हो सकते है तब सामाजिक प्रघटनाओं के अध्ययन के लिये समाज विज्ञान क्यों नहीं हो सकते। क्या समाजशास्त्र एक विज्ञान हो सकता है? इस प्रश्न का उत्तर इस युग के विचारकों ने देने का प्रयत्न किया है। 17वीं शताब्दी का ज्ञान *निगमनात्मक* (Deductive) था। अब प्रबोध युग ने इसे नयी दिशा दी। डेकारटे (Descartes) ने समझ पर अधिक जोर दिया। वे निगमनात्मक थे। अब प्रबोध कालीन विचारक विश्लेषणात्मक बन गये। उनका झुकाव न्यूटन की तरफ था। न्यूटन सेव के गिरने का अवलोकन करता है और इसका अनुभव करता है। प्रबोध कालीन विचारक भी इसलिये अब प्रघटनाओं को *देखकर* (Observation) उनका *आनुभविक* (Empirical) अध्ययन करता है। अध्ययन सामग्री इन विचारकों के लिये तथ्यों का जंगल नहीं है। आँकड़े बेमतलब नहीं है। यदि *विश्लेषण* (Analysis) किया जाये तो इन तथ्यों या अध्ययन सामग्री में भी हमें निश्चित स्वरूप मिलेंगे, प्रतिमान मिलेंगे तथा इनके बीच में *नियमितताएँ* (Regularities) और *सम्बन्ध* (Relationship) मिलेंगे।

यह प्रबोध युग के कारण ही था कि इस युग के विचारकों ने समाजशास्त्र की परिभाषा एक विज्ञान के रूप में की। दुर्खीम ने तो बड़े मोटे अर्थों में कहा कि समाजशास्त्र तो केवल *सामाजिक तथ्यों* (Social facts) का विज्ञान है। पेरेटो ने सामाजिक प्रघटनाओं के *अवलोकन (Observation) तथा तर्क पर जोर दिया। इसकी परिभाषा में उन्होंने कहा कि समाजशास्त्र तार्किक प्रयोगात्मक* (Logico-experimental) है। जब किसी ज्ञान शाखा को विज्ञान का दर्जा देते हैं तो उसकी अध्ययन विधि भी निश्चित रूप से तार्किक तथा वैज्ञानिक होनी चाहिये। दुर्खीम ने समाजशास्त्र की अध्ययन विधि को निश्चित रूप देने के लिये पूरी एक पुस्तक ही लिखी है (The Rules of Sociological Methods, 1895)। इस पुस्तक में वे सामाजिक तथ्य को समाजशास्त्रीय विधि का बहुत बड़ा आधार मानते हैं। जब दुर्खीम सोश्योलोजी एण्ड फिलोसोफी (Sociology and Philosophy, 1924) पुस्तक में समाजशास्त्र और दर्शन की व्याख्या करते हैं तब उन पर प्रबोध युग का पूरा प्रभाव देखने को मिलता है। वे कहते हैं कि यदि दर्शनशास्त्र आनुभविक नहीं बनता, अवलोकन नहीं करता तो वह केवल तार्किक मात्र रह जाता है और केवल तर्क विज्ञान

नहीं है। विज्ञान के लिये *आनुभविक* (Empirical) होना आवश्यक है। वास्तव में प्रबोध युग की एक समस्या विधि की रही है। इसके प्रत्युत्तर में मार्क्स ऐतिहासिक भौतिकवाद या द्वन्द्वात्मक भौतिकवाद को विधि या सिद्धान्त का आधार मानते हैं। मैक्स वेबर भी विधि की चुनौती से अवगत थे। दुर्खीम के सामाजिक तथ्य की तरह उन्होंने *आदर्श प्रारूप* (Ideal type) को एक विधि के रूप में प्रस्तावित किया। 19वीं शताब्दी की प्रबोध जनित समस्या विज्ञान और प्रत्यक्षवाद की थी और इस युग के सभी विचारकों ने अपने-अपने ढंग से इस चुनौती का मुकाबला किया है।

19वीं शताब्दी के विचारकों की एक और चुनौती उपनिवेशवाद की रही है। उपनिवेशवाद के साथ साम्राज्यवाद भी जुड़ा हुआ है। इस युग में जिन देशों ने औद्योगीकरण के क्षेत्र में अपनी उत्पादन शक्ति को बढ़ा लिया, उन देशों ने नये बाजारों की खोज में साम्राज्यवाद और उपनिवेशवाद को अपना हथियार बनाया। फ्रांस ने बराबर यह कोशिश की कि अफ्रीका और एशिया के पिछड़े देशों पर अपना अधिकार जमाया जाय जिससे उसे नया बाजार मिले। हम जानते हैं कि डूप्ले ने दक्षिण भारत में प्रवेश किया और उसने बाजार की प्रतियोगिता में क्लाइव से संघर्ष किया। इधर शताब्दी के औद्योगीकरण का केन्द्र इंग्लैंड बन गया। इंग्लैंड में उद्योग का जिस प्रकार विकास हुआ वह सारे यूरोप में बेमिसाल था। *वाटरलू* (Waterloo) की लड़ाई के बाद दक्षिण जर्मनी के दार्शनिकों ने जिनमें *हीगल* (Hegal) प्रमुख थे कहा कि औद्योगिक क्षेत्र में इंग्लैंड का कोई सानी नहीं था। इस देश के विकास का आधार वाणिज्य और उद्योग था। *ऐसा लगता है कि इंग्लैंड ने दुनिया भर में सभ्यता को फैलाने का मिशन अपने कंधों पर ले लिया था। वह तो एक प्रकार से सभ्यता का दूत या मसीहा बन गया था। उसने अपनी वाणिज्य की भावना का विस्तार सात समुन्दर पार रहने* वाले असभ्य लोगों को सभ्य करने का बीड़ा उठा लिया। वह तो चाहता था कि लोग अपनी न्यूनतम आवश्यकताओं को बढ़ायें, हिंसा के जीवन को छोड़े तथा धन सम्पत्ति के प्रति आदरणीय भावना को अपनायें। दक्षिण अफ्रीका और भारत में जब अंग्रेज आये तो उनका बुनियादी उद्देश्य उपनिवेशवादी न होकर अपने वाणिज्य को फैलाना था। वे तो व्यापार करना चाहते थे। इन देशों के सामने वे विशुद्ध रूप से व्यापारी थे। इंग्लैंड की इस वाणिज्य तथा औद्योगिक प्रवृति के प्रति टीका करते हुए हीगल ने लिखा:

अंग्रेजों का भौतिक अस्तित्व वाणिज्य और उद्योग पर आधारित है और उन्होंने इस तथ्य पर अपने आपको दुनिया भर की सभ्यता का मसीहा समझ रखा है। यह इसलिये कि उनके वाणिज्य का उत्साह उन्हें सात समुन्दर पार करने और बियावान जगहों में जाने के लिये प्रेरित करना है। वे जंगली लोगों के साथ तालमेल बैठाते हैं, उनमें

आवश्यकता पैदा करते है, उन्हें झकझोरते हैं और ऐसी दशाएँ पैदा करते हैं कि वे वाणिज्य के शिकंजे में फँस जाते हैं और अन्त में चलकर अपने बेकानूनी और बहशी जीवन को छोड़कर सम्पत्ति तथा नागरिक जीवन की ओर आकृष्ट होते हैं।

इस शताब्दी में इस तरह फ्रांस और इंग्लैंड के अतिरिक्त कई छोटे-बड़े देशों ने दूसरे देशों में जाकर औद्योगिक सभ्यता को बेचा। 1819 ई. में अतलांतिक समुद्र को जहाज से पार किया गया। आने वाले दशक में बेल्जियम, फ्रांस और जर्मनी में रेल व्यवस्था का सूत्रपात हुआ। उसके चालीस वर्ष बाद अमेरिकी आविष्कारक *मोर्स* (Morse) के प्रयास से सारे यूरोप में तार व्यवस्था को लागू किया। पाँचवे दशक में जाकर बेतार व्यवस्था दुनिया भर में फैल गयी। सातवें दशक में अन्तर्देशीय डाक व्यवस्था स्थापित हो गयी। इन आविष्कारों के दो बड़े परिणाम सामने आये। पहला तो यह हुआ कि वाणिज्य और आविष्कार सारी दुनिया में फैल गये और दूसरा यह कि गाँव और शहर की जनसंख्या में अन्तर बढ़ गया। यह परिवर्तन विशेषकर जर्मनी में देखने को मिला। यह राज्य 1871 ई. में संस्थापित हुआ था। इसमें मनचाही जमीन पर किसान खेती करते थे। ये खेतीहर एक शक्तिशाली कौम थे। लेकिन ज्योंही तार, टेलीफोन, बिजली, रेल और लोहे जैसी धातुओं का आविष्कार हुआ, जर्मनी शक्तिशाली बन गया। फांस के साथ युद्ध में यह विजयी हुआ और 1849 ई. तथा 1910 ई. में जाकर केवल 60 वर्षों में इसकी शहरी जनसंख्या चार गुनी बढ़ गयी। ये सब उतार-चढ़ाव किसी भी दृष्टि से देखें क्रांतिकारी थे। इसने सम्पूर्ण यूरोप के सामने पूंजीवाद की समस्या को रखा। पूंजीवाद से जुड़ी हुई साम्राज्यवाद और उपनिवेशवाद की समस्याएं थी।

कार्ल मार्क्स ने इस चुनौती का प्रत्युतर दिया। उन्होंने बताया कि दुनिया के *उत्पादन विधियाँ* (Mode of Production) औद्योगिक क्रांति के परिणाम स्वरूप यानी *उत्पादन शक्तियों* (Production Forces) के परिणाम स्वरूप दो भांगों में बंट गयी। जहां यूरोप की उत्पादन शक्तियाँ तकनीकी और औद्योगिकीय थी, वहाँ एशिया की *उत्पादन विधि* (Asiatic mode of production-AMP) सामन्तवादी और कृषिजनक थी। मार्क्स ने *एशिया की उत्पादन विधि* (AMP) पर टिप्पणी करते हुए कहा है कि एशिया का समाज *वर्ग समाज* (Class Society) नहीं था। जैसा यूरोप में था। यहाँ तो जिस पर शासन किया जाता था अर्थात् प्रजा और शासन करने वाले वर्ग के बीच में संघर्ष था। मार्क्स ने अपने जीवन काल में कोई तीन हजार पृष्ठ लिखे हैं इन सभी पृष्ठों का तर्क साम्राज्यवाद, उपनिवेशवाद्द और उत्पादन विधि अर्थात् पूंजीवाद से जुड़ा हुआ है। दुर्खीम के सामने भी उपनिवेशवाद और साम्राज्यवाद महती समस्याएँ थी। वे इन समस्याओं के रूबरू अपनी पुस्तक *सोशियोलिज्म* (Socialism, 1928)

तथा *मोरल एजुकेशन* (Moral Education) में होते हैं। मैक्स वेबर इसी साम्राज्यवादी संदर्भ मे प्रभुत्व (Domination) का आदर्श प्रारूप (Ideal type) देते हैं।

मार्क्सवादी समाजशास्त्र (Marxian Sociology) और *गैर-मार्क्सवादी समाजशास्त्र* (Non-Marxian Sociology) में कुछ बुनियादी अन्तर है। समाजशास्त्र के जो थोड़े बहुत जाने माने विचारक हैं, वे इन दो समाजशास्त्रों में बंट जाते हैं। या तो वे मार्क्सवादी समाजशास्त्री विचारक है या *गैर मार्क्सवादी*। इन दोनों सामजशास्त्रों में पहला बुनियादी अन्तर यह है कि जहाँ मार्क्सवादी विचारक आधुनिक समाज को अनिवार्य रूप से *वर्ग समाज* (Class Society) मानते हैं, वहाँ गैर मार्क्सवादी विचारक इस समाज को *प्रकार्यात्मक समाज* (Functional Society) मानते हैं। विभिन्न व्यवसाय और उद्योग धन्धे प्रकार्यात्मक समाज में एक दूसरे के कार्यों से जुड़े हुए हैं : भाग-भाग से भाग अन्य भागों से जुड़ा हुआ है। यह समाज एक मत (Consensus) पर आधारित है। इस समाज की व्यवस्था एक निश्चित पद्धति (Order) पर बनी हुई है और इसकी समस्याएँ भी *पद्धति समस्याएँ* (Problem of Order) यानी पद्धति से जनित समस्याएं हैं। इनका निराकरण भी पद्धति जन्य होता है।

मार्क्स समाज में वर्ग देखते हैं। इसमें एक वर्ग दूसरे वर्ग का दुश्मन है। एक वर्ग दूसरे वर्ग का *विरोधी* (Antagonist) है। ऐसे समाज में सम्बन्धों का ताना-बाना और कुछ न होकर केवल संघर्ष ही होता है। इस समाज में सुधार की कोई गुंजाइश नहीं है। इसका हल तो केवल और केवल क्रांति ही है। दूसरी ओर गैर मार्क्सवादी विचारक जो कुछ सोचते हैं, वह बिल्कुल मार्क्सवाद के विपरीत है। ये विचारक ऐसा नहीं मानते कि इतिहास के भी के कुछ नियम होते हैं। उनका कहना है कि यदि इतिहास के नियम हो भी तो वे निश्चित नहीं है। उनका आरोप है कि मार्क्सवादी विचारक जिन नियमों को इतिहास का नियम मानते है उनकी कोई वैज्ञानिक वैधता नहीं हैं। साफ बात यह है कि गैर मार्क्सवादी समाजशास्त्री बुनियादी रूप से *विश्लेषणात्मक* (Analytical) तथा *आनुभविक* (Empirical) हैं। वे तो व्यक्तियों के जीवन की पड़ताल केवल इन दो कारकों पर ही करते हैं। गैर मार्क्सवादी विचारक वर्तमान समाज व्यवस्था के प्रति हमदर्दी का रवैया अपनाते हैं। वे इस समाज की वैधता को मानते हुए समाज के अंगों की आलोचना तो करते हैं, लेकिन सम्पूर्ण समाज को अपनी स्वीकृति देते हैं।

मार्क्सवादी और गैर मार्क्सवादी विचारकों को दो अलग-अलग खेमों में रखना अनुचित होगा। समाज की एक तस्वीर को स्वीकार करके हम इसी समाज की दूसरी तस्वीर को ठुकरा नहीं सकते। समाज जटिल है। जहाँ इसमें ऐसे पहलू है जो सर्वमान्य

और एकमत है वहीं ऐसे पहलू भी है जो हमेशा विरोधी या संघर्ष में है। एकमत को संघर्ष से जुदा नहीं किया जा सकता। साथ ही संघर्ष को देखते हुए एकमत को भुलाया नहीं जा सकता। एकमत और संघर्ष दोनों ही एक ही सिक्के के पहलू है। आजकल दुनियां भर के समाजशास्त्र में एक नया उपागम उभरकर सामने आया है। अब यह समझने का प्रयास किया जा रहा है कि मार्क्सवादी विचारक और गैर-मार्क्सवादी विचारक दो परस्पर *विरोधी ध्रुवों* (Polars) की तरह नहीं समझे जा सकते। वास्तविकता यह है कि प्रत्येक समाज अपनी चुनौतियों को रखता है और हर युग में, इतिहास साक्षी है, एकमत और संघर्ष की समस्याएं समाज ने रखी है। कोई भी समाज रातों-रात नहीं बनता। इसके विकास की एक निश्चित *उद्‌विकासीय* (Evolutionary) प्रक्रिया होती है। यह प्रक्रिया उस देश के इतिहास में निहित होती है। विचारक तो अपनी पृष्ठभूमि और संदर्भ के अनुसार समाज की चुनौती को अपनी प्रतिक्रिया के लिये उठा लेता है। इसी में वह मार्क्सवादी विचारक बन जाता है। किसी भी विचारक पर चिन्तन करते हुए हमें यह नहीं भूलना चाहिये कि उसकी कृतियाँ उसके युग की चुनौतियों का प्रत्युत्तर होती है। प्रत्येक विचारक का अपना एक संदर्भ होता है। यह संदर्भ उसके देश के इतिहास, सामाजिक संरचना और चुनौतियों से भरा होता है। कोई भी विचारक इसलिये तब विचारक का दर्जा पाता है जब वह अपने युग की इन चुनौतियों और संदर्भों के प्रति सजगता बताता है और अन्त में, कुछ विचारकों की युगीन प्रासंगिकता थोड़ी होती है, कुछ की ज्यादा और इक्के-दुक्के के सर्वयुगीन या सनातन। सुकरात, प्लेटो मार्क्स, वेबर कुछ ऐसे विचारक है जिनकी प्रासंगिकता कई युगों को लांघ गयी है।

अध्याय 2

कार्ल मार्क्स (1818-1883 ई.)
Karl Marx (1818-1883 A.D.)

जीवन वृत : आदर्श और विचारधारा
(Life Sketch : Ideals and Ideology)

कार्ल मार्क्स की कृतियों में जो कुछ लिखा है, वह निश्चित रूप से और बराबर, पश्चिम देशों का *सिक्यूलर मानववाद* (Secular Humanism) है। मार्क्स ने प्रारम्भ से लेकर अब तक अपने आप की एक ऐसी छवि बनायी है जो ठेठ यथार्थवादी बुद्धिवादी की है। उसने हमेशा बहुत ऊंचे आदर्शों की निन्दा की है। उसका सम्बन्ध तो धरती पर खड़े हुए वास्तविक समाज से था। उसके व्यक्तित्व की बुनियादी विशेषता यह है कि वह एक *धर्मनिरपेक्ष नीतिज्ञ* (Secular Moralist) था। अपने विश्वास में वह नास्तिकवादी था। उसकी यह मान्यता थी कि धर्म एक राजनैतिक धोखाधड़ी है, जालसाजी है जिसके द्वारा पूंजीपति गरीबों का शोषण करते हैं, उनकी मानसिकता का लाभ लेते हैं। मार्क्स का तो ऐसे मानववाद में विश्वास था जिसमें ईश्वर का कोई स्थान नहीं है।

मार्क्स एक पक्का *तर्कवादी* (Rationalist) चिन्तक था। उसका कहना था कि वह समाज जो कुछ उपलब्धियाँ करना चाहता है उसे अपने सभी भ्रम या माया को त्याग देना चाहिये। मार्क्स ने जीवन पर्यन्त इस मुहावरे का अपने ऊपर लागू किया। उसका पूरा विश्वास *मानव तर्क* (Human Reason) में था और वह सभी कार्यों के लिये स्वतन्त्रता को एक आवश्यक दशा मानता था। उसकी यह मान्यता ही उसके जीवन की नैतिक शक्ति थी। वह कहता है कि उस व्यवस्था को जितना जल्दी हो सके

ठोकर लगा देना चाहिये जो मनुष्य को उसके अस्तित्व को स्वीकार नहीं करती।

मार्क्स हर तरह से और अपने जीवन में बराबर *मानवतावादी* (Humanist) रहा। वह तत्कालीन समाज को अनिवार्य रूप से गैर मानवीय समाज मानता था वह कहता था कि यह समाज मनुष्य को कहीं का नहीं रखता। उसकी *अलगाव* (Alienation) की अवधारणा उसके इसी मानवतावाद में निहित है। किसी भी पूंजीवादी व्यवस्था में अलगाव के अतिरिक्त एक व्यक्ति की नियति और कुछ नहीं है। यह वर्ग समाज जिसमें गरीब-गुरबे रहते है उनका वास्तविक जीवन से पूर्णतया अलगाव हो जाता है।

मार्क्स मनुष्य की सम्पूर्ण स्वतन्त्रता में भरोसा रखता था। तर्क का प्रयोग इसी स्वतन्त्रता में किया जा सकता है। उनका मानना था कि व्यक्ति पर किसी भी प्रकार का *सेन्सर* (Censor) अनुचित है। वे ऐसे राजनीतिक समुदाय की कल्पना करते हैं, जिसमें सही अर्थों में प्रजातंत्र हो, जहाँ राज्य ओझल हो जाये, जहाँ वर्ग जैसी कोई व्यवस्था न हो।

यूरोप में जब मार्क्स ने जन्म लिया और बहुत कुछ लिखा, एक घुटन का वातावरण था। वे सही अर्थों में आदर्शवादी थे और यूरोप के उदारवाद के विरोधी थे। उन्होंने अपने समय में जो कुछ लिखा, इस लेखन ने आने वाले कई दशकों के विचारकों को प्रभावित किया। हम कार्ल मार्क्स से असहमत हो सकते है, उसके विचारों की आलोचना कर सकते है, लेकिन पद-दलित समाज के लिये उन्होंने जो कुछ किया है उसे नकारा नहीं जा सकता। आज भी मार्क्स का कथन कम से कम तीसरी दुनिया के पिछड़े देशों के लिये एक बहुत बड़ा *संदेश* (Message) है। उदाहरण के लिये मार्क्स के इस संदेश पर गौर कीजिये:

> *"अब अधिक समय तक आपको गरीब नहीं रहना पड़ेगा। हर जगह आदमी हमेशा शोषक और शोषित रहे हैं। जब तक उत्पादन के साधन वस्तुओं की आवश्यकताओं के अनुपात में नहीं रहेंगे शायद यह शोषण अपरिहार्य है, रोका नहीं जा सकता*
>
> *लेकिन ऐसी कोई अपरिहार्यता अब नहीं है। तुमकों अब गरीब नहीं रहना पड़ेगा। तुम गरीब इसलिये नहीं हो कि तुमने ऐसा कोई पाप किया है। तुम गरीब इसलिये नहीं हो कि ईश्वर की ऐसी ही इच्छा है। यह तुम्हारा दुर्भाग्य भी नहीं है। तुम इसलिये गरीब हो कि आर्थिक और राजनैतिक दशाएं ही ऐसी हैं। ये दशाएँ पूँजीवाद कहलाती हैं। शुरू-शुरू में पूँजीवाद आदमी के इतिहास में एक ताकतवर शक्ति थी। इस शक्ति के कारण मनुष्य ने उत्पादन की सभी सुविधाओं को प्राप्त कर लिया।*

तुम गरीब हो, तुम्हारा शोषण हुआ है और यह शोषण तब तक चलता रहेगा जब तक पूँजीवाद रहेगा। अब पूँजीवाद एक प्रगतिशील शक्ति नहीं रही। यह प्रगति के रास्ते में रुकावट है : तुम्हारी प्रगति के। इसका प्रवेश मनुष्य जीवन के हर क्षेत्र में है : निजी और सार्वजनिक। इन सभी क्षेत्रों को यह पूँजीवादी शक्ति भ्रष्ट करती है। पूँजीवाद वह व्यवस्था है जो तुम्हारा शोषण करती है।

अब तुम्हें गरीब रहने की आवश्यकता नहीं है। वे दशाएं जो तुम्हें गरीब बनाती हैं, उन्हें बदलना है। और उन्हें बदल दिया जायेगा। स्वयं पूँजीवाद में ऐसे बीज हैं जो इसके स्वयं का खात्मा करते हैं। तुम शायद जानों या न जानों, तुम स्वयं ही एक क्रांति करने वाले हो। वे जो तुम्हारे ऊपर हुकूमत करते हैं और तुम्हें गरीब बनाए रखते हैं, उठाकर फेंक दिये जायेंगे। आदमी के विकास में यह अगला कदम होगा। और इस कदम को आप ही उठायेंगे। क्रांति द्वारा आप पूंजीवादी को खत्म कर देंगे—जड़ से। क्रांति द्वारा आप हमेशा के लिये आदमी द्वारा आदमी का शोषण समाप्त कर देंगे। आप एक ऐसे समाजवादी समाज को अपनायेंगे जिसमें मनुष्य प्रकृति पर विजय पायेगा। और दुनियाँ में फिर कभी आदमी गरीबी और शोषण के रूबरू नहीं होगा।

कार्ल मार्क्स का इस तरह का संदेश, तर्क से बंधा हुआ चलता ही रहता है। इस तर्क के पीछे कौन से तथ्य है, सिद्धान्त हैं, *पूर्वानुमान* (Prediction) हैं, कहना कठिन है। लेकिन मार्क्स खुले दिल से दुनियाँ भर के पद दलितों में आशा की एक लहर पैदा करता है। गरीबी और शोषण के तैलिय अंधेरे के बाद, वह बड़े निश्चय सूचक में सुनहले प्रभात का वादा करता है।

जीवन वृत

मार्क्स यहूदी था। उसका जन्म जर्मनी के रीन प्रान्त के ट्रीयर कस्बे में मार्च 5, 1818 में हुआ था। उसके पिता की कुल नौ संताने थी जिनमें मार्क्स ज्येष्ठ था। बाल्यकाल में मार्क्स में इसके अतिरिक्त और कोई विशेषता नहीं थी कि वह अपने घर से अधिक पड़ौसी के घर में आत्मीयता महसूस करता था। बगल वाला घर लुडविन वान वेस्ट फैलन नामक एक अभिजात्य व्यक्ति का था जिसे ट्रीयर में प्रशिया सरकार के वरिष्ठ प्रतिनिधि के रूप में नियुक्त किया गया था। किशोर मार्क्स को पड़ौसी के घर की समृद्ध लाइब्रेरी तथा असाधारण रूप से सुन्दर पुत्री जेनी वान वेस्ट फैलन दोनों से एक जैसा लगाव था। यह लगाव आने वाले वर्षों में बढ़ता ही गया। पुस्तकें और जेनी मृत्यु पर्यन्त मार्क्स की जीवन संगिनी बनी रही।

जेनी और मार्क्स का कौमार्य प्रेम आसानी से विवाह में परिणित नहीं हो सका।

इसका एक कारण तो यह था कि जेनी सौन्दर्य की राजकुमारी थी और मार्क्स सूरज की रोशनी में जितना बदसूरत देखा जा सकता था, उससे जरा भी कम नहीं थे। दूसरी अड़चन यह थी कि मार्क्स मध्यम वर्गीय परिवार के थे और जेनी कुलीन परिवार की। यह होते हुए भी जेनी ने मार्क्स से विवाह करना पसन्द किया। विवाह के लिये भी उसे पूरे सात वर्ष जब तक मार्क्स की शिक्षा पूरी न हो गयी प्रतीक्षा करनी पड़ी।

हीगेल : मार्क्स के मार्गदर्शक

बॉन विश्वविद्यालय में अपने छोटे से प्रवास के बाद मार्क्स ने जर्मनी के बौद्धिक एवं राजनीतिक केन्द्र बर्लिन विश्वविद्यालय को अपनी उच्च शिक्षा के लिये पसन्द किया। पिता चाहते थे कि उनका बेटा पारिवारिक व्यवसाय वकालत को स्वीकार करे। लेकिन मार्क्स को यह स्वीकार नहीं था। उसकी अभिरूचि कानून की पुस्तकों में नहीं, दर्शन एवं इतिहास के सैद्धान्तिक एवं व्यावहारिक ज्ञान में थी। यहीं पर बर्लिन विश्वविद्यालय में मार्क्स का हीगेल (Hegel) की कृतियों से परिचय हुआ। यहीं पर उसने अपनी प्रारम्भिक चिन्तन शैली को हीगेल की द्वन्द्वात्मक प्रणाली आधारित किया। इसी कारण हीगेल मार्क्स का गुरू और मार्गदर्शक माना जाता है।

यह कहना उचित होगा कि 19वीं - 20वीं शताब्दी के यूरोप में हीगेल के दर्शन का बहुत बड़ा प्रभाव था। हीगेल द्वन्द्वात्मक विचारधारा के प्रणेता थे। *द्वन्द्वात्मक* (Dialectical) प्रणाली और कुछ न होकर परस्पर विरोधी शक्तियों के बीच का संघर्ष और उनका *समन्वय* (Synthesis) है। समाजशास्त्र के क्षेत्र में यदि इसे लागू किया जाये तो कहा जा सकता है कि राज्य, समाज-जीवन की प्रत्येक *दशा वाद* (Thesis), *प्रतिवाद* (Anti-thesis) तथा *संवाद* (Synthesis) की प्रक्रियाओं से होकर गुजरती है। इस प्रक्रिया में हिंसा द्वारा कोई मनमाना परिवर्तन नहीं किया जा सकता।

जिस समय मार्क्स बर्लिन विश्वविद्यालय में शिक्षा ग्रहण कर रहा था, उस समय हीगेल के अनुयायी दो खेमों में बंटे हुए थे। परम्परावादी हीगेलपंथी खेमे के अनुयायी तत्कालीन समाज व्यवस्था को संवाद की प्रौढ़ एवं अनिवार्य स्थिति मानकर निष्क्रिय होकर बैठे थे। उनका कहना था कि इस प्रक्रिया के साथ कोई जोर-जबरदस्ती नहीं की जा सकती। हीगेल पंथ का दूसरा खेमा नव हीगेल पंथियों का था। वे तत्कालीन समाज व्यवस्था को प्रतिवाद के रूप में मानते थे और कहते थे कि शोषण तथा उत्पीड़न के खिलाफ आवाज उठानी चाहिये। इन दो खेमों में, मार्क्स ने दूसरा खेमा यानी नव हीगेलपंथियों का खेमा स्वीकार किया। बाद में चलकर मार्क्स ने हीगेल की द्वन्द्वात्मक प्रक्रिया के रहस्यवादी कारणों को अस्वीकार करके *द्वन्द्वात्मक भौतिकवाद* (Dialectical Materialism) की नयी चिन्तन प्रणाली का प्रतिपादन किया। इसके

अनुसार आर्थिक दशाएं ही मानव जीवन के विभिन्न स्वरूपों को निर्धारित करती है। मार्क्स ने पूरी ताकत के साथ कहा कि समाज में होने वाले परिवर्तन कोई अदृश्य शक्ति काम नहीं करती और न ही यह सामाजिक परिवर्तन परमात्मा करता है। यह परिवर्तन तो उत्पादन शक्तियों और उत्पादन सम्बन्धों द्वारा होता है। उन्होंने दृढ़तापूर्वक कहा कि ईश्वर इस धरती पर कोई अवतार नहीं है। समाज की गैर-बराबरी तो आर्थिक संरचना जनित असमानता के कारण ही है।

अपनी इस उपलब्धि को ऐतिहासिक आंकते हुए मार्क्स ने दावा किया कि उसने हीगेल के शीर्षासन कर रहे दर्शन को पैरों पर खड़ा कर दिया। हीगेल से प्रभावित चिंतकों ने इसे मार्क्स का बड़बोलापन कहा और प्रत्युत्तर में यह बताया कि अपने गुरु को पराजित करने के असफल प्रयास में, मार्क्स स्वयं सिर के बल खड़ा हो गया। जो कुछ भी हुआ होगा, इन्हीं दोनो में से हुआ होगा। किन्तु ऐसा कुछ होने से पहले इतना निश्चित रूप से हुआ कि मार्क्स ने 1841 ई. में जेना विश्वविद्यालय से डाक्ट्रेट की उपाधि अवश्य अर्जित कर ली।

जीवन प्रवेश

विश्वविद्यालय से पढ़ाई लिखाई समाप्त करने के पश्चात मार्क्स कोई अच्छी नौकरी नहीं कर पाया। उसे कहीं अध्यापकी नहीं मिली। ऐसी अवस्था में उसने पत्रकारिता को जीवन-यापन का माध्यम बनाया। इस नये क्षेत्र में पर्दापण करते समय ही मार्क्स और उसकी नव-विवाहिता पत्नी जेनी को संघर्षपूर्ण जीवन की शुरूआत का आभास हो गया, किन्तु इस नव दम्पति को यह ज्ञान नहीं था कि ये विषम परिस्थितियाँ जीवनभर उन्हें लताड़ती रहेगी। 1842 ई. में मार्क्स कोलोन से प्रकाशित होने वाले पत्र 'रीनिश जीटिंग' का सम्पादक बन गया। लेकिन सरकारी कोप से वह बच नहीं सका और एक वर्ष बाद 1843 ई. में उसे यह सम्पादकीय छोड़नी पड़ी। अब मार्क्स ने अपनी पत्नी जेनी के साथ फ्रांस की ओर कूच किया। यहाँ वह एक मासिक पत्रिका का सम्पादक बन गया। मार्क्स का पेरिस प्रवास उसकी विचारधारा के लिये बहुत प्रेरणादायक रहा। वहाँ वह कुछ जाने माने चिंतकों के सम्पर्क में आया। इन चिन्तकों में प्रोधों, बाकुनिन, लुई ब्लॉक विशेष रूप से उल्लेखनीय है।

दोस्ती एंजेल्स की

वह पेरिस में ही था कि मार्क्स की मुलाकात फ्रेड्रिक एंजेल्स से हुई। एंजेल्स बड़ा रोबिला व्यक्ति था। उसमें दमखम था। वह असाधारण मस्तिष्क का मालिक था। एंजेल्स एक उद्योगपति का लड़का था जिसे विरासत में अपार धन-सम्पत्ति मिली थी।

मार्क्स और एंजेल्स ने अपनी आजीवन मित्रता की आवश्यकता महसूस की तथा इसकी शुरूआत 1845 ई. में प्रकाशित मार्क्स की पहली पुस्तक *दि होली फैमिली* (Holy Family, 1845) से हुई। किन्तु मार्क्स के बौद्धिक क्रिया-कलापों में उस समय रुकावट आयी जब प्रशिया की प्रतिक्रियावादी सरकार के अनुरोध पर फ्रांस सरकार ने न केवल मार्क्स द्वारा सम्पादित पत्रिका को जब्त कर लिया, वरन् उसे देश निकालने का हुक्म भी दिया।

मार्क्स जेनी के साथ बेल्जियम के नगर ब्रुसेल्स आ गया जहाँ उसने एंजेल्स के साथ मिलकर अपनी बौद्धिक यात्रा जारी रखी। एंजेल्स ने अपने नये मित्र की लेखनी की भूख शांत करने के लिये एक साप्ताहिक पत्रिका खरीद ली। यहाँ मार्क्स द्वारा बिताये गये तीन वर्ष समाजवादी आंदोलन के लिये बहुत फलदायक रहे। यहीं पर मार्क्स ने *पावर्टी आफ फिलोसफी* (Poverty of Philosophy, 1847) तथा *जर्मन आडियोलाजी* (German Ideolog, 1846) पुस्तकें लिखी। इन पुस्तकों से स्पष्ट हो गया कि मार्क्स ने हीगेल के आदर्शवादी चिन्तन का पूर्णतया परित्याग करके राजनैतिक अर्थशास्त्र को अपने चिंतन का आधार बनाया।

इधर यूरोप में बहुत बड़े फेर बदल हुए। फ्रांस की राज्य क्रांति असफल रही। नेपोलियन का देवी साम्राज्य गिर गया। अब नये संघर्ष प्रारंभ हुए। ऐसी राजनैतिक अवस्था में कार्ल मार्क्स अपने क्रांतिकारी विचारों को अमलीजामा पहनाने के लिये मैदान में आये। 1845 ई. की सर्दी में मार्क्स-एंजेल्स ने ब्रुसेल्स में कम्युनिस्ट लीग (Communist League) नामक संस्था की स्थापना की। दुनियाँ के विभिन्न हिस्सों में बिखरी हुई लीग जैसी प्रगतिशील संस्थाओं को स्पष्ट विचारधारा और एक ठोस कार्यक्रम देने के लिये मार्क्स और एंजेल्स ने 1848 ई. *में कम्युनिस्ट मेनिफेस्टो* (Communist Manifesto) को तैयार किया। यह घोषणा-पत्र राजनीतिक विचारों के विजनोन्माद और संभावित विनाश के आगमन का अपूर्व मंगलगान है। *वैज्ञानिक समाजवाद* (Scientific Socialism) का यह पहला सुस्पष्ट दस्तावेज प्रारम्भिक पंक्तियों से लेकर अंतिम पंक्तियों तक शासक वर्ग पर निर्मम प्रहार करता है। आरंभिक पंक्तियों का तेवर यह है :

> एक पिशाच यूरोप को व्यथित कर रहा है - साम्यवाद का पिशाच। बूढ़े यूरोप के सभी सत्ताधारी इस पिशाच से भय मुक्त होने के लिये पवित्र गठबंधन कर रहे हैं : पोप और जार, मैटरनिख और गुईजौत, फ्रांसीसी प्रगतिशील और जर्मन पुलिस के गुप्तचर .... यूरोप के सभी सत्ताधारियों ने साम्यवाद को एक शक्ति के रूप में स्वीकार कर लिया है। सभी कम्युनिस्टों के लिये यह उपयुक्त समय है कि वे पार्टी के घोषणा-पत्र के रूप मे विश्व के सामने प्रत्यक्ष रूप से अपने विचारों,

अपने उद्देश्यों, अपनी प्रवृतियों तथा साम्यवाद के पिशाच की नानी की कहानियों को प्रकाशित करें।

अंतिम पंक्तियों की शिद्दत यह है :

साम्यवादी अपने विचारों और उद्देश्यों को छुपाना अपनी हेठी समझते हैं। वह खुले रूप से ऐलान करते हैं कि उनका उद्देश्य सभी वर्तमान सामाजिक दशाओं को बलात उखाड़ फेंकना है। शासक वर्ग को साम्यवादी शांति के भय से थर्राने दो। सर्वहारा वर्ग को अपनी जंजीरों के अलावा कुछ नहीं खोना है। जीतने के लिये उसके समक्ष विश्व है।

कार्ल मार्क्स और यूरोप की राजनैतिक अवस्था

मार्क्स अपने तत्कालीन यूरोपीय समाज की देन था। यूरोप के मध्य युग में बड़े क्रांतिकारी परिवर्तन हुए। जैसा कि हमने पहले अध्याय में कहा है। 19वीं शताब्दी के मध्य में यूरोप में कई आविष्कार हुए। औद्योगिक क्रांति हुई, तार-टेलिफोन का आविष्कार हुआ और संसार के सामने कई नये-नये आविष्कार आये। इस युग की शायद सबसे बड़ी चुनौती पूँजीवाद और औद्योगीकरण थे। उद्योग के क्षेत्र में प्रत्येक देश प्रतियोगिता जीतना चाहता था। इधर जैसे ही फरवरी 1848 ई. में *कम्युनिस्ट मेनिफिस्टो* लंदन में प्रकाशित हुआ, उसने बौद्धिकों के समाज में हलचल पैदा कर दी। फ्रांस, जर्मनी और इटली की जनता *अधिनायकवादी* (Authoritarian) राजतंत्रों के विरुद्ध हथियार उठा चुकी थी। इन सभी देशों में लोकतंत्र की विजय ने मार्क्स के लिये शरण लेने का स्थान तैयार कर दिया। जब बेल्जियम ने मार्क्स को देश निकाला दिया तब वह सपत्नी पहले फ्रांस और बाद में अपनी जन्मभूमि जर्मनी आ गया। जर्मनी में उसका पुराना समाचार पत्र *रीनिश जीटिंग* छह वर्षों से अपनी श्वास फुलाये मरणावस्था में पड़ा था। मार्क्स ने उसमें नयी जान फूँकी। इस समाचार पत्र के माध्यम से नागरिक स्वतंत्रता के लिये लड़ाई प्रारम्भ की। यह लड़ाई वस्तुतः कलम की लड़ाई थी।

1848 ई. की क्रांति ने कुछ ही महीनों बाद अपनी लोकतांत्रिक उपलब्धियाँ खो दी। अब इसने मार्क्स के सामने संकट पैदा कर दिया। प्रेस की आजादी के अभाव में मार्क्स के लिये क्रांतिकारी विचारों की अभिव्यक्ति मुश्किल हो गयी। यह फरवरी 1849 ई. की घटना है जब मार्क्स और उसके सम्पादकीय सहकर्मियों पर यह आरोप लगाया गया कि वे अपनी लिखावट द्वारा सरकारी कर्मचारियों के काम में बाधा डाल रहे थे। उन पर दो बार मुकदमा चलाया गया। मार्क्स ने अदालत में अपनी सफाई में जो बयान दिया वह प्रेस के दायित्व और व्यावसायिक प्रतिबद्धता का बेजोड़ नमूना है। उसने कहा :

परिस्थितियों ने हमें यह काम सौंपा है कि हम सरकार के हर काम पर निगाह रखें और छोटे से छोटे अनुचित काम की जानकारी जनता को दें। समाचार पत्रों का यह कर्त्तव्य है कि वे निर्दोष व्यक्तियों की लड़ाई लड़ें। दासता का किला घृणित राजनीति की नींव पर टिका होता है। केवल बड़े-बड़े लोगों से ही लड़ना काफी नहीं है। समाचार पत्रों को छोटे-छोटे कर्मचारियों के अत्याचारों का भी पर्दाफाश करना चाहिए।

दोनों मुकदमों में मार्क्स को अदालत ने दोष मुक्त कर दिया, किन्तु प्रशिया की सरकार ने *न्यू रीनिश जीटिंग* के प्रकाशन पर रोक लगाकर मार्क्स को देश निकाला दे दिया। मार्क्स को फिर अपनी जन्म भूमि त्यागनी पड़ी। वह पेरिस आ गया किन्तु अभी एक ही महीना बीता था कि उसे फ्रांसीसी सरकार का फरमान मिला कि वह अपनी पत्नी के साथ 24 घंटे के अन्दर पेरिस छोड़ दे। मार्क्स का निवार्सन बार बार होता रहा। आखिर उसने 24 अगस्त 1849 ई. में लंदन में प्रवेश किया जहाँ लोकतंत्र की जड़ें मजबूत थी।

लंदन जैनी और उसके बच्चों के लिये बेरहम सिद्ध हुआ। लंदन उनके लिये दरिद्रता, रोग, मृत्यु, पीड़ा और अपमान का पर्याय बन गया। अभिजात परिवार के विलासितापूर्ण जीवन का उपभोग करने वाली जेनी ने इन दुखदायी परिस्थितियों में भी आत्म समर्पण नहीं किया। लंदन प्रवास के आरंभिक काल में, दो कमरों वाले उस छोटे से फ्लेट जिसमें मार्क्स ने अपने सर्वोत्कृष्ट ग्रंथ *केपिटल* (Das Capital, 1867) की रचना की, जेनी ने अपने आठ वर्ष के पुत्र एडगर और पुत्री फ्रांसिसका को दवा के अभाव में दम तोड़ते देखा। गृहस्थी के बारे में मार्क्स की लापरवाही और उपेक्षा ने जेनी के दुःखों को बढ़ा दिया। घर का किराया, दूध, भोजन, दवा, कपड़े-लत्ते आदि सब खर्चों के लिये यह परिवार एंजेल्स की उदारता पर निर्भर था। यद्यपि मार्क्स न्यूयार्क से प्रकाशित होने वाले समाचार पत्र *छ्यति ट्रिब्यून* का लंदन स्थित संवाददाता बन गया, फिर भी इससे प्राप्त होने वाला पारिश्रमिक नाम मात्र को ही था।

गरीबी की इससे अधिक तीखी मार क्या हो सकती थी कि जिस समय फ्रांसिसका की मृत्यु हुई, मार्क्स के पास एक कौड़ी भी नहीं थी कि वह अपनी बच्ची को कफन ओढ़ा सके। जेनी ने इस घटना का वर्णन करते हुए अपनी संक्षिप्त आत्मकथा में लिखा है :

> मैंने इस विपदा की घड़ी में फ्रांसिसी परिचित व्यक्ति से सहायता माँगी। उसने मुझे तुरन्त दो पोण्ड दिये जिससे वह छोटा सा कफन खरीदा जा सका जिससे मेरी अभागी बच्ची शांतिपूर्वक सो रही है।

मार्क्स की हस्तलिपी जितनी गंदी थी उतने ही बदसूरत उसकी जिन्दगी के कुछ अनजाने पहलू भी थे जिन्हें जानबूझकर छिपाया गया। गन्दी हस्तलिपी के कारण जहाँ मार्क्स को रेल्वे क्लर्क की नौकरी नहीं मिल पायी वहीं उसके कच्चे चरित्र और निठल्लेपन ने उसकी पत्नी को अनन्त यंत्रनायें दी। पति और परिवार के लिये सर्वस्व अर्पित करने वाली यह देवी उस समय लगभग हिस्टीरिया की शिकार हो गयी, जब ई. 1851 में घरेलू सेविका लेंचन ने मार्क्स के अवैध बच्चे को जन्म दिया। जीवन से हारी थकी जेनी ने इस स्थिति में भी मार्क्स का साथ नहीं छोड़ा।

यह कहना सही होगा कि लंदन प्रवास जहाँ बौद्धिक दृष्टि से मार्क्स के लिये उत्कर्ष का रहा, वहीं राजनैतिक दृष्टि से यह उसके लिये असफलता का युग था। लंदन की ब्रिटिश म्युजियम लाइब्रेरी में जिसे लंदनवासी 'किताबों का भुतहा महल' के नाम से पुकारते थे, मार्क्स के जागरण का अधिकांश समय व्यतीत होता था। फ्रांसीसी समाजवादी लाफएयु जो बाद में मार्क्स के दामाद बने, लंदन में मार्क्स से मिलने के बाद टिप्पणी की:

> उसका (मार्क्स) मस्तिष्क बन्दरगाह पर खड़े उस युद्धपोत के समान है, जो ईंधन से सदैव भरा रहता है तथा कुछ ही क्षणों के नोटिस पर विचारों के अनेकानेक महासागरों की ओर दौड़ पड़ता है।

इस अर्थ में ब्रिटिश म्युजियम लाइब्रेरी मार्क्स के लिये बौद्धिक बिजलीघर का काम करती थी। यह भी कहना चाहिये कि मार्क्स का मस्तिष्क जितना परिपक्व और सृजनशील था, उसकी तुलना में उसका हृदय उतना ही खरा और स्वच्छ नहीं था। मार्क्स के अनेक समकालीन चिंतकों ने मार्क्स में दूसरों के प्रति तिरस्कार की भावना तथा दूसरों पर आधिपत्य जमाने की इच्छा शक्ति के बारे में लिखा है। वस्तुतः 1864 ई. में लंदन में स्थापित श्रमिक क्रांतिकारियों ने *फर्स्ट इंटरनेशनल* (First International) के पीछे मार्क्स के वैयक्तिक दोषों का भी योगदान था।

उदारवादी अर्थशास्त्रियों के श्रम, उपभोक्ता वस्तुओं के उत्पादन, मूल्य और मुनाफे के सिद्धान्तों का खण्डन करते हुए मार्क्स ने *दास केपिटल* ग्रंथ की रचना की। मार्क्स ने एंजेल्स से कहा "विचारों की कीमत पौधे के वजन से नापने वाले लोगों के सिर पर यह ग्रंथ दे मारो।" 1867 ई. में मार्क्स ने *दास केपिटल* का पहला खंड पूरा किया। दूसरे और तीसरे खण्ड क्रमशः 1885 ई. तथा 1895 में प्रकाशित हुए। मार्क्स ने राजनीति में सक्रिय होते हुए फर्स्ट इंटरनेशनल की साधारण सभा की अध्यक्षता की। बाद में चलकर यह संगठन अराजकतावादियों और मार्क्सवादियों के बीच में वैचारिक मतभेद का शिकार बन गया। 1873 ई. के लगभग यह भंग प्रायः हो गया।

कृतित्व की आलोचना

मार्क्स ने कोई तीन हजार पृष्ठों को स्याह किया है। हम उनके सम्पूर्ण कृतित्व की मीमांसा अगले अध्यायों में करेंगे। यहाँ उनकी जीवन वृत में हम केवल यह कहना चाहते हैं कि मार्क्स के समकालीन विचारकों तथा बाद के बौद्धिकों ने मार्क्स की जी भरकर आलोचना की है। हाल के वर्षों में वैज्ञानिकों ने उनके उस मानसिक धरातल को कुरेदने की कोशिश की है जिसमें *वर्ग संघर्ष* (Class War), *सशस्त्र क्रांति* (Armed Revolution) और *सर्वहारा के अधिनायकत्व* (Dictatorship of the Proletariate) जैसे विचार उपजे थे। मनोवैज्ञानिकों के ऐसे प्रयासों से विश्व की राजनीति को प्रभावित करने वाले राजनेताओं और चिंतकों के क्रियाकलापों के पीछे काम करने वाली ग्रंथियों और उत्प्रेरणाओं का पता चलता है। ऐसे ही एक विश्लेषण का निष्कर्ष है कि मार्क्स अपनी भूमिका को एक पैगम्बरी भूमिका समझता था। वह अपने देवी दायित्वों के बारे में पूर्ण आश्वस्त था और इन शक्तियों को प्राप्त करना उसकी क्रियाओं का मुख्य उद्देश्य था। इसके साथ ही उसमें विनाश की अनियंत्रित भूख भी थी। इसलिये वह बार-बार क्रांति की बात करता था। लेफ्टिनेंट टेचोव नामक एक जर्मन क्रांतिकारी ने मार्क्स के कुछ अंतरंग पहलुओं को बिना किसी दुर्भावना और क्षोभ के उजागर किया है। उसके अनुसार :

> "भेंट मुलाकात के दौरान मार्क्स तीखी शराब बड़ी उदारता से पीते थे। गहरे नशे में भी वह पूरी तरह दूसरों पर हावी रहते थे। इस अवस्था में उनसे बात करना बहुत विलक्षण होता था, क्योंकि सामान्य अवस्था में मार्क्स के मुँह से इतनी स्पष्ट और सहज बातें नहीं निकल सकती थी।"

टेचोव यह स्वीकार करता है कि मार्क्स में दुर्लभ क्षमताएँ थी। लेकिन सामाजिक तथा व्यक्तिगत तौर पर वह कमजोर था फिर टेचोव की भाषा में :

> "मार्क्स में एक महान ह्दय का अभाव था। इसके अलावा उनके व्यक्तित्व का सर्वाधिक महत्वपूर्ण पहलू उनकी अदम्य महत्वाकांक्षा थी, जिसने उनके व्यक्तित्व की अधिकांश अच्छाइयों का सत्यानाश कर दिया था। वे बुर्जुआ लोगों की ही नहीं मजदूरों के सिद्धान्त में भरोसा रखने वाले कम्युनिस्टों की भी मजाक किया करते थे।"

टेचोव ने मार्क्स के व्यक्तित्व और कृतित्व पर कई टीकाएँ की है। उनकी टीकाओं का समर्थन मार्क्स के लंदन प्रवास के उत्तरवर्ती काल की घटनाओं से होता है जब मार्क्स की दशा आर्थिक दृष्टि से काफी संतोषजनक हो गयी थी। हैम्पस्टीड के आरामदायक बंगले में मार्क्स, जैनी और उनकी तीन पुत्रियाँ किसी भी औसत कुलीन

परिवारों के सामान जीवन व्यतीत करते थे। उनके घर में तीन कुत्ते, दो बिल्लियाँ और दो पक्षी थे। अक्सर मार्क्स का परिवार कभी घर में और कभी निमंत्रण पर सामूहिक नृत्य और भोज में शरीक होता था। मार्क्स अपनी पुत्रियों के लिये सर्वहारा आदर्श प्रस्तुत नहीं करते थे। उनकी सलाह थी कि उनकी पुत्रियाँ किसी खाते-पीते घर के सुरक्षित युवक का चुनाव करके विवाह कर लें। मार्क्स की एक टीका में यह कहा गया है :

> 'मार्क्स केवल कुलीनों का ही सम्मान करता था। लेकिन विचित्र बात है, उन्हें अपदस्थ भी करना चाहता था। ऐसी शक्ति उसे सर्वहारा वर्ग में निहित दिखायी दी। इसी कारण यद्यपि उसके मुँह से सर्वहारा वर्ग के लिये अक्सर 'गुण्डे, चुगलखोर और गधे' जैसे शब्द सुने जा सकते थे, तथापि उसने अपने राजनैतिक आर्थिक विचारों का ताना-बाना सर्वहारा को केन्द्र बिन्दु मानकर बुना है।'

बुर्जुग मार्क्स अपनी यौवनावस्था के कल्पना लोक के बारे में स्वयं इष्ट मित्रों से चर्चा करता रहता था। वह अक्सर कहता था :

> 'मुझे लगता था कि जर्मनी का पहला समाजवादी तानाशाह बनने के लिये मेरे पास बुलावा आने ही वाला है। तब मैं अपने विचारों के अनुरूप सब कुछ ठीक कर सकूँगा।'

गुमनामी और मृत्यु

जीवन के अंतिम 15 वर्षों के दौरान मार्क्स ने एक भी उल्लेखनीय रचना नही लिखी। प्रायः गुमनामी के इस जीवन में उसे दिसम्बर 1881 ई. में अपनी पत्नी जेनी का बिछोह सहना पड़ा। जैनी ने लीवर के कैंसर के वर्षों से संघर्ष करते हुए अपना दम तोड़ा। मार्क्स स्वयं भी लीवर के भीषण रोग से ग्रसित था। जब वह लीवर से थोड़ा मुक्त हुआ तब उसे न्यूमोनिया और ब्रोंकाइटिस के ताबड़तोड़ हमलों का शिकार होना पड़ा। जनवरी 1883 ई. में 43 वर्षीय उनकी पुत्री की असामयिक मृत्यु हो गयी। इस दुर्घटना ने मार्क्स को तोड़ दिया। वे स्वयं भी मार्च 14, 1883 ई. में चल बसे।

मार्क्स के समाधि स्तम्भ पर अब भी युगान्तकारी नारा अंकित मिलता है : 'दुनिया के मजदूरों एक हो जाओ' समाधि स्तम्भ पर मार्क्स की ही इन पंक्तियों को भी अंकित किया है :

> 'दार्शनिक विभिन्न तरीकों से विश्व की व्याख्या करते आये हैं। मुख्य सवाल यह है कि इसे बदला कैसे जाये।'

मार्क्स, जब स्वयं वर्ग समाज पर अपनी कुल्हाड़ी चलाते हैं तो समाज विज्ञान में

हम इसे *उपसर्ग* (Praxis) कहते हैं। दुनियां में आज लिखने को तो बहुत कुछ लिखा गया है। मुख्य बात है, इस दुनिया को बदलने के लिये हम स्वयं कौन सी व्यावहारिक भूमिका अदा करते हैं। मार्क्स ने तत्कालीन विचारधारा का किस दृढ़ता से मुकाबला किया, इसका विश्लेषण अध्याय के इस अंतिम भाग में करेंगे।

आदर्श और विचारधाराएँ : मार्क्स का समकालीन समाज

19वीं शताब्दी के मध्य में कई परस्पर विरोधी विचारधाराएँ चल रही थी। इंग्लैण्ड में *गौरवपूर्ण क्रांति* (Glorious Revolution) हो चुकी थी। यह क्रांति गौरवपूर्ण इसलिये थी कि इसमें बिना किसी खून-खराबे के साम्राज्य बदल गया। फ्रांस में क्रांति ने स्वतन्त्रता, समानता और बंधुत्व की नयी मूल्य व्यवस्था दी। यूरोप के छोटे-मोटे देशों में सामन्तवाद का पुरजोर विरोध हुआ। इस सम्पूर्ण उठा-पटक ने *उदारतावाद* (Liberalism) की विचारधारा को जन्म दिया। इधर पूँजीवाद के विरोध में नयी क्रांतिकारी भावना आयी। जब रूस में क्रांति हुई तो इसके परिणामस्वरूप सम्पूर्ण यूरोप में उदारतावाद के विरुद्ध बलवा ही खड़ा हो गया। अब कहा जाने लगा कि जब रूस मजदूरों की सरकार स्थापित कर सकता है तो यूरोप के अन्य देशों में उदारतावाद को क्यों नहीं दफनाया जा सकता। इस युग में दुनियां भर के देश स्पष्ट रूप से दो भागों में बंट गये - वे देश जो उदारतावाद का समर्थन करते थे और दूसरे वे जो मार्क्सवादी विचारधारा के अनुसार क्रांति करना चाहते थे। सी. *राईट मिल्स* (C. Wright Mills) का कहना है कि 19वीं शताब्दी के मध्य में रूस की क्रांति और सुदृढ़ता के बाद सारी दुनियां के देशों में उदारतावादी विचारधारा और क्रांतिकारी विचारधारा में ठन गयी।

कुछ उदारतावादी देशों ने मार्क्सवाद के *गैर-क्रांतिकारी* (Non-Revolutionary) स्वरूप को अपनाया और इस तरह उदारतावाद को एक तगड़ी टक्कर दी। सी. राईट मिल्स का तो यह कहना है कि यूरोप के इतिहास में विभिन्न विचारधाराओं का इस प्रकार गड्ड मड्ड हुआ कि सम्पूर्ण राजनीतिक दर्शन में चार तत्व उभर कर सामने आये : *विचारधारा* (Ideology), *आदर्श* (Ideal); *एजेन्सी* (Agency) तथा *सिद्धान्त* (Theory)। ये चारों तत्व आपस में जुड़े हुए हैं और इतिहास की गति के साथ बराबर चलते रहते हैं।

जब एक विचारधारा अमुक देश में कामयाब हो जाती है तो कालान्तर में जाकर वह *गंवारू* हो जाती है। गंवारूपन का यह हश्र थोड़े बहुत रूप में सभी विचारधाराओं के साथ देखने को मिलता है। प्रारंभ में तो उदारतावाद एक सुनहला दर्शन दिखता था लेकिन बाद में चलकर यूरोप के इन्हीं देशों में इस विचारधारा में देहातीपन या गंवारूपन आ गया। एक तरह से सम्पूर्ण उदारतावादी विचारधारा भ्रष्ट हो गयी।

मार्क्सवादी विचारधारा की भी यही नियति हुई। विचारधारा की इस कमजोरी के होते हुए भी, यह एक शक्तिशाली माध्यम समझी जाती है और इसी के आधार पर बड़ी-बड़ी लड़ाइयाँ लड़ी जाती है।

मध्य युग से लेकर आज तक उदारतावाद और मार्क्सवाद में पूरी भिड़ंत रही है। आज उदारतावाद और मार्क्सवाद दोनों ही यूरोप तथा तीसरी दुनियां के देशों में बलवाई *पंथ* (Creed) हैं। वे सभी शक्तियाँ जो राज्यों और वर्गों के पास हैं, अपनी-अपनी विचारधारा को चाहे वह उदारतावादी हो या मार्क्सवादी, कसकर पकड़े हुए हैं। उदार विचारक उन सभी सामाजिक व्यवस्थाओं को नकारते हैं जो सामन्तवादी खण्डहर के रूप में आज भी विद्यमान हैं। ये विचारक पूरी शक्ति से एकतंत्रवादी शासन, राजाओं-महाराजाओं की हुकूमत का विरोध करते हैं। मार्क्सवादी भी सामन्तवाद का विरोध करते हैं। वे भी एकतंत्रवादी शासन को अस्वीकार करते हैं। दोनों विचारधाराओं में सामन्तवाद और एकतंत्रवाद का विरोध बहुत भारी है। लेकिन मार्क्सवाद एक कदम और आगे हैं। यह विचारधारा *उदार पूँजीवाद* (Liberal Capitalism) का विरोध करती है। उनके अनुसार उदार पूँजीवाद पूँजीवादी समाजों की मुख्य आधारशिला है।

आज दुनियां भर में यह माना जा रहा है कि उदारतावाद प्रारम्भ में चाहे जनकल्याणकारी रहा हो, आज तो यह रूढ़िवादी है। उदारतावादी विचारक *पूंजीवादी प्रजातंत्र* (Capitalist Democracy) जो धनाढ्य देशों में यानी पश्चिमी यूरोप, उत्तरी अमेरिका, जापान और आस्ट्रेलिया में पाया जाता है, उसके अस्तित्व को उचित ठहराते हैं। दूसरी ओर मार्क्सवादी तत्कालीन सोवियत संघ तथा उसकी विचारधारा से जुड़े हुए देशों को ठीक समझते हैं। यह सही है कि विकसित पूंजीवादी देशों से उभरते हुए मध्यम वर्ग को ऐतिहासिक रूप से उदारतावाद ने आगे बढ़ाया है। इसी तरह मार्क्सवाद जो कि मुख्यतया मजदूर वर्ग का पंथ है, उसे मजदूरों ने भी उचित बताया है। वास्तविकता यह है कि चाहे उदारतावाद हो या मार्क्सवाद, जब किसी विचारधारा के पास राजनीतिक शक्ति आ जाती है तब वह भ्रष्ट हो जाती है। अपनी भ्रष्ट या गंवारू अवस्था में हर कोई आदमी उदारतावाद को सही बताता है और इसी तरह मार्क्सवादी भी अपनी विचारधारा को सही बताता है।

दोनों ही विचारधाराओं – उदारतावाद और मार्क्सवाद के समर्थक आज दुनियां भर में हैं और दोनों ही विचारधाराओं में पर्याप्त गवांरूपन आ गया है। विचारधाराओं का यह गवांरूपन ही आज संसार भर की लोककथा बन गयी है। इस लोककथा में यह चटखारे लेते हुए कहा जाता है कि यह उदारतावाद ही है जिसके कारण अमेरिका एक स्वतंत्र देश है। इस देश में वास्तविक शासन आम आदमी का है और यह विचारधारा

मानकर चलती है कि भूतपूर्व सोवियत रूस एक निरंकुश शासन था जिसकी प्रकृति *अधिनायकवादी* (Totalitarian) और *एकाश्मक* (Monolithic) थी। इस विचारधारा में आदमी को दबाये रखा जाता है। यहाँ न तो स्वतंत्रता थी और न सुख। इस देश में तो सब कुछ आक्रामक था। यह देश तो सारी दुनियाँ पर अपनी विजय का झण्डा गाड़ना चाहता था।

साम्यवाद की लोककथा दूसरी है। विघटित सोवियत रूस के लोग कहते हैं कि 20शताब्दी में हमने एक क्रांतिकारी कदम रखा है। हमारी तुलना में अमेरिका तो एक प्रतिक्रियावादी सुस्त देश है। इस देश में गरीब गुरबों पर पूँजीवाद के अत्याचार अगणित हैं और यहाँ पूँजीवाद तो एक मुखौटा मात्र है। इस देश में राजनीतिक शक्ति उन लोगों के हाथों में है जो युद्ध करने पर उतारु भूखे भेड़ियों की तरह हैं। किसी तरह वे छोटे राष्ट्रों को तबाह करके उन्हें निगलना चाहते हैं। उनका इरादा अपने साम्राज्यवादी प्रभुत्व को सुदृढ़ करना मात्र है।

विचारधाराओं की इस लोककथा में बेचारे कार्ल मार्क्स और उसके अनुयायी बौद्धिकों की दशा एकदम खराब हो गयी है। यह अवश्य है विघटित सोवियत समाजों में मार्क्स तथा लेनिन की कृतियों को खूब याद किया जाता है। लेकिन यहाँ भी मार्क्स और लेनिन दोनों को लोककथाओं ने भ्रष्ट कर दिया है। पूँजीवादी समाजों में मार्क्स की विचारधारा के प्रति कतई आदर नहीं है। मार्क्सवाद का तिरस्कार अमेरिका में शायद इसलिये भी है कि यहाँ वह एक बौद्धिकी विचारधारा न होकर एक देश की विचारधारा बन गयी है।

विघटित सोवियत रूस यानी मार्क्सवादी देशों तथा अमेरिका यानी उदारतावादी देश दोनों में विचारधाराओं के प्रति लोककथाओं में आम आदमी की मान्यताओं और मिथकों का अभाव नहीं है। लोक कथा होते हुए भी दोनों तरह के देशों में विचारधाराओं के क्षेत्र में कुछ सच्चाई अवश्य है। आवश्यकता इस बात की है कि हम इन विचारधाराओं की सच्चाई को खोजने की कोशिश करें।

मार्क्स का कृतित्व

कार्ल मार्क्स ने अपनी विचारधारा के प्रतिपादन में कई पुस्तकें लिखी हैं। इन पुस्तकों के अतिरिक्त उन्होंने अपनी पत्रिकाओं और तत्कालीन समाचार पत्रों में कई फुटकर निबन्ध लिखे हैं। उनकी सम्पूर्ण कृतियों की केन्द्रीय समस्या तत्कालीन पूँजीवादी समाज है। यह पूँजीवादी समाज या *वर्ग समाज* (Class Society) सम्पूर्ण शोषण, निरंकुशता तथा सामाजिक गैर बराबरी के लिये उत्तरदायी है। जब तक वर्ग रहेंगे, मार्क्स तर्क देते हैं, तब तक गैर बराबरी न कम होगी और न समाप्त। पूंजीवादी का

कारण मुनाफाखोरी है और मुनाफाखोरी इसलिये है कि उत्पादन शक्तियों और उत्पादन सम्बन्धों में बहुत बड़ा गेप (Gap) है। इस दूरी को किसी भी उदारतावादी सुधारों द्वारा दुरूस्त नहीं किया जा सकता। मार्क्स को पूरा भरोसा है कि यह पूंजीवादी व्यवस्था या सामाजिक गैर-बराबरी केवल क्रांति द्वारा ही ठीक की जा सकती है। उनकी सभी कृतियों में वर्ग, वर्ग संघर्ष, द्वन्द्वात्मक भौतिकवाद या ऐतिहासिक भौतिकवाद, अलगाव और सामाजिक परिवर्तन विश्लेषण के केन्द्रीय थीम (Theme) रहे हैं।

मार्क्स की वे कृतियाँ जिनका अंग्रेजी में अनुवाद हो चुका है, हम यहां प्रस्तुत करते हैं :

1. *Capital* ed. Frederick Engles and trans. Samual Moore & Edward Aveling. 3 Vols.; London; Lawrence and Wishart, 1954-60.
2. *A Contribution to the Critique of Political Economy,* trans. N.I.Stone, Chicago : Charles M. Kerr, 1904.
3. *Economic and Philosophic Manuscripts of 1844.* ed. Dirk J. Struik and trans. Mart in Milligan. London; Lawrence and Wishart, 1959.
4. *The Poverty of Philosophy.* London, Lawrence and Wishart, 1956.
5. *Marx-Engels, Selected Works.* 2 Vols; Moscow; Foreign Languages Publishing House, 1955.
6. Marx-Engels, *Selected Correspondence* 1846-1895. London; Lawrence and Wishart, 1956.

अध्याय 3

कार्ल मार्क्स के निर्णायक विचार

Crucial Ideas of Karl Marx

पिछले तीन चार वर्षों में पूर्वी यूरोप में क्रांतिकारी परिवर्तन हुए है। सम्पूर्ण सोवियत रूस विखण्डित हो गया है। इसकी कोई कल्पना भी नहीं की जा सकती थी कि संसार की एक बहुत बड़ी शक्ति यूं देखते-देखते विघटित हो जायगी। भूतपूर्व सोवियत संघ के विघटन के कई कारण हो सकते हैं। इन सबमें महत्वपूर्ण बात यह है कि इतने विशाल देश में जिसमें लगभग 250 राष्ट्रीय जिले थे और 5300 गाँव थे, एकाएक टूटकर *स्वतंत्र राज्यों का राष्ट्रमण्डल* (Common Wealth of Independent States) बन कर रह गया है। क्या यह वास्तव में मार्क्सवाद की पराजय है? क्या भूतपूर्व सोवियत रूस में इतिहास के परिवर्तन में व्यक्तिगत कारकों का दबाव था और द्वन्द्वात्मक भौतिकवाद तथा उत्पादन पद्धतियाँ निष्क्रिय हो गयी थीं? मार्क्स की आलोचना कई तरह से होती रही है। पूंजीवादी विचारधारा उन्हें स्वप्नदर्शी या यूटोपियन कह सकता है। शायद अर्वाचीन मार्क्सवादी भी मार्क्स के सम्पूर्ण सिद्धान्त को अव्यावहारिक कहकर झुठला सकते हैं और इससे आगे यह भी प्रश्न उठता है कि यदि पूर्व यूरोप में मार्क्सवाद के बखिये उखड़ गये तो क्या बात है कि भारत में यानी पश्चिमी बंगाल में मार्क्सवादी पार्टी वर्षों से सत्ता में है?

मार्क्स पर-उनके सिद्धान्त और क्रियाकलापों पर प्रश्नों को उठाना सरल है। लेकिन इन प्रश्नों के उत्तर देना कठिन है। सही उत्तर तभी मिल सकता है जब हम मार्क्स को, उसके गहन लेखन को पढ़े, उसका विश्लेषण करें और इसके बाद किसी निष्कर्ष पर पहुँचे। शायद इसी तर्क के आधार पर आज मार्क्स जितना प्रासंगिक तर्कपूर्ण और महत्वपूर्ण है उतना पहले कभी नहीं था। पूर्वी यूरोप की प्रजातांत्रिक और

खुली अर्थव्यवस्था जो आज उभर रही है उसकी व्याख्या मार्क्स द्वारा दिये गये ऐतिहासिक संदर्भ में करना अधिक आवश्यक होगा। मार्क्स पर बहुत अधिक लिखा जा चुका है। मार्क्स स्वयं ने काफी कुछ लिखा है। सामाजिक और आर्थिक जीवन के विभिन्न पहलुओं पर मार्क्स ने कई फुटकर विचार रखे हैं। इन सबका विवरण और उनकी व्याख्या यहाँ करना कठिन होगा। लेकिन मार्क्स के कुछ केन्द्रीय विचार हैं। इन विचारों का विश्लेषण हम इस पुस्तक में करेंगे। यह विश्लेषण विस्तार में होगा। प्राक्कथन के रूप में यहाँ हम मार्क्स के प्रमुख विचारों का विवरण देंगें। यह विवरण एक प्रकार की तालिका है। मार्क्स के ये विचार पिछले चार दशकों तक समाजवादी देशों को बांधे हुए थे। इन देशों ने मार्क्स के इन विचारों में रद्दो बदल किया, संशोधन किया और सब मिलाकर संयुक्त रूप से समाजवादी समाज की स्थापना का प्रयोग किया। आज की स्थिति में यह प्रयोग असफल सिद्ध हुआ है। लेकिन भविष्य समाज के लिये मार्क्स की प्रासंगिकता, शायद समाप्त नहीं होगी। इस बहस को आगे बढ़ाते हुए हम मार्क्स की बुनियादी विचारधारा को इस अध्याय में प्रस्तुत करेंगे।

बिना किसी आलोचना और टीका टिप्पणी के हम यहाँ *क्लासिकल मार्क्सवाद* (Classical Marxism) के कुछ प्राक्कथनों को सिलसिले से यहाँ रखेंगे :

(1) समाज का आर्थिक आधार, समाज की सम्पूर्ण सामाजिक संरचना और लोगों के मनोविज्ञान को निर्धारित करता है

समाज में लोगों की धार्मिक, राजनैतिक, साहित्यिक तथा कला सम्बन्धी विचारधारा होती है। इस विचारधारा के माध्यम से ही वह अपने आसपास के समाज को समझता है। एक व्यक्ति के धार्मिक विचार होते हैं। इन विचारों के आधार पर वह राम-रहीम को समझता है, घर बार की व्याख्या करता है, वर्ग और जाति को देखता है। राजनैतिक दृष्टि से वह दलबन्दी, मतदान, प्रशासन और विकास कार्यक्रमों की व्याख्या करता है। इस विचारधारा के माध्यम से वह गाँव और शहर के बनते तथा बिगड़ते आयामों को देखता हैं।

मार्क्स का कहना है कि व्यक्ति के धर्म, साहित्य कला, और संस्कृति से सम्बन्धित जो भी विचार है, उनके निर्धारण का कारक बुनियादी रूप से आर्थिक व्यवस्था है। जैसी अर्थव्यवस्था होगी उसी के अनुरूप वह धार्मिक, राजनैतिक और कलात्मक चिंतन करेगा। सम्पूर्ण विचारधारा का बुनियादी आधार निर्णायक शक्ति आर्थिक संरचना है। मार्क्स जब आर्थिक संरचना की व्याख्या करते हैं तो उनका तात्पर्य *उत्पादन पद्धति* (Mode of Production), *उत्पादन शक्तियों* (Production Forces) और *उत्पादन सम्बन्धों* (Production Relations) से हैं। यदि इस बुनियादी अर्थव्यवस्था

को बदल दिया जाये तो अपने आप लोगों के राजनैतिक, धार्मिक और कानूनी विचारों में बदलाव आ जायेगा। ये सब अधिरचना मात्र है। अतः यदि किसी समाज में आमूलचूल परिवर्तन लाना है तो सबसे पहले आर्थिक संरचना में फेरबदल करना पड़ेगा।

(2) ऐतिहासिक परिवर्तन का कारण उत्पादन शक्तियों और उत्पादन सम्बन्धों का टकराव है

मार्क्स से पहले यह समझा जाता था कि सामाजिक परिवर्तन राजनीतिज्ञों, विधायकों और सामाजिक सुधारकों की गतिविधियों के परिणामस्वरूप होता है। राजनेता, सामाजिक विधान बना देते हैं, या आर्थिक कानून का प्रावधान कर देते हैं और समाज बदल जाता है। मार्क्स सामाजिक परिवर्तन में व्यक्तित्व की परम्परागत शक्तियों पर जो जोर दिया जाता आ रहा है, उसे खारिज करते है। वे इस परिवर्तन को अवैयक्तिक ताकतों की भूमिका से समझाते हैं। उनका कहना है कि जब भी आर्थिक समस्याओं पर संघर्ष होता है तब इसका परिणाम सामाजिक परिवर्तन में देखने को मिलता है। स्पष्ट शब्दों में सामाजिक परिवर्तन का कारण बड़े-बड़े नेता, राजनेता और विधायक नहीं है। आर्थिक कारणों से विभिन्न वर्गों में संघर्ष होता है, खून-खराबा होता है और इस सबके कारण समाज में संरचनात्मक बदलाव आता है।

अपने प्राक्कथन को मार्क्स ने दो मूल अवधारणाओं द्वारा स्पष्ट किया है। ये अवधारणाएं ही सामाजिक परिवर्तन को समझाती हैं। पहली अवधारणा *उत्पादन शक्तियाँ* (Forces of Production) है और दूसरी *उत्पादन सम्बन्ध* (Relations of Production) है। मार्क्स ने *क्रिटिक ऑफ पोलिटिकल इकानोमी* (Critique of Political Economy, 1859) में यह स्पष्ट किया है कि इन दो उत्पादन पद्धतियों में टकराव ही सामाजिक परिवर्तन का बुनियादी कारण है। विकास के दौर में एक ऐसी अवस्था भी आती है जब समाज की भौतिक उत्पादन शक्तियाँ वर्तमान उत्पादन सम्बन्धों के विरोध में उभरती है और इस विरोध का कारण संघर्ष होता है। इस संघर्ष की परिणति क्रांति में देखने को मिलती है। होता यह है कि तकनीकी और यांत्रिक विकास के परिणामस्वरूप माल उत्पादन करने की क्षमता में वृद्धि हो जाती है। पूँजीपति बड़ा पूँजीपति बन जाता है। दूसरी ओर उत्पादन शक्तियों की वृद्धि के अनुरूप उत्पादन सम्बन्ध यानी *सम्पत्ति सम्बन्धों* (Property Relations) में परिवर्तन नहीं आता या थोड़ा परिवर्तन आता है। मजदूरों के वेतन में वृद्धि नहीं होती, काम की दशाओं और अन्य सुविधाओं में कोई इजाफा नहीं होता और बोनस तथा अतिरिक्त लाभ में कोई विशेष बढ़ोतरी नहीं होती। यह एक ऐसी स्थिति है जिसमें तकनीकी और यांत्रिक शक्ति में तो विस्तार होता है, *उसके अनुसार सम्पत्ति सम्बन्धों में कोई*

सन्तोषजनक सुधार नहीं आता। यह आर्थिक कारण मार्क्स की दृष्टि में सामाजिक परिवर्तन का ठेंठ बुनियादी कारण है।

उत्पादन शक्तियों की व्याख्या आदमी के *प्रकृति के साथ सम्बन्धों* (Man's relation to nature) के द्वारा की जा सकती है। प्रकृति के साथ आदमी के सम्बन्धों से मतलब, जिसे आज हम तकनीकी और वैज्ञानिक जानकारी से लेते हैं। जब हम उत्पादन सम्बन्धों की बात करते हैं तो इसका मतलब *आदमी का आदमी के साथ सम्बन्ध (man's relation of man)* से है। *ये सम्बन्ध अपने परिवेश में बड़े होते हैं। इनके अन्तर्गत सामाजिक संस्थाएँ आती है। मार्क्स आग्रहपूर्वक कहते है कि आज की परिस्थितियों में हमारा वैज्ञानिक और तकनीकी ज्ञान तो तेज गति से बढ़ रहा है पर इस दिशा में हमारा सामाजिक विवेक यानी आदमी के आदमी के साथ सम्बन्ध बहुत धीरे बदलते हैं। उत्पादन शक्तियों और उत्पादन सम्बन्धों की यह विसंगति संघर्ष का कारण है।* इतिहास में जब भी परिवर्तन आये हैं, विसंगति से उत्पन्न संघर्ष द्वारा आये हैं।

(3) आज मालिक और मजदूर का संघर्ष जो सामाजिक, राजनैतिक और मनोवैज्ञानिक रूप अभिव्यक्त है, वह हमारे विद्यमान आर्थिक संघर्षों का आईना मात्र है

मार्क्स की सभी कृतियों में इस तथ्य पर बराबर जोर दिया गया है कि मजदूरों या कामगारों के सामाजिक, राजनैतिक और मनोवैज्ञानिक जीवन में जो संघर्ष दिखायी देता है, खिंचाव व्यक्त होता है वह अपनी प्रकृति में *वैयक्तिक* (Subjective) है। उसका वस्तुगत अर्थात *आब्जेक्टिव* (Objective) स्वरूप समाज की आर्थिक वास्तविकता में देखने को मिलता है। वर्ग समाज में एक प्रक्रिया बराबर काम करती है। दिहाड़ी कमाने वाले कामगार जहाँ एक ओर बढ़ती हुई उत्पादन शक्तियों का प्रतिनिधित्व करते हैं वहाँ कारखाने के मालिक और पूँजीपति जमे जमाएं उत्पादन सम्बन्धों को बनाये रखने में अपनी पूरी शक्ति लगाते हैं। मालिक और मजदूर की ये पृथक गतिविधियाँ परस्पर विरोधी हैं और इनके परिणामस्वरूप सम्पत्ति हीन वर्गों के शोषण का सिलसिला बराबर चलता रहता है।

मार्क्स ने आग्रहपूर्वक कहा है और उसकी यह मान्यता है कि उत्पादन शक्तियाँ जब उत्पादन सम्बन्धों के साथ टक्कर लेती है तो इसका परिणाम क्रांति में ही देखने को मिलता है। जब समाज का आर्थिक यथार्थ मानव-सम्बन्धों का विरोध करता है तो संघर्ष का कोई विकल्प नहीं रह जाता।

इतिहास तो एक तटस्थ रहने वाला सिलसिला है। इस सिलसिले में किसी का हस्तक्षेप नहीं चलता। इतिहास किसी को छोड़ता नहीं है। इसका अनुक्रम बराबर

चलता रहता है। मालिक और मजदूर में द्वन्द्व होता है। यह द्वन्द्व एक श्रृंखला में चलता है। इसके परिणामस्वरूप प्रतिकूलता आती है और इस सिलसिले का अन्त क्रांति में होता है। मार्क्स ने द्वन्द्व के नियम (Laws of Dialects) दिये हैं जो इस तरह है : (1) यदि वस्तुएँ अधिक बदलती हैं तो अपने बुनियादी स्वरूप में परिवर्तन लाती हैं, जैसी पहले थी वैसी नहीं रहतीं, (2) एक वस्तु दूसरी वस्तु से पैदा होती है और दूसरी वस्तु से उसका संघर्ष पैदा हो जाता है, और (3) इतिहास संघर्ष के इस तांते को बनाये रखता है। यही संघर्ष का नियम है।

(4) सम्पत्ति जो कि आय का स्रोत है, वर्ग का तटस्थ आधार है। पूँजीवादी व्यवस्था में अनिवार्य रूप से दो आधारभूत वर्ग है। मालिक और मजदूर यानी बुर्जुआ और सर्वहारा

अपनी पुस्तक *केपिटल* (Capital) में मार्क्स ने सामाजिक स्तरीकरण की विस्तृत *कोटियाँ* (Categories) बनाने का काम अधूरा छोड़ दिया है। इस पुस्तक में जब वे ऐतिहासिक घटनाओं के विवरण में वर्ग का विश्लेषण करते हैं तब कुछ परिभाषाएँ और टिप्पणियाँ रखते हैं। इन सबको सम्पूर्ण रूप में देखें तो मार्क्स बुर्जुआ और सर्वहारा वर्गों की परिभाषा में बहुत स्पष्ट और सरल है। उसका कहना है कि मनुष्य की आय का बुनियादी स्रोत उसकी सम्पत्ति है। सम्पत्ति के इस संदर्भ में वे वर्ग की व्याख्या करते है :

जो उत्पादन के साधनों के मालिक है, बुर्जुआ हैं, जो मजदूरी करते हैं सर्वहारा है। वर्ग की इस व्याख्या को उन्होंने अपनी पुस्तक *द जर्मन आइडियोलोजी* (The German Ideology) में भी रखा है। उनका कहना है कि वर्ग की अस्मिता व्यक्ति से ऊपर है। वर्ग स्वतन्त्र है। ऐसी स्थिति में व्यक्ति के जीवित रहने की दशाओं का वर्ग द्वारा पूर्व निर्धारण हो जाता है। व्यक्ति अपनी जो भी अभिलाषाएं रखता हो, शौक और सुविधाएं पूरी करना चाहता हो, जैसी भी जीवन पद्धति गुजारना चाहता हो, यह सब वर्ग के सामने गौण है। उसके लिये तो वर्ग पहले से ही बने बनाये है। उसे तो केवल किसी एक वर्ग में अपने आपको स्थापित करना है।

(5) पूंजीवादी समाज की सामान्य और अनिवार्य दशा सामंजस्य न होकर वर्ग संघर्ष है:

मार्क्स इस कथन को बराबर नकारते हैं, उन्हें पूरी तरह खारिज करते हैं कि कभी भी समाज में प्राकृतिक सामंजस्य नहीं होता। पूंजीवादी समाज में व्यक्तिगत और सामूहिक हितों में बराबर संघर्ष बना रहता है। यह संघर्ष *बुनयादी* है। बुनियादी इसलिये कि पूंजीवादी समाज की संरचना ही कुछ इस तरह की है कि इसका व्यवस्था में संघर्ष

अन्तर्निहित है। हितों को लेकर समाज दो भागों में बंटा होता है। एक भाग वह जो सम्पति का मालिक है और दूसरा वह जिसके पास कोई सम्पति नहीं है। वह तो केवल अपने श्रम का मालिक है, श्रम को बेचकर ही उसे जीविकोपार्जन करना है। चाहे इन दो भागों या वर्गों में इस तरह की चेतना न हो फिर भी इन दो वर्गों में संघर्ष होना अनिवार्य है। ये दो वर्ग उत्पादन साधनों द्वारा एक दूसरे से जुड़े होते हैं। इनके बुनियादी हितों में विरोध होता है। इसी कारण संघर्ष अपरिहार्य है।

(6) पूंजीवादी समाज में मजदूर शोषण की दशाओं से बच नहीं सकते। उनका भाग्य क्रान्ति ही है। इस क्रान्ति की तैयारी मजदूर संगठनों और मजदूर आन्दोलनों द्वारा होती है:

मार्क्स का आरोप है कि प्रजातन्त्र के नाम पर जो कुछ चल रहा है वह मध्यम वर्ग का दांवपेच है। यह व्यवस्था गैर बराबरी और शोषण पर टिकी हुई है। इसका बुनियादी आधार गैर बराबरी और शोषण ही है। इस व्यवस्था में गरीबी दूर करने और शोषण को समाप्त करने के जो भी कार्यक्रम है वे केवल मायावी है। इनका उद्देश्य मजदूरों और गरीब गुरबों को भ्रम में रखना है कि एक दिन उनकी गरीबी दूर हो जायेगी। प्रजातन्त्र और मध्यम वर्ग की यह सुधारवादी नीति कभी भी कामयाब नहीं हो सकती। ऐसा होना संभव नहीं है। यह इसलिये कि पूंजीवादी व्यवस्था में उत्पादन शक्तियों और उत्पादन सम्बन्धों में बहुत साफ दिखायी देने वाला *अन्तर्विरोध* (Contradiction) है। इस सम्पूर्ण परस्पर विरोध में एक ही विकल्प दिखायी देता है। यह विकल्प यह है कि मजदूरों को जिनके पास कोई सम्पति नहीं है उन वर्गों के खिलाफ जिनके पास सम्पत्ति है, निर्णायक लड़ाई छेड़ देनी चाहिये। जो अन्तर्विरोध इस व्यवस्था में निहित है, उसे दूर कर देना चाहिए। उन्हें रचनात्मक कार्यों द्वारा पूंजीवादियों के आधिपत्य को समाप्त कर देना चाहिये। जिस दिन ऐसा हो जायगा, उत्पादन शक्तियाँ पूंजीवादी रूढ़िवादिता से मुक्त होकर बढ़ते हुए उत्पादन को समाज में उपस्थित कर देगी।

(7) पूंजीवाद में एक आर्थिक व्यवस्था के रूप में शोषण निहित है। यह शोषण ही क्रान्ति को बढ़ावा देता है:

मार्क्स ने *अतिरिक्त मूल्य* (Surplus Value) की अवधारणा को दिया है। इसका व्यावहारिक अर्थ यह है कि मजदूर को कितना ही वेतन मिले, पूंजीवादी व्यवस्था में उसका शोषण होना ही है। इस व्यवस्था में कहीं भी शोषण से उसकी मुक्ति नहीं है। जिसे अतिरिक्त मूल्य कहते हैं, उसे केवल मजदूर का श्रम ही (यन्त्र नहीं) पैदा करता है। अपने परिश्रम द्वारा या श्रम शक्ति द्वारा मजदूर जो भी मूल्य पैदा करता है, वह बराबर उस मूल्य से अधिक होता है जिसकी अदायगी उसे की जाती है। इस भांति मजदूर

जिस अतिरिक्त मूल्य को पैदा करता है, पूंजीपति उसका *विनियोजन* (Appropriation) अधिक उत्पादन में कर देता है और इस कारण मजदूर का शोषण तो निरन्तर रूप से चलता रहता है।

(8) वर्ग की संरचना अधिक से अधिक ध्रुवीकृत (Polarized) हो जाती है। इसके परिणामस्वरूप क्रांति के अवसर बढ़ जाते हैं:

मार्क्स का ख्याल है कि अतिरिक्त मूल्य, गैर बराबरी और शोषण पूंजीवादी समाज में बराबर चलते रहते हैं। यह इसलिये कि ये सब वस्तुएं पूंजीवादी व्यवस्था में अन्तर्निहित है। एक अवस्था ऐसी आती है जब वर्गों का *ध्रुवीकरण* (Polarization) हो जाता है। मार्क्स कहते हैं कि समाज में अगणित वर्ग होते हैं। जब ध्रुवीकरण की प्रक्रिया प्रारम्भ होती है तो कई वर्ग अपना अस्तित्व खोकर अपने हितों की पूर्ति के लिये दूसरे वर्गों में सम्मिलित हो जाते हैं। मार्क्स ने ध्रुवीकरण की प्रक्रिया की तीन मुख्य अवस्थाएं बतायी हैं: (1) बुर्जुआ या मध्यम वर्ग धीरे-धीरे अपनी संख्या में घटते जाते हैं, उनका आकार छोटा होने लगता है। (2) इधर मजदूर वर्ग या कामगार संख्या में बढ़ने लगते हैं। उनकी तादाद बड़ी हो जाती है। (3) एक ऐसी अवस्था आती है जब *मध्य स्तरीय वर्ग* (Intermediary Classes) लुप्त होने लगते हैं। समाज के राजनैतिक मानचित्र में उनके चिह्न मिटने लगते हैं। यह वह अवस्था है जिसमें समाज बुर्जुआ और सर्वहारा वर्गों में ध्रुवीकृत हो जाता है। मध्य स्तरीय वर्गों से मार्क्स का तात्पर्य छोटे-छोटे बुर्जुआ वर्गों से हैं जिनके पास थोड़ी बहुत सम्पति होती है। इन वर्गों में *सफेद पोश कर्मचारी* (White Coller Employees) सम्मिलित नहीं है। छोटे बुर्जुआ वर्ग को मार्क्स पेटी बुर्जुआ (Petty Bourgeoisie) कहते हैं। जब अगणित वर्ग ध्रुवीकृत हो जायेगें और केवल बुर्जुआ और सर्वहारा वर्ग ही मैदान में रहेगें, पूंजीवाद के खिलाफ जंग तीव्रतर हो जायगी। इसकी परिणिती क्रान्ति में होगी।

(9) मजदूरों की भौतिक त्रासदी बढ़ जायेगी और इसी तरह उत्पादन व्यवस्था से उनका अलगाव (Alienation) भी बढ़ जायगा:

मजदूरों की त्रासदी कई तरह की है। उनके काम करने की दशाएं अनुकूल नहीं होती। मशीने खस्ता हालत में होती हैं। इनसे बराबर दुर्घटना का खतरा बना रहता है। मजदूरी इतनी थोड़ी होती है कि समुचित तरह से जीविकोपार्जन कठिन हो जाता है। आवास के स्थान गंदी बस्ती में होते हैं। बच्चों का पालन-पोषण, उनकी शिक्षा दीक्षा सब कुछ बेतरतीब हो जाते हैं। आये दिन बढ़ने वाली महँगाई उनकी कमर तोड़ देती है। त्रासदियों की यह फेहरिस्त बहुत लम्बी है। भौतिक और शारीरिक दृष्टि से ही मजदूर नहीं टूट जाता, उसका मनोबल भी लड़खड़ा जाता है। मनोबल गिरने का कारण उसका अलगाव है। मार्क्स की यह पक्की समझ थी कि भौतिक त्रासदी इतनी गहन और

गम्भीर हो जायेगी कि मजदूर सम्पूर्ण उत्पादन प्रक्रिया से अपने आप को बेमतलब महसूस करने लगेगा। उत्पादन प्रक्रिया में उसकी कोई रूचि नहीं रहेगी। वह तो सोचेगा: "कोइ नृप हो हि हमें का हानि, चेरी छोड़ि बन होउ रानी।" पूंजीपति को कितना ही लाभ हो, मजदूर के हाथ तो वह कटा छँटा पगार ही मिलेगा।

पूंजीवादी व्यवस्था में मजदूर अपनी गतिविधियों का नियन्त्रण कारखाने के मालिक को दे देता है। वह अपने काम को अपना काम नहीं समझता। वह तो यह समझता है कि उसका काम किसी दूसरे के लिये हैं। काम करता हुआ मजदूर बेघर हो जाता है। वह अवकाश के फुरसत के समय में थोड़ी बहुत शांति की सांस लेता है। होता यह है कि जब वह कारखाने में काम करता है तो उसका काम दूसरे व्यक्तियों की सम्पति बन जाता है। यदि वह जान लगाकर अधिक उत्पादन करता है तो इस अधिक उत्पादन का मालिक उसका नियोजक हो जाता है। इस प्रकार से व्यक्तिगत या निजी सम्पति अलगाव की स्थिति पैदा कर देती है। इस व्यवस्था में अलगाव और निजी सम्पति पारस्परिक है। मार्क्स का आग्रह है कि अलगाव और शोषण मजदूर की त्रासदी को बढ़ावा देते हैं। एक ऐसी स्थिति बन जाती है जो मजदूर को सर्वहारा वर्ग में डाल देती है। यह वर्ग अब केवल अपने हितों के बारे में ही सोचता है।

(10) दिहाड़ी करने वाले मजदूर क्लास इन इट सेल्फ (Class in itself) के रूप में परिवर्तित हो जाते है:

मार्क्स के साहित्य में *क्लास इन इट सेल्फ* पद का प्रयोग बहुतायत हुआ है। यह वर्ग वह है जो दूसरे वर्गों से अपने आप को पृथक समझता है। इसकी अलग पहचान या शिनाख्त है। यह वर्ग अब इस तथ्य से चेतन हो जाता है कि उसकी काम करने की दशाएं एक जैसी है। इस वर्ग के सभी सदस्य शोषण और अलगाव के शिकार हैं। यदि हम वर्ग की अवधारणा की व्याख्या *वस्तुगत* (Objective) अर्थ में करे तो *क्लास इन इट सेल्फ* (Class in itself) को वर्ग नहीं कहा जायेगा। यह तो सामान्य वर्ग का एक अपवाद है। मार्क्स कहते हैं कि प्रारम्भिक अवस्था में क्लास इन इट सेल्फ के सदस्य केवल अपने हितों की ही चिन्ता करते हैं। उनका संगठन भी केवल अपने हितों के लिये ही होता है। आगे चलकर यह वर्ग अपने समान काम करने वाले और दिहाड़ी करने वाले लोगों के साथ जुड़ जाता है। तब इसे सामान्य वर्ग कहते हैं। वर्ग बनने की प्रक्रिया में यह एक प्राथमिक कदम है।

समाज के विचार और उसकी विचारधारा वस्तुतः आर्थिक आधारों द्वारा निर्धारित होती है। सर्वहारा वर्ग की चेतना भी इसी सामान्य नियम का अनुपालन करती है। इतिहास के जिस मोड़ पर आदमी होता है, यह मोड़ ही उसके विचारों को निर्धारित

करता है। जिस वर्ग में व्यक्ति होता है, वह वर्ग ही उसके विचारों और विचारधारा को निश्चित करता है। *होता यह है कि पूंजीवादी समाज में सतारूढ़ दल की जो विचारधारा होती है, वही उस समय की प्रमुख विचारधारा बन जाती है।* जहाँ तब दिहाड़ी करने वाले मजदूरों का सवाल है, धीरे-धीरे लेकिन निश्चित रूप से उनमें एक अन्तर्राष्ट्रीय चेतना आने लगती है। जितना अधिक यांत्रिकी का विकास होगा, पूंजीवाद बढ़ेगा उतनी ही अधिक वर्ग चेतना में भी वृद्धि होगी। इस प्रक्रिया में दुनियाँ भर के मजदूर अपनी स्थानीय व राष्ट्रीय पहचान को भूल कर एक सार्वभौमिक चेतना या अन्तर्राष्ट्रीय चेतना के सूत्र में बंध जायेंगे।

(11) क्रान्ति होने का अवसर तब आता है, जब काम की दशाएँ एक समान होती है और वैयक्तिक तैयारी पूरी हो जाती है। इन दोनों का गठजोड़ ही क्रांति की शुरूआत है:

ऐसा नहीं होता कि काम की बदतर हालत किसी सफल क्रांति को जन्म देती है। और ऐसा भी नहीं होता कि मजदूर में क्रांति करने की इच्छा ही क्रांति कर देती हो। होता यह है कि काम की दशाओं और क्रांति करने की अभिलाषा में बराबर उतार-चढ़ाव आते रहते हैं। कभी काम की दशाओं में अत्यधिक सुधार आ जाता है और कभी क्रांति करने की अभिलाषा मंद पड़ जाती है। इन दोनों में आँख मिचौनी चलती रहती है। वास्तव में क्रांति तो तब होती है जब काम की सामान्य दशाओं और क्रांति करने की अभिलाषा में या उसके इरादे में गठजोड़ हो जाता है। एक तरफ तो काम की दशाएँ एकदम खराब होनी चाहिये और दूसरी तरफ उसी समय यह वैयक्तिक रूप से इरादा मजबूत होना चाहिए कि मजदूरों की त्रासदी का अन्त इसी में है कि पूंजीवादी व्यवस्था को जड़मूल से हटा दिया जाये। इन दोनों अवस्थाओं के मिलने से ही क्रांति हो सकती है।

(12) आर्थिक व्यवस्था में एक वर्ग की अपरिहार्यता इसमें है कि उसके काम को कोई दूसरा वर्ग नहीं कर सके। काम की यह अपरिहार्यता वर्ग को राजनैतिक प्रभुता देती है:

किसी भी समाज में शक्ति यानी पॉवर (Power) को हथियाना बहुत बड़ी उपलब्धि है। पावर ही सब कुछ है। पावर उस वर्ग को मिलता है जिसके बिना समाज का काम चल नहीं सकता। सर्वहारा वर्ग को यह स्थापित करना पड़ेगा कि वह जिन कार्यों को करता है, वह अपरिहार्य हैं, कोई दूसरा उन्हें नहीं कर सकता। यह अपरिहार्यता ही एक वर्ग विशेष को शक्ति देती है। अपनी इन सैद्धान्तिक व्याख्या के अनुसार मार्क्स का यह मानना है कि संगठित होकर सर्वहारा वर्ग बुर्जुआ वर्ग का स्थान ले लेगा और इसी तर्क के आधार पर पूंजीवाद का स्थान समाजवाद ले लेगा। इतिहास जानता है कि जो

राजा-महाराजा किसी जमाने में अपने कार्यों के लिये अपरिहार्य थे, आज लुप्त हो गये हैं। ऐसा ही कुछ पूंजीपतियों के लिये भी होगा। वे भी लुप्त हो जायेगें। यदि सर्वहारा वर्ग अपने कार्यों को समाज के लिये अपरिहार्य बना लेता है तो इन बदली हुई परिस्थितियों में पूंजीपतियों को कोई नहीं बचा सकता। लुप्त होना ही उनका भाग्य है और इसलिये अब पूंजीपतियों का भविष्य उनका सर्वनाश ही है।

(13) किसी भी वर्ग समाज में राज्य निश्चित रूप से सर्वहारा को अवपीड़न (Coercion) देता है:

शक्ति (पावर) का सिद्धान्त ही बड़ा बेढ़ब है। जिसके पास शक्ति होती है, वही समाज की संरचना को निर्णायक रूप देता है। वास्तव में देखा जाये तो मजदूर और मालिक, गरीब और अमीर की लड़ाई शक्ति को हथियाने की यानी उत्पादन के साधनों पर स्वामित्व पाने की लड़ाई है। इस लड़ाई में निर्णायक भूमिका आर्थिक संरचना की होती है। जिसके पास धन-सम्पति है वही शक्ति हथियाने में कामयाब होता है और परिणाम स्वरूप समाज की *अधिसंरचना* (Superstructure) को भी वही बनाता है। राज्य का गठन वे वर्ग करते हैं जो आर्थिक बुनियादी संरचना को बनाते हैं। इसी तर्क के आधार पर राज्य पूंजीपतियों के हितों की रक्षा के लिये सर्वहारा वर्ग को अपनी इच्छानुसार काम करने के लिये मजबूर करते हैं। पूंजीवादी व्यवस्था में सर्वहारा वर्ग की यह अवपीड़न को राज्य की ओर से होता है, बराबर बना रहता है। अत: जहाँ पूंजीपति मजदूर को मजबूर करते हैं, वहीं राज्य भी उन्हें मजबूर करता है।

(14) पूंजीवाद एक के बाद एक संघर्ष में घिर जाता है। ये संघर्ष बराबर बदतर होते जा रहे हैं। इसलिये अब पूंजीवाद अपने अंतिम संघर्ष में है और यह अंतिम संघर्ष मजदूरों की क्रांति है:

पूंजीवाद का व्यवस्थित विकास औद्योगिक क्रांति से प्रारम्भ हुआ है। इस लम्बी अवधि में पूंजीवाद ने कई चढ़ाव-उतार देखे हैं। ये चढ़ाव-उतार उसके लिये संघर्ष थे। दुनियां भर के देशों में आज ऐसी स्थिति आ गयी है कि पूंजीवाद का खोखलापन सिद्ध हो गया है। ऐसा लगता है कि मेहनतकश लोग अब अधिक दिनों तक अलगाव और शोषण की दोहरी विपदा को अधिक सहन नहीं कर सकते। इन लोगों की दृष्टि में अब पूंजीवाद अपने संघर्ष के अंतिम दौर में हैं। यह लड़ाई निर्णायक लड़ाई होगी। मार्क्स इस लड़ाई को क्रांति कहते हैं। यह बात भी निश्चित है कि इस क्रांति को अब अधिक दिन तक टाला नहीं जा सकता। यह सम्भव है कि यह क्रांति थोड़े समय के लिये स्थगित हो जाये, पर इसे खारिज नहीं किया जा सकता। यह इसलिये कि पूंजीवाद का अन्त इसकी व्यवस्था में ही निहित है।

(15) पूंजीवाद के बाद का समाज एक संक्रमण काल से गुजरेगा; थोड़े समय मजदूरों का अधिनायकवाद रहेगा और इसके बाद सही अर्थों में साम्यवाद की स्थापना होगी:

मार्क्स ने बराबर यह कहा है कि पूंजीवाद के खत्म होने के बाद किस प्रकार का समाज बनेगा, उसकी कोई विस्तृत रूप रेखा देना बहुत कठिन है। यह काम तो कोई स्वप्नदर्शी या युटोपिया में विश्वास रखने वाला ही कर सकता है। यह सब होते हुए भी मार्क्स अपनी पुस्तक *क्रिटिक ऑफ द गोथा प्रोग्राम* (Critique of the Gotha Programme) में भविष्य के समाज की एक छवि देते हैं। इस तरह की कल्पना करना खतरे से खाली नहीं है। ऐसी छवि या तस्वीर जहाँ एक ओर वास्तविक नहीं होती, वहीं इसकी प्रासंगिकता भी संदेहपूर्ण होती है।

क्रांति के बाद संक्रमणकाल आयेगा। इस अवस्था में उत्पादन शक्तियाँ जनता के हाथों में आ जायेगी। मजदूर इन नयी शक्ति की सुरक्षा पूंजीपतियों से करेगें। अब कारखानों की व्यवस्था मजदूरों के हाथ में रहेगी। उनके शोषण और अलगाव पर विराम लग जायेगा। लेकिन इतिहास यहाँ आकर समाप्त नहीं होगा। इस संक्रमणकाल में वर्गों को समाप्त करने का भरसक प्रयास किया जायेगा। इसके बाद की अवस्था साम्यवाद होगी। साम्यवाद में कोई वर्ग नहीं होगें। मज़दूरों का बहुत भारी बहुमत होगा। वे ही राष्ट्र हो जायेगें। इस तरह देश में कोई वर्ग भेद नहीं रहेगा, कोई संघर्ष नहीं होगा। ऐसे समाज में शारीरिक और मानसिक काम करने वालों में कोई विरोध नहीं होगा। गाँव और शहर का अन्तर लुप्त हो जायेगा।

साम्यवाद में वर्ग भेद समाप्त होने के बाद, राज्य का भी अन्त हो जायेगा। राज्य तो एक अतिपीड़न करने वाली संस्था है जो मजदूरों के शोषण में सहायक होती है। अब जब समाज में सभी समान होगें– न मालिक और न मजदूर, तब शोषण किसका होगा। यह ऐसा समाज होगा जिसमें जनसंख्या का बहुत बड़ा भाग सर्वहारा का ही होगा। इस समाज में राज्य की कोई भूमिका नहीं होगी। जब भूमिका नहीं रहेगी तो राज्य का एक फूल की तरह *कुम्हला* (Wither) जायेगा। ऐसे समाज में प्रत्येक व्यक्ति अपनी क्षमता के अनुसार काम करेगा और समाज उसकी आवश्यकताओं के अनुसार सहायता प्रदान करेगा।

(16) यद्यपि यह ठीक है कि आदमी स्वयं अपना इतिहास बनाता है लेकिन आर्थिक आधार की दृष्टि से देखे तो यह कहना पड़ेगा कि आदमी कुछ भी करे उसके इतिहास की दिशा पूर्व निश्चित होती है। इतिहास का परिवेश संरचनात्मक दृष्टि से आर्थिक कारकों द्वारा बंधा होता है। और कोई भी इसे एक सीमा से आगे

बदल नहीं सकता:

मार्क्स ने समाज का जो ऐतिहासिक ढांचा तैयार किया है, उसमें समाजवादी आदर्श पूरी तरह से निहित है। मार्क्स का सुझाव और उसकी अपेक्षाएँ यही है कि इतिहास एक बहुत बड़ी ऐजेन्सी है और क्रांति द्वारा इतिहास मोड़ लेता है। मार्क्स की यह निश्चित धारणा है, कि भौतिकवादी शक्तियाँ ही समाज की संरचना को निश्चित करती हैं। यदि मार्क्स के सम्पूर्ण सिद्धान्तों को एक बारगी देखा जाये तो वे सरल और सपाट हैं। उनका सामान्य सिद्धान्त है कि आदमी इतिहास बनाता है। इस इतिहास निर्माण में भी एक संघर्ष है। एक तरफ तो भौतिक इतिहास की अनिवार्यताएँ हैं, दबाव है और दूसरी तरफ स्वयं आदमी का इतिहास बनाने का संकल्प है। यह संघर्ष दबाव और संकल्प के बीच में है। इसी कारण इस दबाव को कम करने के लिये मार्क्स इतिहास का *पुनर्निवर्चन* (Re-interpretation) करते हैं।

(17) जैसा कि पहले कहा जा चुका है कि, सामाजिक संरचना को आर्थिक आधार निश्चित करते हैं। इसके अनुसार इतिहास की दिशा को आर्थिक आधारों में होने वाले परिवर्तन तय करते हैं:

मार्क्स ने यह आग्रह पूर्वक कहा है कि आर्थिक आधारों में जब परिवर्तन आता है तो इतिहास की दिशा भी बदल जाती है। उन्होंने बड़ी दृढ़ता के साथ *आर्थिक निर्धारणवाद* (Econmic Determinism) के सिद्धान्त को रखा है। इस सिद्धान्त में उन्होंने शक्ति (पावर) के सिद्धान्त राज्य की अवधारणा तथा वर्ग की व्याख्या को समुचित रूप से प्रस्तुत किया है। वे साफ तरह से कहते हैं कि आर्थिक निर्धारणवाद का मतलब अधिक धन एकत्र करने से नहीं है। किस प्रकार अधिक से अधिक आर्थिक लाभ लेना भी इतिहास बनाने का या उसमें बदलाव लाने का मुख्य कारक नहीं है। *वास्तविकता तो यह है कि धन प्राप्त करने या कमाने की मुख्य प्रेरणा* (Motive) क्या है, यह प्रेरणा ही इतिहास को दिशा या मार्ग प्रदान करती है। मार्क्स के इस सिद्धान्त की कई आलोचनाएँ भी हुई है, विवाद और बहसें भी हुई है। यह सब होने पर भी तथ्यपूर्ण बात यह है कि जहाँ इतिहास पर भौतिकता का दबाव होता है और दूसरी ओर इतिहास बनाने की प्रेरणा या मंशा बलवती होती है, तब किसी देश के इतिहास को नई दिशा मिलती है। इतिहास की दिशा और आर्थिक आधार गहनता से जुड़े हुए हैं।

उपसंहार

क्लासिकल मार्क्सवाद की रूपरेखा के प्रमुख लक्षणों का उल्लेख पिछले पृष्ठों में हमने किया है। मार्क्स अपनी कृतियों को अगणित फुटकर निबन्धों में अपने सिद्धान्तों, अभिधारणाओं और सामान्य अवलोकनों को रखते हैं। वे इस बात को बताने का

प्रयास करते हैं कि किस प्रकार समाज और इसमें रहने वाले आदमी बराबर बदलते रहते हैं। आज के समाज में उत्पादन सुविधाओं पर मालिकाना हक निजी व्यक्तियों का है। ये व्यक्ति निजी लाभ उठाते हैं। इन व्यक्तियों के सिवाय शेष जनसंख्या या जनता तो दिहाड़ी पर काम करती है। इस पूंजीवादी समाज में बदलाव आ रहा है। इस बदलाव का कारण उत्पादन शक्तियों और उत्पादन सम्बन्धों में आये दिन होने वाले संघर्ष हैं। देखा गया है कि सभी सामाजिक संस्थाओं और विचारधाराओं में आज जो संघर्ष है उसके मूल या तले में आर्थिक बदलाव हैं। पहले कारखानों में काम करने वाले मजदूर संगठित नहीं थे, जब परिस्थितियाँ बदल गयी हैं: कम से कम सभी कामगार अपने वर्ग की पहचान को समझ गये है और इस समझ ने उन्हें संगठित कर दिया है। यह संगठन क्रांति का सूत्रधार है। इस क्रांति के बाद नवीन समाज का उद्‌भव होगा। यह समाज जिसका धुंधला मानचित्र मार्क्स ने दिया है, वर्गहीन, राज्यहीन और साम्यवादी होगा।

अध्याय 4

द्वन्द्वात्मक भौतिकवाद
Dialectical Materialism

19 वीं शताब्दी में दर्शनशास्त्र तथा समाजशास्त्र दोनों ही ज्ञान शाखाओं में संघर्ष सिद्धान्त की विवेचना हुई। सिद्धान्त और विचारधारा एक दूसरे के बहुत निकट होते हुए भी भिन्न है। *विचारधारा* (Ideology) तो विचार की एक व्यवस्था है जिसका उद्देश्य सामाजिक संस्थाओं की सुरक्षा के लिये सामाजिक आन्दोलनों को विकसित करना है। इस दृष्टि से विचारधारा का उद्देश्य व्यावहारिक लक्ष्यों का प्राप्त करना होता है। कोई भी विचारधारा हमारी बुनियादी समझ को विकसित करने के लिये नहीं होती। यह निश्चित है कि विचारधारा एक सीमा तक हमारी समझ के स्तर को आगे बढ़ाये लेकिन इसका यह प्राथमिक कार्य नहीं है। दूसरी तरफ सिद्धान्त का काम हमारी समझ को तीक्ष्ण करना है। 19 वीं शताब्दी में जहाँ *संघर्ष विचारधारा* (Conflict ideology) विकसित हुई, वहीं मार्क्स के संघर्ष सिद्धान्त द्वारा प्रतिपादित वैज्ञानिक समाजवाद आया। विचारधारा में तर्क और विज्ञान का अभाव होता है, सिद्धान्त में विज्ञान सर्वोपरि होता है। अत: जब हम 19 वीं शताब्दी के संघर्ष सिद्धान्त की व्याख्या करते हैं तब हमें इसे संघर्ष विचारधारा से पृथक करके देखना चाहिये। वास्तव में इस शताब्दी में संघर्ष विचारधारा ने जिनके प्रतिपादनों में इब्न खाल्दून, जिनबोडिन, थॉमस हॉब्स आदि हैं जो महत्वपूर्ण समस्याएं रखी उनका निदान हीगेल, मार्क्स आदि समाज वैज्ञानिकों ने खोजा। संघर्ष विचारधारा की यह पूरी यात्रा *रूमानी आदर्शवाद* (Romantic idealism) से प्रारम्भ होती है। इसकी परिणिती मार्क्स के वैज्ञानिक समाजवाद के आर्विभाव में है।

द्वन्द्वात्मक भौतिकवाद की प्रकृति
(Nature of Dialectical Materialism)

ऐतिहासिक भौतिकवाद से भिन्न द्वन्द्वात्मक भौतिकवाद एक ऐसी सोच या समझ है जिसे वास्तव में मार्क्सवाद का दर्शन कहना चाहिए। मार्क्सवादी विज्ञान को हम द्वन्द्वात्मक भौतिकवाद में देख सकते हैं। यदि उद्‌गम की दृष्टि से देखा जाय तो मार्क्स का द्वन्द्वात्मक भौतिकवाद दो विचारधाराओं से बना है। पहली विचारधारा *यांत्रिक भौतिकवाद* (Mechanistic Materialism) है। यह यांत्रिकता वैज्ञानिक क्रांति के परिणामस्वरूप पैदा हुई थी। दूसरी विचारधारा हीगेल के *आदर्शवादी द्वन्द्व* (Idealist Dialectics) की है। इस तरह मार्क्स के द्वन्द्वात्मक भौतिकवाद में जहाँ पूंजीवादी दर्शन है जो यांत्रिक भौतिकवाद है वहीं आदर्शवाद भी है। मार्क्स एक तरफ पूंजीवाद को नकारते हैं और दूसरी ओर तत्व मींमासा को अस्वीकार करते हैं।

मार्क्स का द्वन्द्वात्मक भौतिकवाद दुनियां को देखने का एक नया नजरिया या दृष्टिकोण है। इसकी व्याख्या में एंजिल्स कहते हैं कि द्वन्द्वात्मक भौतिकवाद दुनियां देखने का साम्यवादी नजरिया है। वास्तव में मार्क्स और एंजिल्स की बहुत बड़ी परेशानी वैज्ञानिक ढंग से यह देखने की थी कि वास्तव में समाज में कौन सी वस्तुएं ठोस यथार्थ है। इस यथार्थता को जानने के लिये मार्क्स ने विशुद्ध वैज्ञानिक दृष्टिकोण को अपनाया। उन्होंने एक ऐसे *प्राकृतिक दर्शन* (Natural Philosophy) को विकसित किया जिसमें सभी समाज विज्ञानों की प्राप्तियों को सम्मिलित किया। मार्क्स ने समाज को वैज्ञानिक ढंग से देखा। उन्होंने तर्क दिया कि प्रकृति में भी द्वन्द्व है। इसे वे *प्रकृति का द्वन्द्व* (Dialectics of Nature) कहते हैं। वे कहते हैं:

> प्रकृति में द्वन्द्वात्मक नियम जिस तरह काम करते है, वैसे ही द्वन्द्व इतिहास में भी होते हैं।

मार्क्स के द्वन्द्वात्मक भौतिकवाद का जो केन्द्रीय सिद्धान्त है, वह सब तरह से वैज्ञानिक है। यह द्वन्द्व प्रकृति, समाज और विचारधारा सभी में समान रूप में देखने को मिलता है। द्वन्द्वात्मक भौतिकवाद के दर्शन के सिद्धान्त को मार्क्स इतिहास पर लागू करते हैं। उन्होंने द्वन्द्वात्मक भौतिकवाद में दृढ़तापूर्वक कहा है कि *विचार* (Ideas) और *पदार्थ* (Matter) दोनों जुदा-जुदा है। यदि गहराई से देखा जाये तो ये दोनों केवल जुदा ही नहीं, परस्पर विरोधी भी है। लेकिन जब विचार और पदार्थ को उनकी एकता के रूप में देखते हैं तो पदार्थ एक बुनियादी तंत्व है। यह प्राथमिक है। मस्तिष्क या विचार के अभाव में भी पदार्थ का अस्तित्व भी है। उदाहरण के लिये एक आदिवासी के मस्तिष्क में यानी विचार में हवाई जहाज का कोई अस्तित्व नहीं है। उसने तो हवाई

जहाज देखा भी नहीं है। इसी भांति उसके मस्तिष्क में कम्प्यूटर का भी कोई अस्तित्व नहीं है। यह सब होने पर भी हवाई जहाज या कम्प्यूटर का वास्तविक जीवन में अस्तित्व है। इसके विपरीत आदिवासी के मस्तिष्क या विचार में कई अन्य बातें हो सकती हैं– शिकार से भरा हुआ हरा-भरा जंगल जिसे उसने किसी समय देखा था, आज अस्तित्व में नहीं है। अतः विचारधारा होने से किसी पदार्थ का अस्तित्व हो जाये, मार्क्स कहते हैं, यह सम्भव नहीं है। लेकिन यह बिल्कुल संभव है कि मस्तिष्क में न होने पर भी समाज में पदार्थ का अस्तित्व हमें मिले। *इस तर्क का मतलब हुआ दुनियां की यथार्थता (Reality) के विश्लेषण में पदार्थ आवश्यक है, पदार्थ प्राथमिक है, पदार्थ बुनियादी है।*

पदार्थ के इस अस्तित्व को मार्क्स द्वन्द्व के रूप में देखते हैं। इस द्वन्द्वात्मक भौतिकवाद की व्याख्या उन्होंने चार मूलभूत नियमों से की है:

(1) *परस्पर विरोधों में एकता*

संसार की प्रत्येक वस्तु परस्पर विरोधी तत्वों से बनी होती है। ये परस्पर विरोधी तत्व अपनी संरचना या बनावट में *सावयवी* (Organic) होते हैं। ये सावयवी तत्व परस्पर विरोधी होकर भी व्यवस्था को एकता प्रदान करते हैं। यदि समाज में शासक और शासित दो परस्पर विरोधी तत्व हैं तो ये दोनों मिलकर सम्पूर्ण राज्य को बनाते भी हैं। ये परस्पर वस्तुएं जहां आपस में संघर्ष करती हैं, वहीं व्यवस्था को विकास भी प्रदान करती है। यदि संघर्ष न हों तो वस्तु का विकास रूक जायेगा। जब मार्क्स परस्पर विरोधी तत्वों और संघर्ष की बात करते हैं तो अनिवार्य रूप से उनका ध्यान परिवर्तन की प्रकृति पर जाता है। परिवर्तन की यह प्रकृति *परिमाणात्मक* (Quantitative) और *गुणात्मक* (Qualitative) हो सकती है।

(2) *परिमाणात्मक परिवर्तन का गुणात्मक परिवर्तन में रूपान्तर*

द्वन्द्ववाद का यह नियम *तत्वशास्त्र* (Metaphysics) के नियमों के विपरीत है। तत्वशास्त्र मानता है कि विकास की प्रक्रिया एक सरल रेखा की तरह है। जिसमें परिमाणात्मक (Quantitative) परिवर्तन से *गुणात्मक परिवर्तन* (Qualitative) नहीं होते हैं। तत्वशास्त्र के इस नियम के विपरीत मार्क्स का द्वन्द्ववाद इस नियम को प्रतिपादित करता है कि छोटे से छोटे परिमाणात्मक परिवर्तन से बड़े से बड़े गुणात्मक परिवर्तन का होना भी सम्भव है। यह परिवर्तन सिलसिले से धीरे-धीरे नहीं होते। मार्क्स का तो आग्रह है कि ये परिवर्तन तत्काल और शीघ्र होते हैं। दूसरी विशेषता यह है कि कि शीघ्रता से होने वाले ये परिवर्तन संयोग से नहीं होते वरन् परिमाणात्मक परिवर्तनों के संचित होने के स्वाभाविक परिणामस्वरूप होते हैं। अतः मार्क्स के

अनुसार विकास की प्रक्रिया इतिहास की पुनरावृति नहीं है। यह तो एक ऐसी गति है जो निरन्तर आगे बढ़ती हुई और ऊपर चढ़ती हुई रेखा की भांति है। वास्तव में यह तो एक पुरानी गुणात्मक स्थिति का एक नयी गुणात्मक स्थिति में बदलना है। यह सरल प्रक्रिया का जटिल होना है।

(3) *निषेध के निषेध का नियम*

इस नियम का मूल द्वन्द्व है। जब तक पुरानी पद्धति से नयी पद्धति संघर्ष नहीं करती, विकास नहीं हो सकता। किसी वस्तु या घटना में जब आन्तरिक विकास होता है तो यह उस घटना के निषेध के परिणामस्वरूप होता है। निषेध बाहर से अन्दर प्रवेश नहीं करता, यह तो घटना में ही निहित होता है। घटनाएँ अपने आप में ही आना विरोध करती हैं। यह अन्तर्विरोध ही पुराने निषेध या विनाश को उत्पन्न करता है। निषेध की यह प्रक्रिया पुरानी वस्तु को पूर्ण रूप से नष्ट नहीं करती। उसमें जो बढ़िया है उसे बनाये रखती है और उसी बढ़िया को श्रेष्ठ बनाती है। उदाहरण के लिये पुरानी सामाजिक व्यवस्था का निषेध नयी सामाजिक व्यवस्था करती है। पुरानी सामाजिक व्यवस्था में जो तकनीकी या उत्पादन शक्तियाँ होती हैं, उत्पादन सम्बन्ध होते हैं, उन्हें सुरक्षित रखकर उनमें सुधार किया जाता है।

विकास की प्रकृति प्रगतिशील होती है, होता यह है कि संघर्ष की प्रक्रिया में पुरानी परम्परा नष्ट होकर नयी परम्परा को जन्म देती है। जब नयी परम्परा सुदृढ़ता से विकसित हो जाती है तो उसमें से ही उसका अन्तर्विरोध उत्पन्न हो जाता है और परिणामस्वरूप निषेध की पुनरावृति प्रारम्भ हो जाती है। इस तरह विकास कई अन्य निषेधों को पैदा करता है। निषेध के निषेध का यह सिलसिला बारी-बारी से चलता रहता है। विकास का स्वरूप जैसा कि हमने ऊपर कहा है प्रगतिशील होता है। यह प्रगतिशील इसलिये होता है कि विकास की हर ऊंची सीढ़ी आने से नीची सीढ़ी का निषेध करती है। *मार्क्स का निष्कर्ष यह है कि द्वन्द्वात्मक प्रक्रिया की दिशा प्रगति होती है।*

निषेध के निषेध के नियम की एक और विशेषता है। विकास की रेखा जो निषेध के परिणामस्वरूप बढ़ती है, एक सीधी रेखा नहीं है। यह *सर्पिल* (Spiral) है। इसमें उलझन होती है। इसमें पुनरावृति होती है। लेकिन पुराने पर वापसी नहीं होती। उदाहरण के लिये समाज के विकास क्रम में आदिम साम्यवाद से दास व्यवस्था आयी। इसके निषेध में सामन्तवाद आया। इससे आगे पूंजीवाद आया। और मार्क्स कहते हैं कि पूंजीवाद के बाद समाजवाद और साम्यवाद आयेगें। साम्यवाद तक के विकास या क्रम निषेध के नियम को ही बताता है। *अफनासेव* (Afanasyev) का कहना है:

"इस प्रकार विकास की प्रक्रिया नये द्वारा पुराने उच्चतर द्वारा निम्नतर के निषेध के रूप में घटित होती है। पर नया, जो पुराने का निषेध करता है, पुराने के सद्गुणों को कायम रखता है और उन्हें विकसित करता है। इसी प्रकार विकास प्रगतिशील स्वरूप धारण करता है। साथ ही विकास की गति सर्पिल होती है जिसमें निम्नतर सोपान के कतिपय पहलू और लक्षण उच्चतर सोपान पर पुनरावृत होते रहते है।"

(4) *गतिशीलता का नियम*

द्वन्द्वात्मक भौतिकवाद का बुनियादी आधार यह है कि इसकी प्रकृति ठहरे हुए पानी की तरह नहीं है। इसमें रफ्तार है, बहाव है और गति है। अतः जड़ता प्रकृति की स्थायी दशा नहीं है। यह प्रकृति तो निरन्तर परिवर्तनशील है। इसकी दिशा गति है, स्पन्दन है। इस प्रकृति में वस्तुओं का सदैव उद्भव और विकास होता रहता है। जन्म और निर्वाण की निरन्तर दिशा ही प्रकृति है। इसी कारण स्तालिन ने कहा है कि द्वन्द्वात्मक प्रणाली उसी को अजेय मानती है जो उग रहा हो और विकासमान हो।

हमें घटनाओं का विश्लेषण उनके अन्तः सम्बन्ध और अन्तःनिर्भरता को ध्यान में रखकर करना चाहिये। इस विश्लेषण में जहाँ विकास को देखते हैं, वहीं विनाश को भी देखना चाहिये। इसका कारण यह है कि संसार की कोई भी वस्तु या घटना स्थायी नहीं है। इस सम्बन्ध में एंजिल्स कहते हैं:

"समस्त प्रकृति, छोटे से लेकर बड़े तक, बालू कण से लेकर सूर्य तक, वाहकाणु से लेकर व्यक्ति तक, आने और चले जाने की एक निरन्तर स्थिति में निरन्तर प्रवाह में अनवरत गति तथा परिवर्तन की स्थिति में है।"

एंजिल्स के अनुसार मार्क्स का द्वन्द्वात्मक भौतिकवाद संसार और प्रकृति में सब कुछ अस्थायी, गतिशील और परिवर्तनशील मानता है। प्रत्येक वस्तु में द्वन्द्ववाद गतिशीलता, वस्तु के तत्वों में जन्म और निर्वाण की दशा को देखता है।

इसमें कोई संदेह नहीं है कि मार्क्स का समाज का जो सिद्धान्त है, वास्तविकता को समझने का जो दृष्टिकोण है वह भौतिकवादी और द्वन्द्वात्मक दोनों ही है। और इसी को वे वैज्ञानिक उपागम कहते हैं।

द्वन्द्वात्मक भौतिकवाद की जो भी व्याख्या हम करते हैं उसमें यह अवश्य कहना चाहिये कि मार्क्स ने पूंजीवादी और औद्योगिक समाज की मूर्त वास्तविकता को समझने के लिये द्वन्द्वात्मक भौतिकवाद को प्रस्तुत किया। इस शताब्दी के दूसरे और तीसरे दशक में यह दर्शन अप्रासंगिक हो गया, इसमें विसंगतियाँ आ गयी। इधर इसी अवधि में स्टालिन की अराजकता और बोल्शेविक दल की दफ्तरशाही जैसे ऐतिहासिक कारक

भी उपस्थित हो गये। सोवियत रूस में तो नहीं, पर उसके बाहर द्वन्द्वात्मक भौतिकवाद चरमराने लगा। इसका स्थान मार्क्सवादी एक नये दर्शन ने लिया जिसे मार्क्सवादी मानवतावाद कहते हैं। मार्क्स के द्वन्द्वात्मक भौतिकवादी दर्शन की इस तरह की व्याख्या के अग्रणी *लुकाज* (Lukacs) और *कोर्ष* (Korsch) हैं। इन विद्वानों ने प्राकृतिक विज्ञानों के भौतिकवाद को नकारा। इससे और आगे इन्होंने हीगेल के द्वन्द्ववाद को स्थापित किया। दर्शन और सिद्धान्त की यह परम्परा और आगे बढ़ी *हीगेलीकरण* की प्रवृति पर रोक लगी। हीगेल का विरोध करने वालों में अग्रणी *अल्थूज़र* (Althusser) हैं। सिद्धान्तों के विकास की इस प्रक्रिया में सोवियत रूस में द्वन्द्वात्मक भौतिकवाद की प्रतिष्ठा बराबर बनी रही।

आखिर द्वन्द्व है क्या?
(What is Dialectics)

सैंकड़ों पृष्ठों में मार्क्स ने जो कुछ लिखा है उसकी केन्द्रीय अवधारणा द्वन्द्व (Dialectics) है। द्वन्द्व से जुड़े हुए दो बुनियादी मुद्दे हैं, पहला मुद्दा तो यह निश्चित करना है कि द्वन्द्व की अवधारणा विकसित करने में मार्क्स ने हीगेल से कितना कुछ उधार लिया है। दूसरा मुद्दा यह तय करना है कि द्वन्द्व की अवधारणा ने मार्क्सवाद को कहाँ तक विज्ञान का दर्जा दिया है। *यदि हम मार्क्सवाद की सम्पूर्ण परम्परा का कोई मोटा विश्लेषण करें तो यह कहना पड़ेगा कि (1) द्वन्द्व की अवधारणा एक विधि (Method) है और बहुत करके यह विधि एक वैज्ञानिक विधि है जिसमें ज्ञान मीमांसा सम्बन्धी द्वन्द्व* (Epistemological Dialectics) सम्मिलित है। (2) इस अवधारणा की एक और विशेषता यह है कि इसके द्वारा हम सम्पूर्ण वास्तविकता की व्याख्या कर सकते हैं। इसे जीव विकास *विज्ञान का द्वन्द्व* (Ontological Dialectics) कहते हैं। (3) द्वन्द्व इतिहास की करवटों को भी समझने में सहायक है।

आदिम युग से पूंजीवाद तक इतिहास ने कई मुकाम और मोड़ देखे हैं। द्वन्द्व का यह तीसरा नियम *संसर्गी द्वन्द्व* (Relational Dialectics) है।

इस भांति मार्क्स द्वारा प्रतिपादित द्वन्द्व के तीन नियम बहुत स्पष्ट हैः (1) ज्ञान मीमांसा सम्बन्धी द्वन्द्व (2) जीव विकास विज्ञान का द्वन्द्व और (3) संसर्गी द्वन्द्व। अतः जब द्वन्द्व की व्याख्या करते हैं तो हम इसे एक विधि के रूप में लागू करते हैं, जो कुछ समाज में ज्ञान का भण्डार है, उसका लेखा-जोखा हम ज्ञान के द्वन्द्व सें देखते हैं। एक विचारधारा का खण्डन दूसरी विचारधारा करती है। और इस तरह ज्ञान के क्षेत्र में द्वन्द्व चलता रहता है। द्वन्द्व की यह विधि हम जीव विकास के विश्लेषण में भी लागू करते हैं। इससे और आगे इतिहास में आने वाले उतार-चढ़ाव को हम संसर्गी द्वन्द्व द्वारा

देखते हैं। संसर्गी द्वन्द्व वस्तुतः मनुष्यों के व्यवहार के बीच में आने वाले द्वन्द्व है।

द्वन्द्ववार के मुख्य लक्षण
(Main Attributes of Dialectics)

द्वन्द्ववाद मार्क्स के लिये तत्वज्ञान नहीं था। हीगेल तत्वज्ञान की बुनियाद पर रोमांटिक मुद्रा में द्वन्द्व की व्याख्या करते हैं। मार्क्स द्वन्द्वात्मक भौतिकवाद को कर्म प्रधान मानते हैं। इस दृष्टि से द्वन्द्वात्मक भौतिकवाद के कुछ विशेष लक्षण हैं। उन लक्षणों का हम यहां संक्षेप में विवरण देगें। ये लक्षण इस तरह हैं:

(1) ***द्वन्द्वात्मक भौतिकवाद वस्तुओं को गतिशील मानकर चलता है:***

मार्क्स संचार की प्रत्येक वस्तु को जड़ या चेतन, गतिशील मानकर चलते हैं। किसी भी वस्तु में दो तत्व बराबर विद्यमान होते हैं। एक तत्व वस्तु की निरन्तरता को बनाये रखता है, और दूसरा तत्व निरन्तरता का विरोध करता है। तत्व के अन्दर इन दोनों शक्तियों का संघर्ष चलता रहता है। यह संघर्ष ही वस्तु को आगे बढ़ाता है। जहां हीगेल विचारों के द्वन्द्व या संघर्ष के कारण विकास की व्याख्या करते हैं, वहां मार्क्स भौतिक वस्तुओं के द्वन्द्व से परिवर्तन का विश्लेषण करते हैं। जिस प्रकार हीगेल का निरपेक्ष विचार गतिशील है वैसे ही द्वन्द्वात्मक भौतिकवाद के अनुसार पदार्थ गतिशील है। सम्पूर्ण विश्व को मार्क्स ने इसी संघर्ष और गतिशीलता के सन्दर्भ में देखा है।

(2) ***पदार्थ समाज की यर्थाथता है:***

किसी भी समाज की वास्तविकता उसके पदार्थ में निहित है। वस्तुतः पदार्थ ही समाज का मूल है। इस दृष्टि से समाज का अंतिम स्वरूप पदार्थ है जिसे नंगी ऑखों से देखा जा सकता है, सुना जा सकता है, और स्पर्श किया जा सकता है। मनुष्य में जो भी नेतना है नह इस पदार्थ के कारण ही है। हमारी चेताना के स्वरूप, उसकी दशा और दिशा को उसके चहुं और फैले हुए पदार्थ ही निश्चित करते हैं। अतः यदि मानव कल्याण के लिये हम सचमुच कुछ करना चाहते हैं तो हमें पदार्थ को समझना चाहिये। *पदार्थ ही पहली और अंतिम वास्तविकता है।*

(3) ***पदार्थ के अन्तर्विरोध से ही द्वन्द्व होता है:***

पदार्थ के लिये द्वन्द्व की स्थिति बाहर से पैदा नहीं होती। पूंजीवाद के सन्दर्भ में मार्क्स ने यह विस्तारपूर्वक समझाया है कि पूंजीवाद में ही पूंजीवाद को नष्ट करने के तत्व हैं। यह एक ऐसी व्यवस्था है जिसके अन्दर इसे नष्ट करने के लिए परस्पर विरोधी शक्तियाँ हैं। पूंजीवाद का जन्म ही पूंजीवाद को दफनाने के लिये क्रब लेकर आता है। जब द्वन्द्व

होता है तो विकासशील शक्तियाँ व्यवस्था को आगे बढ़ाती हैं।

(4) *विकास का माध्यम संघर्ष है:*

संघर्ष से मुँह मोड़ना विकास के क्रम को पीछे धकेलना है। जिन देशों ने प्रगति की है, उन्होंने संघर्ष को अपनाया है। द्वन्द्वात्मक भौतिकवाद का यह लक्षण स्पष्ट है : *संघर्ष नहीं तो विकास नहीं।* यह संघर्ष भीतरी और बाहरी दोनों रूपों में देखा जा सकता है।

(5) *विकास की दिशा गुणात्मक होती है:*

विकास का क्रम या सिलसिला सीधी और सरल रेखा की तरह नहीं होता। यह टेढ़ा-मेढ़ा यानी सर्पिल होता है। प्रारम्भ में तो विकास परिमाणात्मक रूप में देखने को मिलता है। बाद में चलकर परिमाणात्मक विकास गुणात्मक परिवर्तन में बदल जाता है। सभी समाजों में द्वन्द्वात्मक भौतिकवाद के विकास की यही प्रक्रिया काम करती हे। पूँजीवादी व्यवस्था मालिक और मजदूर के संघर्ष में देखने को मिलती है। इस संघर्ष की एक ऐसी अवस्था आती है जब मजदूर क्रांति कर देते हैं। यहाँ आकर वास्तविक द्वन्द्व देखने को मिलता है।

(6) *द्वन्द्वात्मक भौतिकवाद के विश्लेषण का आधार आर्थिक सरंचना है*

मार्क्स का द्वन्द्वात्मक भौतिकवाद अर्थव्यवस्था को बुनियादी आधार मानकर चलता है। पदार्थों में द्वन्द्व का कारण उत्पादन विधियाँ, उत्पादन सम्बन्ध और उत्पादन शक्तियाँ हैं। जब उत्पादन शक्तियों और उत्पादन सम्बन्धों में दुराव आ जाता है, तो यह संघर्ष का सूत्रपात है। अतः जब पदार्थों में विकास की प्रक्रिया चलती है तो इसका मूल कारण उत्पादन सम्बन्धों और उत्पादन शक्तियों का संघर्ष हैं।

मार्क्स के द्वन्द्ववाद पर हीगेल का प्रभाव
(Hegel's influence on the dialectics of Marx)

पिछले कुछ दशकों में मार्क्सवादी विचारधारा में जो मोड़ आया है, यह विवाद का एक मुद्दा है। सिद्धान्त निर्माण की प्रक्रिया मार्क्सवाद को लेकर कुछ अजीब तरीके से चली है। हुआ यह कि हीगेल ने अपना द्वन्द्वात्मक भौतिकवाद का दर्शन प्रस्तुत किया। मार्क्स के द्वन्द्वात्मक भौतिकवाद ने इसकी चूले हिला दी। इधर मार्क्स ने द्वन्द्व की जो व्याख्या की उसे अल्थुजर तथा उसके साथियों ने नकार दिया। इन्हीं कुछ कारणों से सैद्धान्तिक स्तर पर द्वन्द्वात्मक भौतिकवाद एक विवाद का मसला बन गया है। इस सन्दर्भ में या इस विवाद की व्याख्या के लिये यह उपयोगी होगा कि हम हीगेल के द्वन्द्व की व्याख्या करें। और इसके बाद यह देखे कि हीगेल से मार्क्स ने क्या उधार

लिया है। क्या यह उधारी मौलिक या असली है? क्या ऐसा भी है कि मार्क्स ने हीगेल को पूर्णतया नकार दिया?

हीगेल का द्वन्द्वात्मक दर्शन
(Dialectical Philosophy of Hegel)

मार्क्स पर हीगेल के प्रभाव की जो भी व्याख्या की जाती है या की जाती रही है, उसमें इस तथ्य को नकारा नहीं जा सकता कि हीगेल वस्तुतः मार्क्स के गुरु थे, मार्गदर्शक थे। हीगेल से मार्क्स ने बहुत कुछ सीखा है। जहाँ तक द्वन्द्वात्मक दर्शन का सम्बन्ध है, मार्क्स पर हीगेल का स्पष्ट प्रभाव है। मार्क्स के लिये यह प्रभाव बहुत पुराना है। जब मार्क्स बर्लिन में अपने विद्यार्थी जीवन में थे, उन पर हीगेल का प्रभाव था। हीगेल ने इतिहास का जो द्वन्द्वात्मक निवर्चन दिया था, उससे मार्क्स प्रभावित हुए। हीगेल ने कहा कि दुनियाँ के इतिहास में एक *आत्मा* (Spirit) है और आत्मा की यह भावना ही द्वन्द्व पैदा करती है। इससे मनुष्य जाति का भविष्य बनता है। हीगेल ने बुर्जुआ या पूँजीवादी समाज के इतिहास को अपना आधार बनाया। मार्क्स ने इस अवधारणा को स्वीकार नहीं किया। उन्होंने यह स्थापित किया कि भौतिक श्रम ही मनुष्य जीवन का सार है। हीगेल के द्वन्द्वात्मक दर्शन को मार्क्स ने मूलरूप में संशोधित कर दिया। जहाँ हीगेल कहते हैं कि मनुष्य अपने से बाहर भौतिक दुनियाँ को देखता है और विचारों के आधार पर *आत्मा* (Spirit) को पैदा करता है, वहाँ मार्क्स तर्क देते हैं कि बाहरी वास्तविकता को बदल कर ही समाज बदला जा सकता है। मार्क्स की द्वन्द्व की अवधारणा में *आत्मा* (Spirit) को कोई स्थान नहीं है। इस द्वन्द्व की सारी प्रक्रिया को हीगेल ने अपनी पुस्तक *फीलोसोफी ऑफ राइट* (Philosophy of Right) में रखा है। उन्होंने अपना विश्लेषण *संकल्प* (Will) की अवधारणा से प्रारम्भ किया है और अन्त में वे राज्य की स्थापना की चर्चा करते हैं। संकल्प मनुष्य में सनातन है, निरन्तर है, और हमेशा बना रहने वाला है। इस संकल्प का सार या इसकी केन्द्रीयता *स्वतन्त्रता* है। संकल्प और स्वतन्त्रता की प्राप्ति राज्य के माध्यम से होती है। कानून जिसे राज्य बनाता है इसी संकल्प की अभिव्यक्ति है। एक व्यक्ति तब तक स्वतन्त्र बना रहता है, जब तक ऐसा रहने का उसका संकल्प है। जब व्यक्ति धन को अपना संकल्प बना लेता है तो वह उसका गुलाम बन जाता है। इस अवस्था में नैतिकता, सामाजिक आचार, परिवार, समाज, राज्य आदि इसी संकल्प की अभिव्यक्ति हो जाते हैं। कोई भी एक समाज दो सामान्य नियमों पर चलता है : व्यक्ति के निजी हितों की पूर्ति और दूसरा अन्य व्यक्तियों का सहयोग जहाँ तक निजी हेतुओं की पूर्ति हो जाये। इन दोनों हेतुओं में प्रतियोगिता होती है। व्यक्ति निजी हेतुओं की प्राप्ति के लिये अधिकाधिक कार्य करता

है और दूसरे व्यक्तियों को उस सीमा तक ही सहयोग देता है जहाँ तक उसके निजी हेतुओं की पूर्ति हो जाये। इन दोनों हेतुओं में प्रतियोगिता होती है और इसी कारण इस प्रतियोगिता में एक छोर पर पूँजीपति होते हैं और दूसरे पर गरीब।

हीगेल के द्वन्द्ववाद की यह व्याख्या विचारों पर आधारित है। हीगेल मूल में अध्यात्मवादी या आदर्शवादी दार्शनिक थे। उनके लिये भावना या *विश्वात्मा* (Geist) महत्वपूर्ण है। इसी को हम *संकल्प* (Will) कहते हैं। यह संकल्प ही सत्य है। इसी संकल्प की अभिव्यक्ति भौतिक पदार्थों में देखने को मिलती है। अतएव किसी समाज में यदि परिवर्तन होता है तो संकल्प में परिवर्तन होना आवश्यक है। यह संकल्प भी वाद, प्रतिवाद तथा संवाद की प्रक्रियाओं में से होकर गुजरता है। ये सब प्रक्रियाएँ द्वन्द्व को बताती हैं। इस सम्पूर्ण प्रक्रिया में विरोध, संघर्ष और प्रतिरोध बराबर देखने को मिलते हैं। इसी कारण मार्क्स कहते हैं कि विचारों की भी एक विधि है। इन विचारों में बराबर द्वन्द्व होता है और यह द्वन्द्व इतिहास में भी देखा जा सकता है।

हीगेल का द्वन्द्व का सिद्धान्त सामान्य है। वे कहते हैं कि जब आदमी का मस्तिष्क जीवन की यथार्थताओं से जुड़ा रहता है, तब परिवर्तन के कारण उसके विचारों में भी बदलाव आ जाता है। हीगेल इस बात से आश्वस्त थे कि आदमी के विचार बाह्य स्वरूपों में विद्यमान नहीं होते ये तो एक प्रक्रिया है। जब दिमाग में एक विचार आता है तो यह *वाद* (Thesis) है। प्रक्रिया आगे चलती है और मस्तिष्क के इस विचार का अन्दर ही अन्दर *प्रतिवाद* (Anti Thesis) पैदा होता है। आगे चलकर यह प्रतिवाद *संवाद* (Synthesis) बन जाता है। इसको दूसरी तरह से देखे तो बाहरी दुनियाँ में देखी जाने वाली प्रत्येक *वास्तविकता* (Reality) वाद है। इस वाद का *निषेध* (Negation) होता है। यह निषेध की प्रक्रिया एक नये संवाद को जन्म देती है। विचारों की यह प्रक्रिया जब और ऊंची उठ जाती है तो निषेध का निषेध होता है और एक ऐसी अवस्था आती है तब उच्च *स्तर की एकता* (Higher Unity) स्थापित हो जाती है। हीगेल के अनुसार विचारों या अवधारणाओं का द्वन्द्वात्मक उद्विकास वास्तिकता को निश्चित करता है। दुनियाँ की इस प्रक्रिया को जिसमें निषेघ का वाद होता है अंधकार और प्रकाश जीवन या मृत्यु के स्वरूपों में देखा जा सकता है। पौधे के निकलने के लिये बीज को नष्ट होना पड़ेगा। यही उसकी नियति है।

मार्क्स का द्वन्द्ववाद
(Dialects of Marx)

ईरिंग फेट्शर (Iring Fetscher) ने मार्क्स पर पड़ने वाले हीगेल के प्रभावों की अच्छी व्याख्या की है। इन प्रभावों को वे दो श्रेणियों में रखते है : हीगेल का पहला

प्रभाव उनकी *अध्यात्मीकरण* (Spiritualization) की अवधारणा है। ईरिंग कहते हैं कि हीगेल के अनुसार व्यक्ति बाहरी दुनियाँ की वस्तुओं को देखता है। ये वस्तुएँ *वस्तुनिष्ठ* (Objective) हैं। व्यक्ति के चारों और उसकी दुनियाँ है। घर है, ईजन है, कारखाने हैं, पत्नी और परिवार है पिता और बच्चे हैं, विवाह और मौत है। ये सब वस्तुनिष्ठ हैं। इनका प्रभाव व्यक्ति के मस्तिष्क पर पड़ता है। इधर व्यक्ति के मस्तिष्क में *आत्मा* या *अध्यात्म* (Spirit) है। यह आत्मा उसकी अपनी है। जब व्यक्ति बाहरी वस्तुनिष्ठ दुनियाँ को देखकर उन्हें अपनी आत्मा तक पहुँचाता है, तब एक मानसिक प्रक्रिया प्रारम्भ होती है। अध्यात्मक या आत्मा एक तरह का समझौता करती है और यह समझौता वस्तुनिष्ठ दुनियाँ के साथ होता है। आत्मा या अध्यात्म कुछ अपनी बात रखती है और कुछ वस्तुनिष्ठ दुनियाँ की सुनती है। जब यह द्वन्द्व तीव्र हो जाता है, अपने ऐतिहासिक विकास के अंतिम छोर पर आ जाता है, तब मनुष्य की *मुक्ति* (Liberation) हो जाती है। इस तरह *अध्यात्मवादी व्यक्ति* (Spiritual being) एक नये समाज की संरचना करता है। *यह सम्पूर्ण प्रक्रिया वस्तुवादी दुनियाँ का आध्यात्मीकरण (Spiritulization) है और आध्यात्मीकरण की चरम सीमा मुक्ति है।*

अगर हम हीगेल के द्वन्द्वात्मक दर्शन को निर्वचनात्मक रूप में देखे तो ज्ञात होगा कि इस सम्पूर्ण दर्शन में व्यक्ति की *दोहरी पहचान* (Double identity) बन जाती है। उसकी एक पहचान तो अध्यात्मिक है और दूसरी वस्तुनिष्ठ। मार्क्स ने हीगेल के इस द्वन्द्व को अपनाया, लेकिन उन्होंने इसकी व्याख्या अध्यात्मवादी न करके भौतिकवादी की।

मार्क्स ने हीगेल के दर्शन के इस *रहस्यवादी तर्क* (Mystified Logic) को स्वीकार नहीं किया। मजेदार बात यह है कि मार्क्स ने बराबर हीगेल के द्वन्द्ववाद की आलोचना की। उन्होंने इसे हीगेल की *बहकावट* (Mystification) कहा और दूसरी और स्वयं ने द्वन्द्वात्मक भौतिकवाद को विकसित किया। स्वयं मार्क्स हीगेल के साथ अपने आप को नहीं जोड़ते और कहते है :

> मैं अच्छी तरह जानता हूँ कि मेरी विकास की व्याख्या हीगेल की व्याख्या नहीं है, यह इसलिये कि मैं एक भौतिवादी हूँ और हीगेल आदर्शवादी है।

सच में देखा जाये तो यदि हीगेल के द्वन्द्वात्मक दर्शन से रहस्यवाद को निकाल दिया जाये तो यह मार्क्स का द्वन्द्वात्मक दर्शन हो जायेगा। इस तरह के विचार स्वयं मार्क्स ने अपने एक पत्र में व्यक्त किये थे। उन्होंने अपनी पुस्तक *केपिटल* (Capital) के प्रथम भाग में भी यह लिखा है कि द्वन्द्वात्मक दर्शन के निर्माण में चाहे हीगेल ने रहस्यवादी रूझान को अपनाया हो, निश्चित रूप से वे द्वन्द्वात्मक भौतिकवादी सिद्धान्त के प्रथम निर्माता है। कोई भी विचारक हीगेल के रहस्यवादी खोल (Shell) में से

तार्किक गिरी (Kernal) को निकाल सकता है। वास्तविक बात यह है कि मार्क्स ने हीगेल के इसी गिरी (Kernel) की व्याख्या अपने द्वन्द्वात्मक सिद्धान्त में की है।

अध्ययन विधि

Method of Study

ईरिंग ने मार्क्स पर हीगेल के दूसरे प्रभावों को विधि के क्षेत्र में देखा है। केपिटल में स्वयं मार्क्स ने हीगेल के इस विधि सम्बन्धी कर्ज का उल्लेख किया है। हीगेल की विधि को ही मार्क्स अपनाते हैं और कहते हैं कि हीगेल ने वस्तुनिष्ठ संसार की कोई व्याख्या नहीं की। हीगेल के विपरीत मार्क्स ने अपनी ब्याख्या पूँजीवादी समाज के *उत्पादन सम्बन्धों* (Production relations) की अवधारणा से प्रारंभ की। किसी भी *समग्रता* (Totality) को समझने के लिये आनुभविक अध्ययन आवश्यक है। हीगेल ऐसा नहीं करते और हीगेल की यही कमजोरी है। यह ठीक है कि हीगेल जैसा मार्क्स कहते हैं सिर के बल खड़े थे, उन्हें पाँवों के बल पर खड़ा किया। सिर हो या पाँव, हीगेल की जो अध्ययन विधि थी उसी को कार्ल मार्क्स ने अपनाया। जब यह कहा जाता है कि मार्क्स हीगेल के ऋणी है तो यह ऋण तात्विक रूप से द्वन्द्वात्मक दर्शन के निर्माण में दोहरा है: मार्क्स ने हीगेल के अध्यात्मीकरण को उधार लेकर यह स्थापित किया कि वस्तुनिष्ठ दुनियाँ ही द्वन्द्व से सनी हुई है। उनका दूसरा कर्ज जैसा अभी हमने कहा है अध्ययन विधि के क्षेत्र में है। *हीगेल ने द्वन्द्व, इतिहास और मानव विकास की जिस अध्ययन विधि को अपनाया है, ठीक वही अध्ययन विधि मार्क्स की रही है।*

उपसंहार

द्वन्द्वात्मक भौतिकवाद का पर्यायवाची पद यदि हम मार्क्सवाद कहें तो अनुचित नहीं होगा। सैद्धान्तिक रूप से द्वन्द्वात्मक भौतिकवाद ऐतिहासिक भौतिकवाद से भिन्न है। मार्क्स की मृत्यु के बाद 1891 ई. में संभवतया ऐतिहासिक भौतिकवाद की अवधारणा को रखा गया। द्वन्द्वात्मक भौतिकवाद सामाजिक वास्तविकता की व्याख्या की परम्परा में एक कड़ी है। मार्क्स से पहले हीगेल और उनसे भी पहले सुकरात और अरस्तू ने अपनी-अपनी तरह से वास्तविकता को समझने का प्रयास किया था। मार्क्स ने द्वन्द्वात्मक भौतिकवाद की जो व्याख्या अपनी पुस्तकों में की है, वह बहुत स्पष्ट है। उनका कहना है कि समाज का केन्द्रीय बिन्दु आदमी या मनुष्य है। इस मनुष्य को स्वतन्त्रता मिलनी चाहिये। लेकिन उसकी यह स्वतन्त्रता पूंजीवादी समाज के दबाव के नीचे कराहती रहती है। बात यह है कि पूँजीवादी व्यवस्था में, इतिहास बताता है, भौतिक शक्तियों में बराबर द्वन्द्व होता रहता है। जब तक व्यक्ति या आदमी इस द्वन्द्व

से मुक्त नहीं होता, उसे पूर्ण स्वतन्त्रता नहीं मिल सकती। हीगेल और उनके पूर्ववर्ती विचारक भी मनुष्य को स्वतन्त्रता देना चाहते थे और मार्क्स भी इसी परम्परा में व्यक्ति की स्वतन्त्रता की खोज में द्वन्द्वात्मक भौतिकवाद के सिद्धान्त को रखते हैं। यहाँ यह भी कहना चाहिये, जैसा *रोबर्ट मर्टन* (Robert Merton) ने कहा है कि कोई भी विचारक अपने स्वयं के पाँव पर खड़ा नहीं होता है। वह दूसरों के कंधों पर अपने पाँव रखकर खड़ा होता है। मार्क्स जिनके कंधों पर खड़े थे, निश्चित रूप से उनका एक कंधा हीगेल का भी था।

अध्याय 5

ऐतिहासिक भौतिकवाद
Historical Materialism

मार्क्सवादी परम्परा में ऐतिहासिक भौतिकवाद को *इतिहास की भौतिकवादी अवधारणा* (Materialist Conception of History) भी कहा जाता है। मार्क्सवादी सिद्धान्त में ऐतिहासिक भौतिकवाद एक सामाजिक - वैज्ञानिक केन्द्र बिन्दु है। 1892 ई. में एंजिल्स ने *सोशिलिज्म : यूटोपियन एण्ड साइन्टिफिक* (Socialism: Utopian and Scientific) पुस्तक की भूमिका में ऐतिहासिक भौतिकवाद की व्याख्या इस प्रकार की है :

> ऐतिहासिक भौतिकवाद इतिहास की उस दिशा की खोज करता है जो सभी निर्णायक ऐतिहासिक घटनाओं को चलाने वाली महत्वपूर्ण शक्ति है, जो समाज के आर्थिक विकास को आगे सरकाती है, जो उत्पादन तथा विनिमय विधियों के परिवर्तन को समझाती है, जो इसके परिणाम स्वरूप होने वाले श्रम विभाजन का पता लगाती है तथा समाज के विभिन्न वर्गों की पहचान करके उनसे होने वाले वर्ग संघर्ष को देखती है।

ऐंजिल्स ने इसी पुस्तक में यह भी लिखा है कि मार्क्स ऐसे पहले विचारक थे जिन्होंने ऐतिहासिक भौतिकवाद की अवधारणा को समाज विज्ञानों में रखा। यहीं पर ऐजिंल्स यह भी कहते हैं कि ऐतिहासिक भौतिकवाद के अतिरिक्त मार्क्स का दूसरा बड़ा योगदान *अतिरिक्त मूल्य* (Surplus Value) का है। अन्यत्र वे दूसरी बात कहते है कि ऐंजिल्स ने ही पहली बार बिना किसी के सहयोग के ऐतिहासिक भौतिकवाद की अवधारणा को प्रस्तुत किया। इस अवधारणा को सर्वप्रथम ऐंजिल्स ने रखा या मार्क्स ने, इस विवाद में पड़ने से कोई लाभ नहीं है। तथ्य यह है कि इन दोनों विचारकों ने

इतिहास को एक नये दृष्टिकोण से देखा और यह नया दृष्टिकोण इतिहास के उत्पादन विधि तथा उत्पादन सम्बन्धों से जुड़ा हुआ है।

मार्क्स के जीवन काल में और आज भी परम्परागत इतिहासकार, इतिहास को राजाओं, महाराजाओं तथा अभिजात्य वर्ग के उद्‌गम और पतन के संदर्भ में वर्णित करते हैं। होता यहाँ तक है कि राजा-महाराजाओं के शासन काल को क्रमशः सन् - संवतों में बांध दिया जाता है। यह इतिहास जो रुढ़िगत है, जिसका प्रचलन यूरोप, अमेरिका और हमारे देश में भी रहा है, इसमें निम्न वर्ग के समूहों, जातियों और पद-दलितों के लिये कोई स्थान नहीं होता। मार्क्स को रुढ़िगत इतिहास का यह उपागम स्वीकार नहीं था। उन्होंने सम्पूर्ण मानव इतिहास का गहराई से अध्ययन का केन्द्र उत्पादन साधन, उत्पादन-शक्तियाँ और उत्पादन सम्बन्ध है। व्याख्या और निवर्चन की यह विधि, जिसका प्रयोग ऐंजिल्स और मार्क्स ने किया नयी थी।

ऐतिहासिक भौतिकवाद किसे कहते हैं?

What is Historical Materialism

ऐतिहासिक भौतिकवाद की कोई भी व्याख्या या परिभाषा देने से पहले यह कहना उचित होगा कि यद्यपि मार्क्स के सम्पूर्ण लेखन और कृतित्व में ऐतिहासिक भौतिकवाद एक *मार्गदर्शन सूत्र* (Guiding Thread) होते हुए भी किसी भी तरह से दर्शन नहीं है। यह तो केवल एक आनुभविक सिद्धान्त है, एक *आनुभविक अभिधारणा संकलन* (Collection of Empirical Thesis) मात्र है। मार्क्स और एंजिल्स ने कभी भी ऐतिहासिक भौतिकवाद को एक वैज्ञानिक दर्जा देने का उद्यम नहीं किया। इस अभाव के होते हुए भी यह एक ऐसा पैना अवलोकन है जो समाज और इतिहास की वास्तविक दशाओं को दर्शाता है।

मार्क्स की कृतियों में एंजिल्स के साथ में लिखी गयी उनकी पुस्तक *द जर्मन आइडियोलोजी* (The German Ideology : 1845-46) एक महत्वपूर्ण दस्तावेज है, जिसमें इन दोनो लेखकों ने इतिहास की भौतिकवादी व्याख्या की है। इस पुस्तक में इन्होंने इस तथ्य को रखा है कि समाज का विकास उन परिस्थितियों से होता है जिनमें आदमी रहता है। मुख्यतया ये परिस्थितियाँ भौतिक होती है। भौतिक परिस्थितियाँ ही समाज में एक दूसरे के सम्बन्ध निश्चित करती हैं और दिलचस्प बात यह है कि ये भौतिक परिस्थितियाँ जड़ नहीं है – लगातार गतिशील है। जब इन परिस्थितियों में परिवर्तन आता है, इतिहास में नये युग का सूत्रपात होता है। मार्क्स और एंजिल्स ऐतिहासिक भौतिकवाद की अवधारणा में यह स्पष्ट करते हैं कि समाज का विकास किसी एक भले या बुरे विचार से नहीं होता। समाज का विकास न तो सम्राट अशोक

करता है और न ही अकबर महान। निश्चित है समाज का विकास न यह आदमी करता है न वह आदमी। और न कोई अवतार या वीर नायक। इसी तरह समाज का विकास न तो भौतिक पर्यावरण करता है और न ही ईश्वर की इच्छा। किसी भी परिस्थिति में मार्क्स यह दृढ़ता से मानते है कि इतिहास पूर्व निश्चित किसी यांत्रिक दिशा की ओर नहीं मुड़ता। यह तालाब में एक के बाद एक उठने वाली लहर की तरह नहीं है। सच्चाई यह है कि इतिहास की संरचना उसका श्वास और प्रश्वास भौतिक परिस्थितियों से बना हुआ है। जब-जब उत्पादन के तरीकों में बदलाव आया है, इतिहास की सांस भारी हुई है और उसमें परिवर्तन होता गया है।

यदि संक्षेप में ऐतिहासिक भौतिकवाद की परिभाषा दें तो कहना होगा की मार्क्स का यह केन्द्रीय सिद्धान्त इतिहास, सन् संवतों में बंधा हुआ, राजा-महाराजाओं का *कालानुक्रमिक* (Chronological) वृतान्त नहीं मानता। यह अवधारणा इतिहास के बदलाव को और इसी तरह समाज की संरचना को भौतिक उत्पादन के तरीके, उत्पादन शक्तियों और उत्पादन सम्बन्धों के संदर्भ में देखती है।

समाज की संरचना में रोटी, कपड़ा, मकान इत्यादि भौतिक आधार है। ये भौतिक आधार आर्थिक संगठन को बनाते है। इन भौतिक वस्तुओं के अतिरिक्त समाज में जो कुछ भी है - साहित्य, कला, दर्शन, राजनीति इन सबका निर्माण या इन सबका उद्गम, उत्पादन शक्तियों, उत्पादन सम्बन्धों और आर्थिक संरचना में निहित है। जब हम किसी भी समाज का विश्लेषण, भौतिक उत्पादन शक्तियों आदि के संदर्श से करते हैं तो यह इतिहास की भौतिकवादी व्याख्या हुई। और यही मार्क्स का ऐतिहासिक भौतिकवाद है।

ऐतिहासिक भौतिकवाद के तत्व

(Elements of Historical Materialism)

यदि हम किसी राजनैतिक व्यवस्था की व्याख्या करते हैं, कायदे-कानून को देखते हैं या नृत्य तथा ललित कला की रोमांटिक छवियों को देखते है, तो यह सब यदि भौतिकवादी संदर्भ में देखा जाये तो हमारा सारा निष्कर्ष बदल जायेगा। इसे हम थोड़ा विस्तार से देखेंगे।

मार्क्स कहते हैं कि जब से मनुष्य का अस्तित्व इस संसार में देखने को मिलता है तभी एक बात बहुत स्पष्ट है कि इस आदिम मनुष्य की सबसे बड़ी समस्या जीवित रहने की रही होगी। जीवित रहने के लिये उसे अपने इर्द-गिर्द की प्रकृति के साथ संघर्ष करना पड़ा होगा, समायोजन करना पड़ा होगा। इस दृष्टि से देखा जाये तो आदमी का उसकी प्रकृति के साथ जो सम्बन्ध रहा है – सहयोग या संघर्ष का वही उसका इतिहास

है। प्रकृति में जो साधन उपलब्ध थे, उसी के अनुरूप आदमी ने जीवित रहने का प्रयास किया। इसी कारण मार्क्स :

> यह दावा करते हैं कि समाज की आर्थिक संरचना जो उत्पादन सम्बन्धों से बनी है, समाज की वास्तविक आधारशिला है। यह वह आधार है जिससे कानूनी और राजनैतिक अधिरचना और इसी तरह *सामाजिक चेतना* (Social Consciousness) पैदा होती है। दूसरी ओर देखे तो समाज में उत्पादन सम्बन्ध ही भौतिक उत्पादन शक्तियों को विकास के एक निश्चित स्तर तक ले जाते हैं। इस तरह भौतिक जीवन के उत्पादन का तरीका, जीवन के सामाजिक, राजनैतिक और बौद्धिक प्रक्रियाओं को सामान्यतया निश्चित करता है।

उपर्युक्त विवेचन के आधार पर ऐतिहासिक भौतिकवाद के निम्नलिखित तत्व महत्वपूर्ण है। जब हम किसी भी समाज के इतिहास को इन तत्वों के संदर्श में देखते हैं तो यह उस समाज की भौतिकवादी अवधारणा है।

(1) *उत्पादन का तरीका* (Mode of Production)

किसी भी समाज का बुनियादी ढाँचा भौतिक है। जब मनुष्य इस धरती पर आया तो जीवित रहने के लिये उसने भौतिक साधनों को अपना स्रोत बनाया। इन स्रोतों का दोहन करने के लिये उसने विभिन्न तरीकों को काम में लिया। ऐसी स्थिति में उत्पादन के तरीके जो विभिन्न युगों में मनुष्य द्वारा अपनाये गये, महत्वपूर्ण है। उत्पादन के ये तरीके अपने आकार या परिवेश में बहुत विशाल है गायद प्रारम्भ में मनुष्य ने जंगल के शिकार से अपना पेट भरा हो। इसके बाद उसने *छोटे अनाजों* (Small Cereals) को पैदा करना शुरू किया हो। इससे आगे कृषि उत्पादन में और संशोधन हुए हो और ये ही संशोधन आज हरित क्रांति से सूत्रपात तक समाज को ले आये हैं। उत्पादन की प्रक्रिया में काम में आने वाली तकनीकी जटिलता भी इसी तरह बढ़ी हो।

उत्पादन के तरीकों को हम विशाल और जटिल इसलिए कहते हैं कि इसके अन्तर्गत *उत्पादन शक्तियाँ* (Production Forces) और *उत्पादन सम्बन्ध* (Production Relation) दोनों ही सम्मिलित हो जाते हैं। रामकृष्ण मुखर्जी जब मार्क्स, ऐंजिल्स और लेनिन की व्याख्या करते हैं तो उनका कहना है कि यौन नियंत्रण, यौन सम्बन्ध, पारिवारिक और नातेदारी सम्बन्ध, उत्पादन तरीकों यानी उत्पादन सम्बन्धों की श्रेणी में आ जाते हैं। अतः जब हम समाज की ऐतिहासिक भौतिकवादी व्याख्या करते हैं तो इसका किसी भी त्रिभुज में शीर्ष स्थान है। इसके आधार पर उत्पादन शक्तियाँ और उत्पादन सम्बन्ध है। अतः जब हम ऐतिहासिक भौतिकवाद की व्याख्या

करते हैं। तब हमें (1) उत्पादन के तरीकों (2) उत्पादन शक्तियों और (3) उत्पादन सम्बन्धों की व्याख्या अनिवार्य रूप से करनी चाहिए। इस व्याख्या का उद्देश्य यह होना चाहिये कि इतिहास में जो कुछ परिवर्तन आये हैं उनका बुनियादी कारण ये तीन तत्व है और इससे आगे मनुष्य या समाज की जो भी सामाजिक चेतना है वह इन तीनों भौतिक तत्वों के कारण है। इस तरह का उपागम मार्क्स की पदावली में इतिहास का भौतिकवादी विवेचन है।

उत्पादन के तरीकों में निहित तत्वों को हम निम्न सूत्र में रखेंगे:

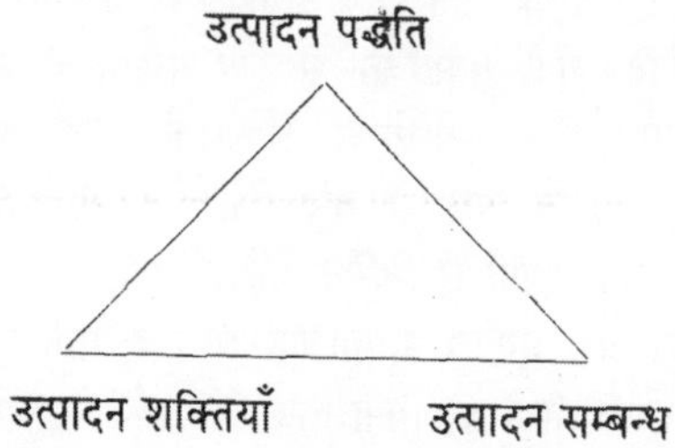

मार्क्स के सम्पूर्ण लेखन में उत्पादन तरीकों की व्याख्या बार-बार की गयी है। यह कहना अनुचित नहीं होगा कि मार्क्स के किसी भी सिद्धान्त को लें—द्वन्द्वात्मक भौतिकवाद, वर्ग संघर्ष, क्रांति, मनुष्य जाति की शोषण से मुक्ति सभी में उत्पादन के तरीकों का केन्द्रीय स्थान है। वास्तविकता यह है कि उत्पादन का तरीका भरण-पोषण को निश्चित करता हैं। प्रत्येक समाज में उत्पादन का तरीका समाज के सदस्यों की जीवन पद्धति को अभिव्यक्ति देता है। जैसी उत्पादन पद्धति होगी– खेती बाड़ी की या उद्योग की वैसी ही निश्चित जीवन-यापन की शैली होगी। जैसे लोग हैं वैसी अभिव्यक्ति करते है और वे कैसे हैं यह इस बात से निश्चित होता है कि उनके उत्पादन का तरीका क्या है। इस भांति प्रत्येक व्यक्ति का दर्पण उसके उत्पादन के तरीकों की दशा है।

यदि इतिहास की ईमानदारी के साथ परिक्रमा की जाय तो ज्ञात होगा कि नागरिक जीवन में लोगों के साथ हमारा जो भी व्यवहार है – अन्तः क्रियाएं हैं वे उत्पादन के तरीकों से जुड़ी हुई हैं या उत्पादन के तरीकों से सम्पन्न हुई हैं। अर्थात किसी भी इतिहास का आधार और राज्य की गतिविधियों का विवरण उत्पादन तरीकों पर निर्भर है। इस तरह इतिहास उत्पादन के तरीकों के सिद्धान्त से प्रारम्भ होता है और हमारी सामाजिक चेतना, धर्म, दर्शन, आचार और ऐसे कई सामाजिक सांस्कृतिक स्वरूप उत्पादन के तरीकों से जुड़े होते हैं। इतिहास को देखने का यह उत्पादनवादी संदर्भ

परम्परागत इतिहास के एकदम भिन्न है। भौतिकवादी इतिहास मार्क्स आग्रहपूर्वक कहते हैं कि वास्तविक इतिहास है। मार्क्स कहीं पर भी इतिहास के वीर नायकों की गुणगाथा नहीं गाते, न ही वे उनकी कोई आलोचनात्मक टिप्पणी करते हैं। वे तो यह मानकर चलते है कि इतिहास के पहियों को ढकेलने वाली शक्ति और इस अर्थ में धर्म, दर्शन आदि के निर्माण के पीछे उत्पादन के तरीके हैं।

परम्परागत इतिहास वहाँ समाप्त हो जाता है जहाँ समाज के सदस्यों में *आत्म चेतना* (Self Consciousness) आ जाती है। मार्क्स के लिये इतिहास का यह अन्त बुर्जुआ और पूँजीवादी है। वे तो कहते है कि इतिहास का एक युग वहाँ समाप्त होता है जब एक प्रकार के भौतिकवादी सामाजिक सम्बन्ध समाप्त हो जाते हैं। इतिहास के गुलाम और सामन्ती युग भौतिक सम्बन्धों के परिणाम है। होता यह है कि व्यक्तियों के सामाजिक सम्बन्ध ऐतिहासिक रूप से बने होते हैं। *ये इतिहास द्वारा निर्धारित सामाजिक सम्बन्ध उत्पादन पद्धति से निर्मित होते हैं, और पीढ़ी दर पीढ़ी चलते रहते हैं।* उत्पादन पद्धति से बंधे हुए ये सामाजिक सम्बन्ध, रीति-रिवाज, परम्पराएँ और संस्कार एक पीढ़ी से दूसरी पीढ़ी को बिना किसी परिवर्तन के, ज्यों के त्यों हस्तान्तरित होते हों, ऐसा नहीं है। हर पीढ़ी बदलते हुए उत्पादन तरीकों के आधार पर नये सामाजिक सम्बन्धों और रीति-रिवाजों का सृजन करती है। उत्पादन तरीकों का यह दबाव इतिहास के प्रत्येक युग का एक विशिष्ट पहचान निश्चित करता है, अर्थात् जहाँ उत्पादन पद्धति इतिहास के एक युग या पीढ़ी की पहचान को निर्धारित करते हैं वही इसी युग की पीढ़ी स्वयं उत्पादन तरीको को भी बदलती है। जहाँ गुलाम युग ने यानी उत्पादन के साधनों के स्वामित्व ने गुलामों को अमानवीयता के स्तर पर धकेल दिया वही इन साधनों के बदलाव ने सामन्ती युग को जन्म दिया। इसलिये उत्पादन पद्धति जहाँ एक युग को उसका चरित्र देती है तो दूसरी ओर युग भी पद्धति में बदलाव लाता है।

आखिर आदमी की *मौलिकता* (Substance) क्या है, उसके जीवन का *सार* (Essence) क्या है? इस प्रश्न का उत्तर परम्परागत इतिहास नहीं देता। यह इतिहास तो राजाओं, महाराजाओं, ड्योढ़ियों और रावलों तक आकर रुक जाता है। भौतिकवादी इतिहास की अवधारणा ठेठ जनजीवन की तह में पैठ जाती है और इतिहास का यही मूल आधार है। उत्पादन पद्धति अपने आकार और प्रकार में बहुत विशाल है। इसी के परिणामस्वरुप उत्पादन शक्तियाँ, *पूँजी* (Capital) और पूँजी सम्बन्ध निश्चित होते हैं।

प्रत्येक पीढी अपने युग में उत्पादन पद्धति यानी उत्पादन शक्तियों और उत्पादन सम्बन्धों के साथ जूझती है। इस संघर्ष में पूंजीवाद सुदृढ़ होता है और इसकी इस सुदृढ़ता में ही इसकी कब्र खुदती रहती है। इस तरह यदि हम थोड़ी गहराई से देखें तो

उत्पादन पद्धति में ही द्वन्द्व बना हुआ है। हमने पिछले पृष्ठों में कहा है कि द्वन्द्वात्मक भौतिकवाद ऐतिहासिक भौतिकवाद से भिन्न है। *यह अन्तर इस तरह है कि जब हम इतिहास के बदलाव को उत्पादन पद्धति के संदर्भ से देखते हैं तो यह इतिहास की भौतिकवादी अवधारणा है।* दूसरी ओर जब हम इतिहास के प्रत्येक उत्पादन के तरीकों के युग को द्वन्द्व के रूप में देखते हैं तो यह द्वन्द्वात्मक भौतिकवाद है। द्वन्द्वात्मक भौतिकवाद ऐतिहासिक भौतिकवाद की प्रक्रिया में निहित एक दूसरी प्रक्रिया है। ये दोनों प्रक्रियाएँ प्रत्येक युग में – गुलामी, सामान्तवादी और पूंजीवाद में समान रूप से काम करती हुई दिखायी देती है।

(2) *उत्पादन शक्तियाँ*
(Production Forces)

मार्क्स के सभी सिद्धान्तों का आधार और विशेषकर के सामाजिक परिवर्तन की बुनियाद दो कुंजी अवधारणाएं है: (1) उत्पादन शक्तियाँ और (2) उत्पादन सम्बन्ध, जिन्हें *सम्पति सम्बन्ध* (Property Relation) भी कहते हैं। मार्क्स ने *क्रीटिक ऑफ पोलिटिकल इकोनोमी (Critique of Political Economy, 1859) में यह कहा है कि जब उत्पादन शक्तियों और उत्पादन सम्बन्धों में विसंगति आ जाती है तो इतिहास में क्रांति का सूत्रपात होता है। अतः उत्पादन शक्तियों की भूमिका युग परिवर्तन में बड़ा महत्व रखती है। यहाँ हम यह पुनः दोहरायेंगे कि उत्पादन शक्तियाँ उत्पादन तरीकों की एक अंग मात्र है और इसलिये ऐतिहासिक भौतिकवाद के एक तत्व के रूप में यहाँ हम उसकी मीमांसा करते हैं। मार्क्स उत्पादन शक्तियों की अवधारणा को क्रान्ति का सूत्र मानते हुए अपने राजनैतिक अर्थव्यवस्था के क्रिटिक में लिखते हैं:*

> अपने विकास की एक निश्चित सीमा तक पहुंचने पर भौतिक उत्पादन शक्तियाँ अपने समकालीन उत्पादन सम्बन्धों के विरोध में आ जाती हैं। यह विरोध सामाजिक क्रान्ति का सूत्रपात करता है। इसके परिणाम स्वरूप यानी आर्थिक बुनियाद में परिवर्तन आने से समाज की अधिसंरचना त्वरित गति से बदल जाती है।

उत्पादन शक्तियाँ क्या है? एक किसान हल, बैल से खेत जोतता है, रात और दिन खेत की रखवाली करता है, अपने हाथों से खरपतवार को हटाता है और फसल पक जाने पर हंसिया से फसल को काटता है। उत्पादन की यह शक्ति अब पुरानी हो गयी, परम्परागत मात्र है। इस शक्ति में ईजाफा हुआ। अब ट्रेक्टर से लोग हल बोवाई करते हैं। कीटनाशक दवाएं फसल को सुरक्षा देती है और इससे आगे थ्रेसर अनाज को भूसे से अलग कर देता है। यह उत्पादन शक्तियों में संशोधन है। मार्क्स का तर्क है कि

उत्पादन पद्धति से विज्ञान और तकनीकी जुड़े हुए हैं और इसलिये इन शक्तियों में आये दिन संशोधन होता रहता है। इसी अनुपात में उत्पादन सम्बन्धों में संशोधन या परिवर्तन नहीं आता। बाजार के नियंत्रण, व *सीमा शुल्क* (Tariffs) *कस्टमस* (Customs) आदि में इतनी तेजी से परिवर्तन नहीं आता। औद्योगिक पूंजीवाद में उत्पादन शक्तियों और उत्पादन सम्बन्धों में कभी-कभी तो गहरी खाई हो जाती है और यही पूंजीवाद की मृत्यु का संकेत है।

उत्पादन शक्तियाँ आदमी के प्रकृति के साथ सम्बन्धों (Masn's Relation to Nature) को बताने वाली अवधारणा है। जिसे हम आज तकनीकी और वैज्ञानिक जानकारी कहते हैं, वही उत्पादन शक्तियाँ हैं। जब यूरोप में कृषि युग था और औद्योगिक क्रान्ति नहीं आयी थी तब उत्पादन शक्तियाँ सामान्य थी। औद्योगिक क्रान्ति ने भाप के अविष्कार को देखा और विशाल उत्पादन को बाजार में खड़ा कर दिया। ये उत्पादन शक्तियाँ समय दर समय अधिक विकसित और संशोधित होती गयी। उद्योग में आज स्वचालन (Automation) आ गया है। इस संदर्भ में, प्रश्न है: क्या उत्पादन शक्तियों की त्वरित गति से बढ़ने वाली यह क्षमता कहीं रूक जायगी?

उपर्युक्त प्रश्न के उत्तर में मार्क्स का एक तर्क है। उनका कहना है कि जब हम तत्कालीन *आवश्यकताओं* (Needs) की पूर्ति के लिये उत्पादन शक्तियों में वृद्धि करते हैं तब एक और प्रक्रिया समानान्तर रूप से चलती है। यह प्रक्रिया नयी आवश्यकताओं को पैदा करती है और फिर नयी उत्पादन शक्तियाँ आती हैं। इससे और आगे आवश्यकताओं में वृद्धि और शक्तियों में विकास। यह चक्र चलता रहता है और दूसरी ओर उत्पादन शक्तियों और सम्बन्धों के बीच की खाई अधिक चौड़ी होती चली जाती है। इसी कारण उत्पादन शक्तियों की वृद्धि पूंजीवाद की मृत्यु का संकेत है।

अर्थशास्त्र के संदर्भ में उत्पादन शक्तियाँ
(Production Forces in Economic Theory)

यदि हम उत्पादन शक्तियों की भूमिका को सैद्धान्तिक दृष्टि से देखे, तो मार्क्स के बारे में हमें अधिक गहरी जानकारी प्राप्त होती है। मार्क्स को सामान्यतया अर्थशास्त्र की ऐतिहासिक विचारधारा का चिन्तक नहीं माना जाता। यदि समाज विज्ञानों के सिद्धान्त की परिपाटी में मार्क्स को कहीं रखना है तो उन्हें हीगेल का सीधा वारिस मानना चाहिये। हीगेल के आदर्शवाद और मार्क्स के भौतिकवाद में टकराव है, विरोध है फिर भी यह सभी स्वीकार करते हैं कि मार्क्स ने हीगेल की विचार पद्धति को अपनाया है। हीगेल की तरह मार्क्स ने इस ऐतिहासिक दर्शन को अपनाया कि मनुष्य के विकास की प्रक्रिया इकहरी है। जिसका रूझान एक निश्चित लक्ष्य को प्राप्त करना है। मार्क्स की

यह विचारधारा हीगेल से भिन्न होते हुए भी अपने लक्ष्य और चरित्र में समान है।

अपने युग के प्रत्येक विज्ञान उद्विकासियों ने इस तथ्य को प्रतिपादित किया कि मनुष्य का विकास एक सीधी रेखा की तरह ऊपर चढ़ता जाता है। विकास की रेखा के पिछले भाग से आगे वाले भाग में परिमाणात्मक वृद्धि होती है। उद्विकासवादियों के इस तथ्य को मार्क्स और हीगेल दोनों ने स्वीकार नहीं किया। इनका कहना है कि परिमाण के प्रत्येक दौर में विकास होने की अपेक्षा द्वन्द्व होता है। इस प्रक्रिया में मार्क्स का तर्क है कि विकास की वृद्धि निरन्तर तो बनी रहती है, लेकिन प्रत्येक स्तर पर द्वन्द्व होता है। इस प्रक्रिया में पिछला विकास समकालीन विकास के साथ टकराव करता है और यह टकराव, उत्पादन शक्तियों की वृद्धि के कारण होता है।

यह कहना चाहिये कि अपने सिद्धान्त निर्माण में मार्क्स ने अर्थशास्त्र के *क्लासिकल* (Classical) फ्रेमवर्क (**Framework**) से मुख्य अवधारणाएं ली हैं लेकिन वे शास्त्र के इस क्लासिकल ढांचे से एकदम हट कर ऐतिहासिक सिद्धान्त पर आते हैं और कहते हैं कि विकास की परम्परा कुछ इस तरह चलती है कि इसका परिणाम पूंजीवादी व्यवस्था में होता है। यहाँ मार्क्स का बहुत बड़ा योगदान यह है कि वे यह स्थापित करने में सफल होते हैं कि इतिहास में उत्पादन शक्तियों के परिणामस्वरूप विकास की सम्पूर्ण प्रक्रिया में द्वन्द्व पैदा हो जाता है।

क्लासिकल अर्थशास्त्रियों और कार्ल मार्क्स में उत्पादन शक्तियों के संदर्श में एक और बड़ा अन्तर है। क्लासिकल अर्थशास्त्री अपने सिद्धान्त का आधार आनुभविकता मानते हैं। इस आधार पर मार्क्स कोई प्रश्न चिन्ह नहीं रखते। इसे वे स्वीकार करते हैं। लेकिन ये क्लासिकल अर्थशास्त्री जब अर्थव्यवस्था में उत्पादन, विनिमय, बाजार और उपभोग जैसे संस्थाओं की चर्चा करते है तो मार्क्स इन्हें नकारते हैं। मार्क्स का कहना है कि बाजार में उत्पादन इकाइयों की एकाधिकता में प्रतियोगिता होती है। इस तथ्य पर मार्क्स अधिक जोर देते हैं। यहाँ मार्क्स माल्थस के अधिक निकट है जब माल्थस यह कहते है कि "समाज में मालिक और श्रमिकों का श्रम विभाजन होता है।" इसका मतलब हुआ उद्योग की बुनियादी व्यवस्था में अपने हितों को लेकर संघर्ष होता है। यह संघर्ष पूंजीवादी उद्यम में होता है। माल्थस का यह संघर्ष मार्क्स का वर्ग संघर्ष है।

मार्क्स की उत्पादन शक्तियों की व्याख्या इस तरह तत्कालीन क्लासिकल आर्थिक विचारधारा के संदर्भ में की जाय तो यह बहुत स्पष्ट हो जाता है कि मार्क्स के लिये सम्पति का स्वामित्व और उत्पादन शक्तियों की भूमिका महत्वपूर्ण है। आर्थिक संगठन में उत्पादन शक्तियाँ इतनी ताकतवर होती हैं कि वे वर्ग संघर्ष को पैदा करती है। एक क्रान्तिकारी वर्ग संघर्ष को द्वन्द्वात्मक भौतिकवाद कहते हैं। यह द्वन्द्वात्मक भौतिकवाद

और उत्पादन शक्तियाँ इतिहास के प्रत्येक मोड़ पर देखी जा सकती है।

(3) *उत्पादन सम्बन्ध* (Production Relation)

हमने इस अध्याय के प्रारम्भ में कहा है कि जब मार्क्स ऐतिहासिक भौतिकवाद की व्याख्या करते हैं तो वे इतिहास को उत्पादन के तरीकों के संदर्भ में देखते हैं। उत्पादन के तरीकों का एक अंग, उत्पादन शक्तियों के अतिरिक्त उत्पादन संबंध है। उत्पादन सम्बन्ध *केवल आर्थिक सम्बन्धों तक ही सीमित नहीं है। वास्तव में आर्थिक सम्बन्ध सम्पूर्ण सामाजिक संरचना से जुड़े होते हैं।* उत्पादन के तरीकों में यानी उत्पादन शक्तियों और सम्बन्धों के बीच में जो *विरोध* (Contradiction) है, वही सामाजिक सम्बन्धों में भी परिलक्षित होता है। उत्पादन सम्बन्ध और सामाजिक संरचना के इस गठजोड़ की व्याख्या करते हुए मार्क्स लिखते है:

> अपने जीवन के सामाजिक उत्पादन के क्षेत्र में व्यक्ति कुछ ऐसे निश्चित सम्बन्धों के साथ जुड़ता है जो उसके लिये अपरिहार्य है, ये सम्बन्ध स्वतन्त्र हैं और इन पर व्यक्ति की कोई मर्जी नहीं चलती। ये सम्बन्ध भौतिक उत्पादन के विकास की अवस्था से मेल खाते हैं। उत्पादन के ये सभी सम्बन्ध मिल जुल कर, आर्थिक संरचना को बनाते हैं जो कि समाज का वास्तविक आधार है और जिस पर कानूनी और राजनैतिक अधिरचना बनती है।

वास्तव में, उत्पादन सम्बन्धों और उत्पादन शक्तियों के बीच में जो विरोध है वही इतिहास को आगे ले जाता है। जब मार्क्स उत्पादन-शक्तियों की चर्चा करते हैं तो *उनका तात्पर्य उत्पादन साधनों और श्रम शक्ति से होता है*। जहां उत्पादन शक्तियों में मशीनें और श्रम शक्ति में विकास और बदलाव आते हैं, वहाँ उत्पादन सम्बन्धों में मालिक और मजदूर के सम्बन्ध होते हैं।

उत्पादन सम्बन्धों का अर्थ (Meaning of Production Relations)

मार्क्स ने उत्पादन सम्बन्धों को पूंजीवादी व्यवस्था में देखा है। इस व्यवस्था में उत्पादन शक्तियों पर. व्यक्तियों या कोर्पोरेशन का मालिकाना स्वामित्व होता है। यहाँ बुर्जुआ या पूंजीपति उत्पादन के साधनों का स्वामी होता है और *सर्वहारा* (Proletariat) केवल अपने श्रम का स्वामी होता है। *लारेन्स हेरिस* (Laurence Harris) ने उत्पादन सम्बन्धों की व्याख्या विस्तृत रूप में की है। वे कहते हैं कि आर्थिक स्वामित्व कानूनी स्वामित्व से भिन्न है। जिसके पास कानूनी स्वामित्व है यानी जो उत्पादन के

साधनों का वास्तविक मालिक है, वही उत्पादन शक्तियों पर नियंत्रण रखता है। यदि कानूनी अर्थ में देखे तो मजदूर भी उत्पादन के साधनों का स्वामी है। यह इसलिये कि वह जो पगार या वेतन लेता है, भविष्य निधि या पेन्शन उठाता है वह कम्पनी के शेयर का एक अंग ही है। इस अर्थ में कामगार भी अप्रत्यक्ष रूप से उत्पादन के साधनों का मालिक है। इस स्वामित्व के होते हुए भी कामगार उत्पादन शक्तियों पर नियंत्रण नहीं रखते। उनकी मर्जी से न तो कारखाना बन्द होता है और न खुलता है। कामगार कितना और कैसा उत्पादन होना चाहिए उसे भी निर्धारित नहीं करते। अतः वे कारखाने के अप्रत्यक्ष लेकिन कानूनी मालिक होकर भी नियंत्रण शक्ति अपने पास नहीं रखते।

मार्क्स की उत्पादन शक्तियों की व्याख्या बराबर विवादास्पद रही है। अपनी विचारधारा में मार्क्स ने इसे बराबर प्रस्तुत किया है। उदाहरण के लिये एक स्थान पर मार्क्स कहते हैं कि उत्पादन के तरीकों के साथ उत्पादन शक्तियाँ और उत्पादन सम्बन्ध मेल खाते हैं। यह मेल उत्पादन सम्बन्धों और इसी तरह कानूनी, वैचारिक और अन्य सामाजिक सम्बन्धों का होता है। यह मेल तब तक बना रहता है जब उत्पादन शक्तियाँ, प्राथमिक होती है। इस प्राथमिक अवस्था में उत्पादन शक्तियाँ उत्पादन सम्बन्धों को निर्धारित करती है और इसी तरह ये शक्तियाँ अधिरचना का भी सृजन करती हैं। ऐतिहासिक विकास में इस भांति उत्पादन तरीके, उत्पादन-शक्तियाँ और उत्पादन सम्बन्ध जुड़े होते हैं। बहुत स्पष्ट बात यह है, मार्क्स का तर्क है, जब उत्पादन शक्तियों में विकास होता है तो परिणामस्वरूप उत्पादन सम्बन्धों में विरोध आता है। इस विरोध के परिणामस्वरूप मौजूदा उत्पादन का तरीका टूट जाता है और इसी तरह अधिसंरचना भी बिखर जाती है। इस संदर्भ में मार्क्स की ऐतिहासिक भौतिकवादी अवधारणा में उत्पादन सम्बन्धों की भूमिका निर्णायक है।

उत्पादन सम्बन्धों की मुख्य विशेषताएं

Main Characteristics of Production Relations

इतिहास की भौतिकवादी अवधारणा में मार्क्स इतिहास के विभिन्न युगों को उत्पादन शक्तियों और उत्पादन सम्बन्धों के फेर बदल के संदर्भ में देखते हैं। मार्क्स ने जो कुछ उत्पादन तरीकों पर लिखा है, यदि उसे समग्र रूप में रखा जाय तो कुछ ऐसी विशेषताएं है, जो उत्पादन सम्बन्धों को केन्द्रीय स्थान प्रदान करती हैं। ये विशेषताएं इस प्रकार हैं:

(1) *श्रम विभाजन*

इतिहास के जिस पड़ाव या मोड़ पर उत्पादन शक्तियों की वृद्धि के साथ, उत्पादन सम्बन्ध बदलते हैं, तो समाज में तुरन्त श्रम विभाजन प्रारम्भ हो जाता है। आदिवासियों

को ही लें, कुछ समय पहले तक सामाजिक मानवशास्त्री यह कहते रहे कि आदिवासी समाज में कोई गैर-बराबरी नहीं होती। लेकिन जैसे ही आदिवासियों में आधुनिकीकरण, सामुदायिक विकास, संचार साधन, राजनीतिकरण का प्रार्दुभाव हुआ, उनमें गैर बराबरी आयी। यह गैर बराबरी श्रम विभाजन है। जैसे-जैसे समाज में उत्पादन सम्बन्ध जटिल होते है, वैसे-वैसे श्रम विभाजन भी जटिल होता जाता है। आज हमारे देश में गाँवों की तुलना में शहरों में श्रम विभाजन अधिक है। यह इसलिये कि शहरों में औद्योगीकरण, आधुनिकीकरण की प्रक्रियाएं प्रारम्भ हो गई। ये इसलिये आये हैं कि इन शहरों में उत्पादन-शक्तियाँ अधिकतम विकसित हैं और इससे उत्पादन सम्बन्ध भी बहुमुखी हो गये हैं। अत: जितनी उत्पादन शक्तियाँ बढ़ेगी, उत्पादन सम्बन्धों के आयाम भी बढ़ेगें और इस सबका परिणाम श्रम विभाजन में देखने को मिलेगा। ऐसे समाजों में *सामाजिक संरचना* (Social Formation) भौतिकवादी हो जाती है।

(2) *व्यक्तिगत सम्पति और शोषण का उद्गम*

उत्पादन सम्बन्धों की एक सुर्खी और है। औद्योगिक और पूंजीवादी समाज में मालिक तथा कामगार के बीच में यानी पूंजी और श्रम में दुराव आ जाता है, खाई पड़ जाती है। होता यह है कि जैसे-जैसे कामगार मेहनत करते हैं, उनका विभिन्न तरीकों से शोषण होता है। परिणामस्वरूप सम्पति और व्यक्तिगत पूंजी में वृद्धि होती है। इस भांति उत्पादन सम्बन्धों का सीधा सम्बन्ध पूंजीवाद के विकास और शोषण से जुड़ा है।

(3) *श्रमिकों में अलगाव*

(Alienation)

पूंजीवाद के विकास के साथ कामगारों में यह सामाजिक चेतना आने लगती है और मजेदार बात यह है कि ज्यों-ज्यों पूंजीवाद बढ़ता है, सामाजिक चेतना भी तीव्र होती जाती है कि कारखानें में जो कुछ पैदा होता है उससे मालिक की पूंजी में वृद्धि होती है। कामगार तो बेचारा मंथरा की शब्दावाली में "चेरि छोड़ि न होऊ रानी" की स्थिति में बना रहता है। बहुत हुआ तो उसकी झोली में बोनस के रूप में कुछ धेले आ जायेगें। उत्पादन सम्बन्ध इतने दंबावपूर्ण हो जाते हैं कि कामगार तो मात्र मालिक का दास बन जाता है। उसका श्रम तो केवल मालिक की व्यक्तिगत सम्पति और लाभ को बढ़ाने में लग जाता है। वह तो मशीन के एक दांते की तरह हो जाता है जो चक्कर ही काटता रहता है। उत्पादन सम्बन्धों की यह तीव्रता कामगार में कारखाने के प्रति अलगाव पैदा कर देती है।

(4) *पूंजीवादी अवस्था*

अपनी सम्पूर्ण कृतियों में मार्क्स ने उत्पादन शक्तियों और उत्पादन सम्बन्ध की व्याख्या भौतिक दृष्टिकोण से रखी है। उनका विश्लेषण है कि समाज का विकास उद्विकास पद्धति से होता है। यह उत्पादन सम्बन्ध ही है जो उत्पादन शक्तियों के गठजोड़ से समाज को पूंजीवादी अवस्था तक पहुंचाते हैं।

(5) *उत्पादन सम्बन्धों के माध्यम से सामाजिक सांस्कृतिक अभिव्यक्ति*

मार्क्स के बारे में हमारी यह धारणा दोष पूर्ण होगी कि मार्क्स सामाजिक, और सांस्कृतिक सम्बन्धों के बारे में कोई उल्लेख नहीं करते। वास्तविकता यह है कि मार्क्स ने विभिन्न कलाओं, भाषाओं, लोक नृत्यों, लोक-साहित्य आदि कि चर्चा की है। उनके सैद्धान्तिक परिवेश से कोई अछूता नहीं है। लेकिन इसमें एक अन्तर है। मार्क्स कहते हैं कि आदमी में किसी भी भाषा के बोलने और प्रयोग में लाने की क्षमता होती है, उसमें विचार करने की शक्ति होती है और इससे आगे आदमी यह भी क्षमता रखता है कि अपने चतुर्दिक वातावरण में भी बदलाव ला सके। सत्य तो यह है कि व्यक्ति का चिंतन-मनन, पहनना, ओढ़ना, खाना-पीना आदि ही नहीं एक तरह से सम्पूर्ण जीवन पद्धति ही उत्पादन सम्बन्धों के साथ मेल खाती है। उत्पादन शक्तियों और सम्बन्धों को बदल दीजिये और परिणाम स्वरूप देखिये कि सम्पूर्ण कला संसार, संगीत, नाटक, साहित्य और जीवन शैली बदल जाते हैं।

(6) *इतिहास में मोड़*

उत्पादन सम्बन्ध इतिहास को बनाते हैं, उसे नयी दिशा देते हैं। जब लोग सक्रिय होकर अपनी भौतिक दशाओं (Material Conditions) में परिवर्तन लाते हैं तो नये युग का संचार होता है। आज तीसरी दुनियाँ के देशों ने जहां-जहां सिंचाई के बांध, बड़े-बड़े कारखाने, संचार साधनों का जाल, आवागमन, सुविधाएं आदि तैयार किये हैं यानी भौतिक दशाओं में अन्तर किया है एक नया युग आया है: आधुनिक युग का। इससे आगे भी उन्नत देशों में जहां कम्प्यूटर विज्ञान या अन्य भौतिक क्षेत्रों में क्रान्तिकारी परिवर्तन हुए हैं एक और युग आया है–*उत्तर आधुनिक युग* (Post Modern Period) इस सबक. मतलब हुआ, जब भौतिक स्थितियों की पुनः संरचना होती है, इतिहास में एक नया मोड़ आता है।

(7) *मनुष्य का उद्धार*

मार्क्स जब मनुष्य जीवन के सम्पूर्ण इतिहास को भौतिक सम्बन्धों की दृष्टि से देखते हैं तो उनका केन्द्र बिन्दु आदमी या मनुष्य जाति होना है। इस संसार का एक मात्र *सार*

(Essance) मनुष्य है, और वह चाहे किसी देश का नागरिक हो, उसे शोषण से मुक्त करना है। मुक्ति या उद्धार का यह लक्ष्य मार्क्स के सिद्धान्त का केन्द्रीय लक्ष्य है। वे चाहते थे कि मनुष्य शोषण से मुक्त होकर स्वतन्त्र जीवन बिताये।

उपसंहार

मार्क्स सैद्धान्तिक संदर्भ में *प्रत्यक्षवादी* (Positivist) विचारक थे। उन्होंने अपनी अध्ययन विधि का आधार इतिहास की भौतिकवादी अवधारणा को बनाया। ऐतिहासिक भौतिकवाद में वे मुख्य रूप से उत्पादन पद्धतियों पर अपने सिद्धान्त को केन्द्रित करते हैं। अपने आकार, और विस्तार में उत्पादन पद्धतियां जो कि ऐतिहासिक भौतिकवाद की आधार हैं, दो प्रक्रियाओं को सम्मिलित करती हैं:

उत्पादन शक्तियाँ और उत्पादन सम्बन्ध। मानव जाति का इतिहास मार्क्स का तर्क है, राजा-रानी, ठाकुर, जागीरदार के इर्द गिर्द नहीं घूमता। ऐसा इतिहास व्यक्ति और स्थान केन्द्रित है। उनका तो कहना है कि इतिहास का सम्पूर्ण उलट-फेर भौतिकवादी है। इतिहास की इसी अवधारणा को हमने आदिम साम्यवादी अवस्था से लेकर दास स्वामित्व, सामान्त, पूंजीवाद और समाजवाद के संदर्भ में अगले अध्याय में देखा है।

अध्याय 6

बदलती उत्पादन पद्धतियांः आदिम साम्यवाद से समाजवाद तक

Changing Modes of Production: From Primitive Communism to Socialism

इतिहास की भौतिकवादी अवधारणा इतिहास के परिवर्तन को उत्पादन पद्धति की दृष्टि से देखती है। होता यह है कि एक युग में जो उत्पादन शक्तियाँ और उत्पादन सम्बन्ध होते हैं उनमें विरोध होना प्रारम्भ होता है। उसी स्थिति में एक छोटी-मोटी लड़ाई या क्रान्ति होती है और परिणामस्वरूप नये उत्पादन सम्बन्ध पैदा होते हैं। लोग यह सोचने लगते हैं: उनमें एक तरह की वैचारिकी आती है कि किसी तरह यह संघर्ष समाप्त होना चाहिये। जब यह संघर्ष होता है तो इसकी परिणिति उत्पादन शक्तियों के पक्ष में होती है और तब इतिहास का दूसरा भौतिकवादी युग प्रारम्भ होता है। *इस भांति एक युग दूसरे युग से उत्पादन तरीकों से अर्थात् उत्पादन शक्तियों और उत्पादन सम्बन्धों की दृष्टि से भिन्न होता है।*

मार्क्स ने सम्पूर्ण यूरोप के इतिहास को उत्पादन के विभिन्न तरीकों के आधार पर बांटा है। भारत में जब परम्परागत इतिहासकार इतिहास को युगों में बांटते हैं तो कहते हैं शुरू में प्रागेतिहासिक युग था, फिर प्राचीन भारत, फिर मध्यकालीन भारत, इसके आगे ब्रिटिश भारत और तब स्वतन्त्र भारत। परम्परागत इतिहास का यह काल विभाजन राजाओं-महाराजाओं और नायकों के आधार पर है। मार्क्स तो इतिहास का इस तरह का अभिजनपरक विभाजन स्वीकार नहीं करते। उनका काल विभाजन या युग परिवर्तन उत्पादन साधनों और उत्पादन शक्तियों के आधार पर होता है। जब एक युग में

उत्पादन शक्तियों और सम्बन्धों में संघर्ष होता है तो परिणामस्वरूप नया युग आता है। इस तरह उत्पादन के तरीकों के आधार पर मार्क्स ने इतिहास को पांच युगों में विभक्त किया है। जो निम्न प्रकार है:

(1) आदिम साम्यवादी अवस्था (Primitive Communism Stage)

(2) दास-स्वामित्व अवस्था (Slavery Stage)

(3) सामन्तवादी अवस्था (Feudal Stage)

(4) पूंजीवादी अवस्था (Capitalist Stage)

(5) समाजवादी अवस्था (Socialist Stage)

इसकी अंतिम परिणिति *साम्यवादी अवस्था (Communism) है।*

मार्क्स ने उत्पादन के तरीकों के आधार पर संसार के इतिहास को उपर्युक्त पांच श्रेणियों में रखा है। भौतिकवादी इतिहास की इस अवधारणा को, एस.ए. डांगे ने भारतीय इतिहास पर अपनी पुस्तक *इण्डिया फ्रॉम प्रिमिटिव कम्युनिज़म टू स्लेवरी* (India from Primitive Communism to Salvery, 1972) में व्याख्यात्मक रूप में रखा है। शायद अपने प्रकार का यह पहला प्रयास है। अपने अध्ययन के प्रारम्भ में डॉगे कहते हैं कि इतिहास के एक युग से दूसरे युग में अपने पर आदमी का विकास हो जाता है, उसका रहन-सहन और विचार पद्धति तरक्की कर जाते हैं। एक युग से दूसरे युग के सूत्रपात के लिये आदमी को क्रांति और संघर्ष करने पड़ते हैं। उदाहरण के लिये जब हम इतिहास के पहले भौतिकवादी युग को यानी आदिम समुदायी युग को देखते है तो ज्ञात होता है कि कम से कम हमारे देश में, *इस युग में (1) समाज में कोई वर्ग नहीं थे, (2) किसी के पास व्यक्तिगत सम्पति नहीं थी, (3) कहीं भी समाज में वर्ग संघर्ष नहीं था, (4) कोई भी गरीब-अमीर नहीं था और इससे आगे, (5) कोई राज्य नहीं था।*

जैसे ही इस युग में उत्पादन के साधनों में विकास हुआ, व्यक्तिगत सम्पति आयी, वर्ग बने, तब इन वर्गों के बीच में संघर्ष हुआ। यह दास युग की कहानी है। *इसी कारण मार्क्स कहते हैं कि अब तक के सभी समुदायों का इतिहास वस्तुतः वर्ग संघर्ष का इतिहास है।* दास युग के बाद सामन्तवादी और पूंजीवादी युग आये। इन दोनों युगों में उत्पादन शक्तियों का अधिकतम विकास हुआ, सामाजिक सम्बन्ध जटिल हुए और पूंजी का संचय बढ़ा। पूंजीवाद के बाद मार्क्स अपने सिद्धान्त के तर्क को आगे बढ़ाते है और कहते हैं कि इस युग में भी उत्पादन के तरीकों में आशातीत परिवर्तन आयेगा और फिर क्रान्ति होगी।

इस द्वन्द्व के परिणामस्वरूप समाजवाद आयेगा। समाजवादी युग में मनुष्य अपने भाग्य का पूरी तरह से मालिक बन जायेगा। इतिहास एक प्रकार से अंधा हो जायेगा, अपनी आंखें मूंद लेगा और वर्ग तथा राज्य हमेशा के लिये खत्म हो जायेगें।

आदिम समुदायी युग के बाद उत्पादन के तरीकों के संदर्भ में भारत में दास-स्वामित्व युग आता है, इस युग को डॉगे वर्णाश्रम व्यवस्था अर्थात वैदिक युग के बाद से मानते हैं। वर्णाश्रम व्यवस्था में व्यक्तिगत सम्पति का उद्‌गम हो चुका था। इतिहास के इस युग में जो भी राज्य थे, वे दास-स्वामित्व के राज्य थे। इस युग के बाद जैसा कि रामशरण शर्मा अपनी पुस्तक *इण्डियन फ्यूडेलिजम* (Indian Feudalism, A.D. 300-1200, 1980) में कहते हैं, सामन्तवादी युग आया। रामशरण शर्मा इस युग का प्रारम्भ उत्तर मौर्यकाल और विशेष करके गुप्त काल से मानते हैं। इसी सामन्ती युग में आगे चलकर दिल्ली सल्तनत और मुगल काल आये। और फिर उपनिवेशवाद और देशी रियासतों की सामन्तवादी व्यवस्था रही। इस युग के मध्य में ही अर्थात् 19 वीं शताब्दी के प्रारम्भ से उत्पादन शक्तियों में अत्यधिक विकास हुआ। इस प्रक्रिया ने पूंजीवाद को अधिक सशक्त किया। यहाँ आकर डॉगे कहते हैं कि पूंजीवाद और कामगारों में अंतिम लड़ाई होगी और तब समाजवादी युग का सूत्रपात होगा।

हमने उत्पादन के तरीकों के आधार पर इतिहास के पांच युगों का एक मोटा विवेचन सरसरी रूप में रखा है। अगले पृष्ठों में इस विवरण को हम थोड़ा विस्तार से रखेगें। हमारी धारणा यह है कि जब-जब उत्पादन के साधनों और सम्बन्धों में द्वन्द्वात्मक भौतिकवाद के कारण संघर्ष, युद्ध और क्रान्ति हुई है, इतिहास अवश्य बदला है।

आदिम साम्यवादी अवस्था
(Primitive Communism)

यूरोप में आदिम साम्यवाद के कई वर्षों पहले प्रारम्भ हो गया था। इसमें लोग कबीलों में घूमते थे, मिल जुलकर शिकार करते थे और इस तरह साम्यवादी तरीके से जीवन यापन करते थे। *जान बैटी* ने अपनी पुस्तक *अदर कलचर्स* (Other Cultures) में अफ्रीका के कबीलों का उल्लेख किया है जहाँ न राज्य था और न सरकार। डॉगे ने आदिम साम्यवाद की व्याख्या हमारे देश में वैदिक काल से की है। वैदिक काल में लोग एक साम्यवादी समुदाय की तरह रहते थे। उनमें सामुदायिक श्रम किया जाता था और उपभोग भी सामुदायिक था। इस युग में कोई श्रम विभाजन नहीं था– वर्णाश्रम व्यवस्था नहीं थी और लोग मातृसत्तात्मक परिवार के हामी थे। समुदाय में न तो राजा था न उसकी फौज, न ही पुलिस और न ही कोई अन्य कर प्रणाली। वैदिक साहित्य में

डॉंगे कहते हैं साम्यवादी समाज के ये सब लक्षण पाये जाते हैं। यह हिन्दू आर्य समाज था जिसमें *यजन* (Yajna) व्यवस्था थी। डॉंगे ने यजन पद की व्याख्या की है। वास्तव में *यजन* एक शब्द न होकर वाक्य है। यह वाक्य *य, ज, और न,* से बना है। *य* का तात्पर्य है *आपस में एक दूसरे से मिलना, ज का अर्थ वस्तुओं का उत्पादन करना और प्रजनन करना, और न क्रिया है। इस तरह यजन वाक्य का मतलब हुआ आपस में एक दूसरे से मिलना तथा सामूहिक रूप से उत्पादन के तरीकों को संगठित करना तथा सन्तानोत्पति करना।*

वैदिक काल में सम्पूर्ण व्यवस्था यजन के मुहावरे से नियंत्रित होती थी। विवाह को भी सामूहिक रूप में देखा जाता था। पुरुष और स्त्री के सम्बन्ध वैवाहिक सम्बन्ध होते हुए भी लिंग के सम्बन्ध थे जो सामूहिक थे। वैदिक युग की इस आदिम साम्यवादी व्यवस्था में उत्पादन सम्बन्ध और शक्तियाँ बड़े ही अपरिपक्व (Crude) अवस्था में थे। इसी कारण इनमें न वर्ग थे, न व्यक्तिगत सम्पति और न किसी प्रकार का भौतिकवादी द्वन्द्व।

दास-स्वामित्व अवस्था
(Slavery)

मार्क्स ने इतिहास के भौतिकवाद की दूसरी अवस्था गुलामों या दासों के स्वामित्व की पायी है। इस अवस्था में उत्पादन का तरीका और उत्पादन सम्बन्ध दोनों में खाई आनी प्रारम्भ हो गयी। अब साम्यवादी समुदाय या श्रम विभाजन के आने से दास अवस्था में आ गये। इस अवस्था में आकर एक नया *अभिजन तन्त्र* (Aristocracy) विकसित हुआ। इसमें अभिजन जहां एक ओर उत्पादन साधनों के स्वामी बने गये, वहीं श्रमिकों पर भी उनका स्वामित्व स्थापित हो गया। ये श्रमिक दास थे। ऐसे ही जैसे हमारे यहां आज भी बंधुआ मजदूर होते हैं। इतिहास में उत्पादन सम्बन्धों का यह स्वरूप उत्पादन शक्तियों के विकास के स्तर के द्वारा निर्धारित हुआ। यह स्तर उत्पादन के लिये और शोषण पैदा करने के लिये काफी ऊंचा था, लेकिन साथ ही इतना नीचा भी था कि श्रमिकों का शोषण केवल उनके उपभोग को न्यूनतम बनाकर ही किया जा सकता था। इस उत्पादन व्यवस्था में साम्यवादी समुदाय के सहयोग और पारस्परिक सहायता के सम्बन्ध समाप्त हो गये। इस नयी व्यवस्था में मालिक दासों के स्वामी हो गये। दासों के सम्बन्ध शोषण के सम्बन्ध थे। मतलब यह हुआ कि समाज का एक भाग जो *अभिजात* (Aristocrate) था उसका दूसरे भाग यानी दासों पर प्रभुत्व स्थापित हो गया।

इस तरह का *अभिजन तन्त्र* (Aristocracy) मार्क्स कहते हैं दुनियां के कई भागों

में था। उदाहरण के लिये यूनान, रोम, टयूटोन आदि में इस तरह की व्यवस्था लम्बी अवधि तक चली। अभिजन समाज का जीवन वैभवपूर्ण था, शान-शौकत से भरा था, रोमांस और सैक्स से ओत-प्रोत था। समाज में जो श्रम विभाजन था वह दो वर्गों का था– स्वामी और दास समाज के विकास की इस अवस्था में दासों का शोषण करने के लिये, उन पर बल प्रयोग चलाने के लिये सेना, अदालतें, प्रशासनिक तन्त्र, राज्य और कानून का अर्विभाव्र हुआ। सामाजिक चेतना में भी आमूल परिवर्तन आये। शोषकों के बीच शारीरिक श्रम के प्रति नफरत फैलने लगी, क्योंकि वे इसे नीचे लोगों का काम मानते थे। दिलचस्प बात यह है कि उस समय के दार्शनिकों और वैचारिकों ने भी सिद्धान्त रूप से यह स्थापित करने का प्रयत्न किया कि सामाजिक व्यवस्था में दासों का निम्न स्थान उचित और तार्किक हैं।

दास-स्वामित्व वाले समाज में उत्पादन सम्बन्धों ने कुछ हद तक उत्पादन शक्तियों के विकास को आगे बढ़ाने में मदद की। यह दासों के श्रम से ही था कि बड़ी परियोजनाएं अर्थात् नहरों, विशाल भवनों, सड़कों आदि का निर्माण हो सका। दास अवस्था में आकर श्रम का नया विभाजन हुआ। इस विभाजन में बौद्धिक श्रम, शारीरिक श्रम से अलग हो गया।

डांगे ने हमारे देश में दास-स्वामित्व युग की चर्चा की है। उनके अनुसार यहाँ वैदिक युग के बाद जब वर्णाश्रम व्यवस्था चली, दास-स्वामित्व युग प्रारम्भ हुआ। उनका अनुमान है कि ईसा से 3000 वर्ष पूर्व से 2000 वर्ष पूर्व तक हमारे यहाँ दास व्यवस्था थी। यहाँ गणराज्य बने। इन राज्यों को प्रजातांत्रिक कहते हैं, लेकिन डांगे के अनुसार वस्तुतः ये प्रजातंत्र *सैनिक* (Military) प्रकृति के थे और इनका दायरा समाज के उच्च वर्गों, धनिकों और अभिजन् तक सीमित था। इस युग में डांगे का कहना है कि सम्पत्ति का विकास हुआ और ये गण वस्तुतः उच्च वर्ग के प्रभुत्व में थे। सामन्त अवस्था के आने से पहले भारत का यह समाज दो भागों में बंट गया था : धनिक वर्ग और दास वर्ग। धनिक वर्ग के पास प्रचुर पशुधन था, कृषि थी और पर्याप्त मात्रा में हुनर थे। उत्पादन के इन साधनों ने अभिजन की सम्पत्ति को बढ़ा दिया और दास केवल पतित और निराश्रित होकर रह गये। इस अवस्था में गणराज्यों में उत्पादन के साधनों को लेकर द्वन्द्व उत्पन्न हो गया : एक गण का दूसरे गण के साथ युद्ध शुरू हो गया। महाभारत का युद्ध इसी गणों के युद्ध का अच्छा दृष्टांत है। डांगे का अनुमान है कि महाभारत का युद्ध ईसा पूर्व 2000-1500 वर्ष पहले हुआ। यह युद्ध दास-स्वामित्व अवस्था का है।

परम्परागत इतिहासकारों ने हमारे देश में राजाओं-महाराजाओं के बारे में बहुत कुछ लिखा है। दास-स्वामित्व युग के मौखिक रिकार्ड पर जो कुछ इन इतिहासकारों ने

लिखा है संसार भर के इतिहास में अद्वितीय है। महाभारत युग महाकाव्यों का युग कहलाता है। इस युग में सम्पत्ति का वैयक्तिक स्वामित्व आया, वर्ग बने, वर्ग संघर्ष हुए और परिवार तथा राज्य का उद्‌गम हुआ। परम्परागत इतिहासकारों ने और डांगे की पदावली में कहें तो बुर्जुआ इतिहासकारों ने इस युग के हिन्दू रुढिवादी परम्परा और गौरव पर दिल खोलकर लिखा है। लेकिन न तो किसी परम्परागत इतिहासकार ने और न ही मार्क्सवादी इतिहासकार ने यह जानने और लिखने की कोशिश की कि दास स्वामित्व युग में उत्पादन साधनों, शक्तियों और सम्बन्धों की प्रकृति कैसी थी ?

दास कौन थे ?

Who were Slaves?

डांगे ने दासों की भूमिका और हिन्दू सामाजिक व्यवस्था में इनके स्थान पर अपनी पुस्तक में विस्तृत विवरण दिया है। अपने निष्कर्षों को उन्होंने महाकाव्यों और ब्राह्मणों से प्रमाणित किया है। पुरुष सूक्त में कहा गया है कि प्रारम्भ में तीन वर्ण थे बाद में शुद्र वर्ण का उद्‌गम हुआ। सैद्धान्तिक रूप से यद्यपि एक वर्ण से दूसरे वर्ण में प्रवेश खुला था लेकिन व्यावहारिक रूप से किसी भी व्यक्ति के लिये वर्ण बदलना बहुत कठिन था। अपवाद रूप में ही क्षत्रिय वर्ण का व्यक्ति ब्राह्मण वर्ण में प्रवेश पा सकता था। शुद्र वर्ण के व्यक्ति का ऊपर के वर्ण में पहुंचना असंभव था। बाद में चलकर वर्ण व्यवस्था इतनी रूढिग्रस्त हो गयी कि ब्राह्मण और क्षत्रिय ही अभिजन बन गये और वैश्यों को भी शुद्र वर्ण में धकेल दिया गया।

जब हम दासों की पहचान उत्पादन सम्बन्धों के संदर्भ से देखते हैं तो डांगे के अनुसार शुद्र वर्ण ही दास वर्ग था और सभी वर्ण अपने परम्परागत व्यवसायों को करते थे, लेकिन शुद्रों का व्यवसाय उच्च वर्णों की सेवा करना मात्र था। इसके अतिरिक्त वे व्यवसाय जो *अपवित्र* (Polluted) थे उन्हें इन शुद्रों या दासों को करना पड़ता था। मरे हुए जानवरों की खाल खींचना, मेले को सर पर ढोना, गाँव के छोर पर सबसे अलग-थलग रहना, किसी भी सम्पत्ति पर अपना अधिकार नहीं होना, ये सब लक्षण थे जो इन दासों को उच्च वर्णों से पृथक करते थे।

इधर व्यक्तिगत सम्पत्ति के आविर्भाव से समुदाय के परिवार जो सामूहिक हुआ करते थे टूटने लगे, घर बार बिखरने लगें और साम्यवादी सामुदायिक परिवारों के स्थान पर एकाकी परिवारों का निर्माण हुआ, उत्तराधिकार के नियम बदल गये और भूमि को उत्पादन का सबसे बड़ा साधन समझा जाने लगा। उत्पादन के साधनों में पशु और दस्तकारी को भी सम्मिलित किया गया। उत्पादन के साधन अपनी शक्ति में बढ़ने लगे और ब्राह्मण तथा क्षत्रियों के परिवार धन और सम्पत्ति में विकसित होने लगे। इन

परिवारों ने कस्बों और शहरों के इर्द-गिर्द अपने किले बनाये। ये किले बाहरी आक्रमण से बचने के लिये तो थे ही लेकिन ब्राह्मण क्षत्रियों को यह भय भी बराबर बना रहता था कि शहरों की चाहरदीवारी के बाहर रहने वाले दास कहीं उनके विरोध में बलवा न कर दें। इस भाँति उत्पादन शक्तियों के विकास ने दास युग को दो वर्गों में बांट दिया पहला ब्राह्मण क्षत्रिय और दूसरा शुद्र और दलित। कालान्तर में ब्राह्मण और क्षत्रिय वर्गों का शोषण करने में स्वयं भी आपस में एक दूसरे के विरोधी होकर लड़ने लगे।

जब मौर्य साम्राज्य का उदय हुआ और यह घटना ईसा के कोई 300 वर्ष पहले की है, दासों और उनके स्वामियों में संघर्ष हुआ और परिणामस्वरूप शक्तिशाली साम्राज्यों का उदय हुआ। दासों की आर्थिक स्थिति में तो कोई विशेष अन्तर नहीं हुआ लेकिन उत्पादन सम्बन्धों के परिणामस्वरूप सामन्तवादी व्यवस्था उभरकर आयी। इस व्यवस्था में आमूल परिवर्तन यह हुआ कि मालिक कृषि भूमि का स्वामी तो नहीं हुआ पर वह उसका कर अवश्य लेने लगा। राज्य का राजस्व बढ़ गया। अभिजन लोगों की व्यक्तिगत सम्पत्ति में भी विकास हुआ। इतिहास की यह अवस्था केवल भारत में ही आयी हो, ऐसा नहीं है। यूरोप के दूसरे देशों और एशिया में भी भौतिकवादी द्वन्द्व के कारण पूँजीवादी विकास के कारण, सामन्तवादी अवस्था आयी। इस सम्पूर्ण ऐतिहासिक विश्लेषण में मार्क्स बार-बार कहते हैं कि उत्पादन-शक्तियों और उत्पादन सम्बन्धों के अन्तर्विरोध के कारण समाज अपनी एक अवस्था से हटकर दूसरी अवस्था में आता है। दास-स्वामित्व अवस्था का द्वन्द्व या संघर्ष साम्यवादी सामुदायिक अवस्था के साथ हुआ। परिणामस्वरूप सामन्त व्यवस्था आयी। भौतिकवादी-इतिहास का यह तर्क है कि एक युग की अवस्था का द्वन्द्व दूसरे युग की अवस्था के साथ होता है। अब हम उत्पादन शक्तियों और सम्बन्धों के संदर्भ में सामन्तवादी अवस्था को देखेंगे।

सामन्तवादी अवस्था
Feudal Stage

विदेशों में सामन्तवादी व्यवस्था पर बहुत अधिक काम हुआ है। जो कुछ उल्लेखनीय काम है जिसे सामन्तवाद की धरोहर कहा जा सकता है उसमें विदेशी विद्वानों में *मोरिस डाब* (Maurice Dobb), *पेरि एन्डरसन* (Perry Anderson), *बेरी हिन्डेस और पाल हिस्ट* (Barry Hindess and Paul Q. Hirst), मार्क ब्लोच (Marc Bloch), *जार्ज डूबी* (Georges Duby), और अन्य नाम उल्लेखनीय हैं। हमारे देश में भी कतिपय विद्वानों ने जिनमें *डी.एन. झा* (D.N. Jha), *आर.एस. शर्मा* (R.S. Sharma), *अक्षय देसाई* (A.R. Desai) और *हरबंस मुखिया* (Harbans Mukhia) के नाम उल्लेखनीय हैं। ये सभी विद्वान मार्क्सवादी दृष्टिकोण से भारत में

सामन्तवाद के विकास की विवेचना करते हैं। हरबंस मुखिया ने तो इतिहासकारों के एक अधिवेशन (1979) में अपने अध्यक्षीय भाषण में यह प्रश्न प्रस्तुत किया कि भारतीय इतिहास में क्या कभी सामन्तवाद था भी। इन इतिहासकारों ने सामन्तवाद से उत्पन्न *सामाजिक रचना* (Social Formation) का विवेचन भी किया है। मार्क्सवादी इतिहासकारों और अर्थशास्त्रियों ने, एशिया में उत्पादन के जो तरीके प्रचलित रहे हैं, उनका *एशियन मोड ऑफ प्रोडक्शन* (Asian Mode of Production-AMP) शीर्षक के अन्तर्गत एक पूरा विवाद ही उपस्थित किया है। सामन्तवाद के इन लम्बे-चौड़े सभी पहलुओं पर विस्तार से लिखना कठिन है, फिर भी हम यह देखने की कोशिश करेंगे कि किस प्रकार उत्पादन की शक्तियाँ और साधन सम्पूर्ण सामाजिक संरचना को बदल देते हैं। इस परिवर्तन ने यूरोप या भारत में किस भांति सामन्तवादी व्यवस्था को बल दिया, सुदृढ़ किया इसकी तात्विक चर्चा इस संदर्भ में अनिवार्य हो उठती है।

सामन्तवाद किसे कहते है?

What is Feudalism?

यूरोप में सामन्तवादी व्यवस्था पाँचवीं शताब्दी में प्रारम्भ हो गयी थी। यह व्यवस्था पूँजीवाद के आने तक 15 वीं शताब्दी तक चली। *रामशरण शर्मा* (Indian Feudalism, 1980) के अनुसार भारत में सामन्तवादी व्यवस्था ईसा के 300 वर्ष पूर्व से लेकर ईसा के बाद मध्यकालीन और ब्रिटिश युग तक रही। सामन्तवाद की कोई एक सर्वसम्मत परिभाषा देना कठिन है। हरबंस मुखिया का तो कहना है कि जितने इतिहासकार है उतनी ही सामन्तवाद की परिभाषाएं हैं और इससे आगे इतिहासकारों का एक समूह है जो कहता है कि भारतीय सामन्तवाद यूरोप के सामन्तवाद के अनुरूप ही है। दूसरे समूह का कहना है कि भारतीय सामन्तवाद अपने आप में विशिष्ट है। यह इसलिये कि यहाँ के उत्पादन के तरीके यूरोप के उत्पादन के तरीकों से भिन्न रहे हैं। तीसरे समूह का तर्क है कि भारत में सामन्तवाद जैसी कोई व्यवस्था नहीं रही। इस समूह के अग्रणी हरबंस मुखिया है। इरफान हबीब भी इसी विचारधारा के हैं और कहते हैं कि भारत की विशिष्ट उत्पादन पद्धति को देखकर हमें किसी *तटस्थ* (Neutral) पदावली को काम में लेना चाहिये और कहना चाहिये कि भारत में *मध्यकालीन अर्थव्यवस्था* (Medival Economy) रही थी। यहाँ किसी तरह का सामन्तवाद नहीं था, एक विशिष्ट अर्थव्यवस्था थी जो किसी भी तरह सामन्ती नहीं थी। सच बात तो यह है कि विद्वान अभी इस तथ्य से सहमत नहीं हुए हैं कि भारत में उत्पादन का तरीका यूरोप जैसा था या नहीं, यानी मार्क्स के अनुसार था या नहीं। इसी कारण सामन्तवाद की परिभाषा विवाद के घेरे में उलझ गयी है। इस कमी के होते हुए भी हम कतिपय

परिभाषाओं को प्रस्तुत करेंगे। महत्वपूर्ण बात यह है कि जैसा कि मार्क्स का कहना है सामन्तवादी व्यवस्था हर तरह से उत्पादन के तरीकों, उत्पादन-शक्तियों और उत्पादन सम्बन्धों से जुड़ी हुई है।

यूरोप के इतिहासकारों ने सामन्तवादी उत्पादन पद्धति को कृषि भूमि के साथ जोड़ा है। भूमि ही राष्ट्रीय अर्थव्यवस्था के साथ यूरोप के मध्य युगों में जुड़ी थी। इस तरह की अवधारणाओं में न तो श्रम और न श्रम जनित उत्पादन ही किसी तरह का *माल* (Commodity) है। विशुद्ध रूप से यूरोप के इतिहासकार सामन्तवाद का पर्याय *कृषि दासता* (Serfdom) कहते हैं। वास्तविकता यह है कि वह काश्तकार जो भूमि को जोतता था, उस पर फसल लेता था, उसका मालिक नहीं था। इस तरह की कृषि सम्बन्धी सम्पत्ति पर जिसमें भूमि, सिंचाई साधन, नहर आदि आते हैं पर किसी निजी सामन्त का मालिकाना हक और नियंत्रण था। सामन्तों का यह वर्ग राजनैतिक और कानूनी सम्बन्धों के आधार पर काश्तकार से *अतिरिक्त मूल्य* (Surplus Value) लेता था क्योंकि ये *भू-स्वामी* (Land Lord) कृषक भूमि के मालिक थे। उनका यह हक था कि वे काश्तकारों से किराया वसूल करें। काश्तकारों के लिये भू-स्वामियों को किराया देना परम्परागत था, दबाव था, कानूनी आवश्कता थी और इस तरह की विचारधारा भी यूरोप में प्रचलित थी। *इस तरह मार्क्सवादी इतिहासकार यूरोप के उत्पादन के तरीकों पर कहते हैं कि भू-स्वामी जो राजा नहीं थे भूमि के मालिक थे।* दूसरी तरफ काश्तकार जो भूमि जोतते थे भूमि के मालिक नहीं थे। उन्हें तो भूमि जोतने का किराया भू-स्वामी को देना पड़ता था।

मोरिस डाब (Maurice Dobb) सामन्तवादी व्यवस्था के जाने माने व्याख्याकार हैं। इसकी परिभाषा में वे *सामन्तवाद को जिसे हम कृषि दासता (Serfdom) कहते हैं, का पर्याय मानते हैं। इस व्यवस्था में काश्तकार को बाध्य होकर उत्पादन के एवज में निश्चित सेवाएँ देनी पड़ती थी। यदि वह सेवाएँ नहीं देना चाहता तो उसे नकद या कृषि उपज का एक निश्चित भाग देना पड़ता है।* यूरोप के सामन्तवाद के कुछ लक्षण डाब के अनुसार इस तरह हैं :

(1) इस व्यवस्था में तकनीकी का स्तर बहुत निम्न होता है।

(2) भूमि से जो उपज ली जाती थी वह काश्तकार के स्वयं के उपभोग के लिये होती थी। उपज थोड़ी अधिक हुई तो गाँव के लोग इसका उपभोग करते थे। किसी भी अवस्था में यह उपज *बाजार* (Market) के लिये नहीं थी।

(3) कृषि के बदले में काश्तकार को अनिवार्य रूप से भू-स्वामी को श्रम देना पड़ता था। यह श्रम बेगार कहा जाता सकता है।

(4) सामन्ती अवस्था में जो उत्पादन पद्धति थी, वह अनिवार्य रूप से *विकेन्द्रित* (Decentralise) थी। राजा का इसमें कोई उत्तरदायित्व नहीं था। ये सम्बन्ध तो भू-स्वामी और काश्तकार के बीच थे।

(5) इस अवस्था में यह भी अन्तर निहित है कि भू-स्वामी काश्तकारों का शोषण करता था।

डॉब ने यूरोप के सामन्तवाद के जो लक्षण दिये हैं सामान्यतः वे सभी सामन्तवादी व्यवस्था के लक्षण है। उदाहरण के लिये *हेनरी पिरेने* (Henri Pirenner) इस व्यवस्था को सूत्र रूप में परिभाषित करते हुए इसे *बन्द जायदाद या जागीर अर्थव्यवस्था* (A closed estate economy) कहते हैं। इसमें अधिक उत्पादन स्वयं के उपभोग के लिये होता है और व्यावहारिक रूप से इस व्यवस्था में व्यापार को कोई स्थान नहीं होता। *हेनरी से मिलती-जुलती सामन्तवाद की मार्क्सवादी परिभाषा पाल स्वीजी* (Paul Sweezy) ने भी की है। *पेरी एण्डरसन* (Perry Anderson) सामन्तवादी उत्पादन पद्धति को यूरोप की एक विशिष्ट उत्पादन पद्धति मानते हैं जिसमें सम्पत्ति को एक *स्केल* (Scale) यानी माप की तरह रखते हैं। किसी भू-स्वामी के पास अधिक कृषि भूमि होती है और किसी के पास कम, यही माप है। यूरोप में इस भाँति सामन्तवादी व्यवस्था में दो वर्ग थे : *भू-स्वामी* (Land Lord) और *काश्तकार* (Peasant)।

भारतीय संदर्भ में कतिपय मार्क्सवादी इतिहासकारों ने सामन्तवाद की परिभाषा दी है। रामशरण शर्मा कहते है कि यहाँ जमींदार अपने आपको कृषि भूमि का मालिक समझते हैं यद्यपि लम्बे समय तक गाँव के लोग ही गाँव की भूमि के मालिक थे। जमींदार किसानों से किराया वसूल करते थे। इस व्यवस्था में काश्तकार रियाया या प्रजा थे। काश्तकार का परिवार उत्पादन की सबसे छोटी इकाई था। वह खेती से अपना जीविकोपार्जन करता था और उपज का एक भाग जमींदार, जागीरदार को देता था। सामन्त व्यवस्था एक प्रकार से स्वावलम्बी अर्थव्यवस्था थी जो किसानों की आवश्यकताओं को पूरा करती थी। उन्होंने भारतीय सामन्तवादी व्यवस्था के लक्षण बताये हैं जो हमें गुप्तवंश और उत्तर गुप्तवंश से मिलते हैं। ये लक्षण इस तरह हैं:

(1) राजा-महाराजा द्वारा खाली पड़ी भूमि को या खेड़ी गयी भूमि को दूसरे के नाम ट्रांसफर करना।

(2) बेगार लेना।

(3) किसान का एक स्थान से दूसरे स्थान पर जाना वर्जित।

रामशरण शर्मा द्वारा परिभाषित सामन्तवादी व्यवस्था में जागीरदारों का एक पुरजोर वर्ग पैदा होता है। दूसरा वर्ग सेवा करने वाले किसानों का है। सामन्तवाद के ये लक्षण

जब समाप्त हो गये तब पूँजीवाद का उदय होता है।

अक्षय देसाई (A.R. Desai) तर्क पूर्वक कहते है कि भारतीय सामन्तवाद यूरोप के सामन्तवाद से भिन्न था। यूरोप में खेती करने वाला काश्तकार वस्तुतः परम्परा से अपनी कृषि भूमि का मालिक था। यूरोप में काश्तकार इस प्रकार भूमि का मालिक नहीं था। हमारे यहाँ काश्तकार परम्परा से जागीरदार या जमींदार को कृषि भूमि कर देता आ रहा था। इसी ने उसको प्रजा बना दिया। नुरुल हसन जो मध्यकालीन इतिहास के अधिकृत विद्वान हैं, सामन्तवाद को प्राथमिक रूप से कृषि अर्थव्यवस्था मानते हैं। इस व्यवस्था में अतिरिक्त मूल्य का स्वत्वहरण शासक जमींदार या जागीरदार करता है। नुरूल हसन जब सामन्तवाद को परिभाषित करते हैं तो वे इसे *पूर्व पूँजीवादी* (Pre-Capitalist) व्यवस्था मानते हैं उनके अनुसार सामन्तवाद और पूंजीवाद एक दूसरे के पर्यायवाची है। इसी अनुसार सामन्तवाद और पूंजीवाद एक दूसरे के पर्यायवाची है। इसी संदर्भ में वे मुगलकालीन व्यवस्था को सामन्तवादी तथा पूर्व-पूँजीवादी प्रकृति का मानते हैं। वास्तव में जब हम सामन्तवाद और पूर्व पूँजीवाद को परिभाषित करते हैं तो हमारा तात्पर्य निश्चित रूप से उत्पादन पद्धति से हैं।

भारत के सामन्तवाद के विश्लेषण में यूरोप के सामन्तवाद की तरह आर्थिक बुनियादी संरचना की चर्चा उतनी अधिक नहीं की जाती जितनी राजनैतिक, कानूनी और वैचारिक स्तर पर व्याख्या की जाती है। भारत में सामन्तवाद की व्याख्या को रामशरण शर्मा ने बहुत अधिक प्रभावित किया है। वे और उनके साथ अन्य भारतीय इतिहासकार सामन्तवाद की व्याख्या में उत्पादन पद्धतियों को अपना केन्द्रीय आधार मानकर चलते हैं। सच्चाई यह है कि *यदि हम सामन्तवाद पर लिखे गये सम्पूर्ण साहित्य का अवलोकन करें तो ऐसा लगता है कि ग्यारहवीं शताब्दी से लेकर चौदहवीं शताब्दी तक भारत में सामन्तवाद का संरचनात्मक दृष्टि से सम्पूर्ण कृषक समाज से सम्बन्ध रहा है। जब-जब कृषक समाज में उत्पादन पद्धति में परिवर्तन आया है, सामन्तवाद में भी परिवर्तन दिखायी देता है। किसान का परिवार उत्पादन के स्त्रोतों और उत्पादन श्रम से बंधा हुआ रहता है।* सम्पूर्ण कृषि उत्पादन कृषि श्रम से गहरायी से जुड़ा होता है। जब किसान का उत्पादन कम होने लगता है और सामन्त का दबाव बढ़ने लगता है, तब सामन्तवादी व्यवस्था निर्णायक अवस्था में पहुँच जाती है। कृषक के उत्पादन स्त्रोतों में ख़ाद, बीज, औजार आदि महत्वपूर्ण हैं। इधर जब जनसंख्या बढ़ने लगती है तब सामन्त और किसान के सम्बन्ध अधिक दबावपूर्ण हो जाते हैं। धीरे-धीरे छोटे और सीमान्त कृषक अपनी भूमि से बेदखल हो जाते हैं और परिणामस्वरूप सामन्तवाद शोषण का एक भयानक साधन बन जाता है।

भारत में मार्क्सवादी इतिहासकारों में कई मतभेद है। हमने प्रारम्भ में कहा है कि

इतिहासकार की सामन्तवाद की अपनी पृथक-पृथक परिभाषा है। जहाँ सोवियत इतिहासकार सामन्तवाद को कौटिल्य के अर्थशास्त्र में देखते हैं, वहाँ रामशरण शर्मा इसकी उत्पति ईसा पूर्व 300 वर्ष मानते हैं। *बी.एन.एस. यादव* (B.N.S. Yadav) की विचारधारा में दिल्ली सल्तनत के युग में किन्हीं राजनैतिक और आर्थिक कारणों से सामन्तवाद पतन हो गया। इधर ठीक यादव के विपरीत 19 वीं शताब्दी के रुस देश का इतिहासकार *एम.एम. कोवालेस्की* (M.M. Kovalevsk) कहते हैं कि भारत में सामन्तवाद का प्रारम्भ मुस्लिम आक्रमण से हुआ। *डी.डी. कोसाम्बी* (D.D. Kosambi) का कहना कुछ और है कि भारत में औरंगजेब के समय तक यानी 17 वीं शताब्दी तक सामन्तवाद रहा। उन्हीं की तरह *कर्नल जेम्स टॉड* (Col. James Tod) का कहना है कि भारत में सामन्तवाद का क्लासिक स्वरुप उपस्थित था और यह स्वरुप हमें 19 वीं शताब्दी तक मिलता है। रामशरण शर्मा और यादव भारत के सामन्तवाद को हर तरह से यूरोप के सामन्तवाद के समान मानते हैं। इन इतिहासकारों का आग्रह है कि सामन्तवाद का आधार कृषि पद्धति है, इसलिये यह व्यापार-वाणिज्य, शहरीकरण विकसित हुए तो पूंजीवाद का जन्म होगा, और पूंजीवाद का जन्म सामन्तवाद की मृत्यु की घोषणा है।

सामन्तवाद के ऐतिहासिक विश्लेषण में जैसा कि हरबंस मुखिया, यादव, इरफान हबीब आदि कहते हैं कृषि उत्पादन महत्वपूर्ण है। *इतिहास के जिस किसी युग में भी भूमि का स्वामित्व व्यक्तिगत नहीं होता, जागीरदार, जमींदार या किसी बिचौलिये का होता है, सामन्तवादी व्यवस्था पायी जाती है।* आज भारत के संदर्भ में, किसान का उत्पादन बाजार के लिये होता है, भूमि व्यक्तिगत सम्पति है, सामन्तवाद की उपस्थति की चर्चा करना अप्रासंगिक है।

एशिया की उत्पादन पद्धति
(Asiatic Mode of Production)

जब हम मार्क्स की एशिया की उत्पादन पद्धति का विश्लेषण करते हैं तो *सैद्धान्तिक स्वर पर हमें यह कहना चाहिये कि मार्क्स का निर्बाध सरोकार आदमी यानी मनुष्य से था।* वे यह मानकर चलते हैं कि सभी जीवधारियों में आदमी ही एक ऐसा प्राणी है जिसके सभी क्रिया कलाप स्वतन्त्र और चेतन हैं। अपनी इस मान्यता के आधार पर मार्क्स कहते हैं कि आदमी आज सामन्तवाद और पूंजीवाद के चक्र में फंसा हुआ है। क्रान्ति में ही उसका उद्धार है, उसकी मुक्ति है। वस्तुतः मार्क्स के बारे में हम कुछ भी कहें, यह सत्य है कि वे हर तरह से एक क्रान्तिकारी थे। जो कुछ उन्होंने लिखा है, कहा है, उसमें उन्होने अपनी सैद्धान्तिक स्थिति को जीवित रखा है। मार्क्स की अध्ययन

विधि इसमें निहित है कि वे उत्पादन पद्धति और भौतिक द्वन्द्व को अपने व्यवहार में देखना चाहते थे। उनकी ऑख समाज की समग्रता पर लगी हुई थी। उनके लिये समाज जटिल था, विभाजित था और ऐतिहासिक रुप से इस समाज का एक भाग, दूसरे भाग और सम्पूर्ण भागों से जुड़ा था। लेकिन इस जोड़ में अनिवार्य रूप से उत्पादन पद्धति जिसमें उत्पादन शक्तियाँ और सम्बन्ध भी हैं विशेष रूप से प्रभावपूर्ण थे। समाज की सामन्तवारदी और पूंजीवादी व्यवस्था में उत्पादन पद्धतियों के बीच में विरोध था, द्वन्द्व था, नकार था, और इसी कारण समाज में गतिशीलता आती है।

मार्क्स के सम्पूर्ण लेखन में ऐतिहासिक भौतिकवाद और सामाजिक विकास जुड़े हुए हैं। जहाँ मार्क्स ने यूरोप में सामन्तवाद की उत्पादन पद्धतिंयों का उल्लेख किया है। वहीं वे भारत पर भी अपनी टिप्पणी देते हैं। उनका कहना है कि एशिया में भी सामन्तवाद में परिवर्तन आया और पूंजीवादी उत्पादन पद्धति का सूत्रपात हुआ। *जहाँ सामन्तवादी व्यवस्था* में राजा-महाराजा, ठाकुर और जमींदार कृषि उत्पादन से प्राप्त कर या भाड़े का *विनियोग* (Appropriations) करते थे, यानी कर उनके लिये *अतिरिक्त मूल्य* (Surplus Value) था। वहीं पूंजीवाद में पूंजीपति भी इसी तरह का लाभ लेता था। यह बात अलग है कि सामन्तवाद और पूंजीवाद में कर या अतिरिक्त मूल्य के विनिमय के तरीके अलग थे। सामन्तवादी व्यवस्था में यद्यपि अर्थव्यवस्था जीविकोपार्जन के लिए थी फिर भी उसमें *बाजार अर्थव्यवस्था* (Market Economy) को थोड़ा बहुत स्थान अवश्य था। जहाँ सामन्तवाद में जमींदार विलास करता था वही पूंजीवादी व्यवस्था में पूंजीपति वैभव और विलास में जीवन बिताता है। पूंजीवाद के विकास के साथ-साथ शहरों, कस्बों और महानगरों का विकास हुआ। यद्यपि कृषि उत्पादन में क्रान्ति आ जाने पर भी कृषि से होने वाली आय कारखाने में उत्पादन के मुकाबले थोड़ी ही रही है।

मार्क्स की कृतियों में एशिया के समाज का विश्लेषण कोई केन्द्रीय विश्लेषण नहीं था। न ही मार्क्स और एंजिल्स ने किसी सैद्धान्तिक और आनुभविक स्तर पर एशिया के समाज से अपना कोई सरोकार बताया है। ऐसा होते हुए भी मार्क्सवाद के विकास में–उसके अवधारणात्मक और राजनैतिक प्रभाव के क्षेत्र में एशिया के समाज की मार्क्सवादियों ने गहन चर्चा की है। इस चर्चा को *एशिया की उत्पादन पद्धति यानी ए.एम.पी* (Asiatic Mode of Production-AMP) के नाम से जाना जाता है। हमारे देश में तो ए.एम.पी पर पूरा एक साहित्य है जिसमें कृष्णा भारद्वाज, सुदीप्त कविराज, हमजा भदोडी, केथोलीन गफ, हीरासिंह आदि का योगदान महत्वपूर्ण है।

जब हम एशिया की उत्पादन पद्धति के विवाद को उठाते हैं, तो हमें इसमें दो विचारधाराएं मिलती है। एक विचारधारा *पश्चिमी* (Occidental) है और दूसरी *प्राच्य*

(Oriental)। वस्तुस्थिति यह है कि पश्चिमी विचारधारा जो विशिष्ट रुप से रुढ़िवादी और पिछड़ी है, लागू किया जाता है। ऐसी अवस्था में मार्क्सवादी कोटियों को परम्परागत प्राच्य विचारधारा को निष्क्रिय और मनमाना मान लेते हैं तो यह भी मानना पड़ता है कि ऐसे समाज में उपनिवेशवाद का आना और विकसित होना अपना औचित्य रखता है। यह भी स्वीकार करना पड़ता है कि रुढ़िवादी और गतिहीन समाज में दुर्भाग्यपूर्ण होते हुए भी बाहरी समाज का दखल, होना अनिवार्य है।

मार्क्स और एंजिल्स ने एशिया के समाज का विश्लेषण सबसे पहले 1853 ई. में किया था। तब उनका उद्देश्य ब्रिटिश विदेश नीति की आलोचना पत्रकार की दृष्टि से थी। इस प्रकार उन्हें एशिया के समाज में समझने का अवसर प्राप्त हुआ। मार्क्स ने जब ब्रिटिश साम्राज्य का अध्ययन प्रारम्भ किया तो इस सिलसिले में उन्हें एशिया के इतिहास, उसकी अर्थप्रणाली, राजस्व व्यवस्था, ग्रामीण समुदाय आदि के अध्ययन का मौका भी मिला। *जेम्स मिल (James Mill) की पुस्तक–ब्रिटिश भारत का इतिहास* (History of British India, 1821) ने उन्हें बहुत प्रभावित किया। इस तरह वे *रिचार्ड जोन्स* (Richard Jones) के अध्ययन से भी बहुत कुछ सीख पाये। इन अध्ययनों के अतिरिक्त उन्होंने एशिया की सामन्त व्यवस्था को समझने के लिये कई और स्त्रोतों का भी अध्ययन किया।

मार्क्स की एशिया की उत्पादन पद्धति की अवधारणा

Marx's Concept of AMP

मार्क्स ने देश कि एशिया के देशों में और विशेष करके भारत में 19वीं शताब्दी में व्यक्तिगत सम्पत्ति की कोई अवधारणा नहीं थी। दूसरे शब्दों में यहाँ किसान भूमि को जोतता तो था पर वह उसका मालिक नहीं था। मालिकाना हक के अभाव में वह खेत में उतना ही पैदा करता था जिससे वह अपना पेट भर सके और जागीरदार-जमींदार को राजस्व दे सके।

उसे खेती को विकसित करने की कोई प्रेरणा नहीं थी। जमीन उसकी नहीं थी, वह उसका मालिक नहीं था। जमीन के किरायेदार की तरह उसे जमीन सुधारने, सिंचाई व्यवस्था करने और समुचित खाद देने की कोई चिन्ता नहीं थी। इसका परिणाम यह हुआ कि खेती व्यवस्था में एक प्रकार का ठहराव आ गया। खेती में यह ठहराव ही, यानी रुढ़िगत उत्पादन पद्धति, सामन्तवाद के जन्म के लिये उत्तरदायी था। सामन्तवाद के आने से शोषण बढ़ गया और सम्पूर्ण सामाजिक संगठन सामन्तवादी बन गया।

मार्क्स कहते है कि भारत में बड़े क्रांतिकारी परिवर्तन हुए। इधर एक साम्राज्य का उद्‌गम हुआ और दूसरा साम्राज्य ताश के पत्तों की तरह धराशायी हो गया। एक

साम्राज्य या राज्य का युद्ध दूसरों के साथ होता रहा। राजवंश राजवंशों से भिड़े, क्रान्तिकारी परिवर्तन आये।

भारतीय इतिहास के बारे में यह गौरव के साथ कहा जाता रहा है कि युद्ध पर युद्ध हुए पर किसान की मेड़ को, उसकी फसल को किसी ने हाथ नहीं लगाया। सिपाही खेत के इर्द-गिर्द से घोड़े दौड़ाते हुए निकल जाते थे। इस स्थिति में भी जबकि राजवंश किसी न किसी युद्ध में जूझता रहता था, भारतीय किसान मस्ती से आल्हा गाता था। कुछ लोगों के लिये इस तरह का विवरण गौरवपूर्ण हो सकता था, लेकिन मार्क्स का निष्कर्ष कोई दूसरा ही है। राजवंशों के उस उलट-फेर ने, साम्राज्यों के उत्थान-पतन ने *कृषि व्यवस्था को कहीं भी और कभी भी नहीं बदला। राजवंशों के बदलाव के साथ कृषि भूमि के स्वामित्व में, खेती करने के तौर-तरीकों में और उत्पादन पद्धतियों में कोई परिवर्तन नहीं आया। मतलब हुआ राजवंश तो बदले लेकिन कृषि उत्पादन पद्धति ज्यों की त्यों बनी रही। अब भी राजवंशों के बदलने पर भी राजा भूमि के स्वामी थे।* इन्हीं कुछ ऐतिहासिक कारणों से, मार्क्स का निष्कर्ष है, एशिया के समाज गतिहीन थे, उनमें शून्यता थी।

मार्क्स एशिया की उत्पादन पद्धति के ठहराव का एक और कारण बताते है। *हेनरीमेन* (Henrimen) ने यह पूरी तरह स्थापित कर दिया कि भारतीय गाँव अपने आप में एक लोकतन्त्र था। अपनी दिन-प्रतिदिन की आवश्यकताओं के लिये हमारे यहाँ के गाँव स्वावलम्बी थे। मार्क्स ने हेनरीमेन जैसे ब्रिटिश प्रशासकों की सूचना के आधार यह निष्कर्ष निकाला कि *भारतीय गाँव कृषि और दस्तकारी में अपनी आवश्यकताओं की पूर्ति स्वंय कर लेते थे। देश में कहीं पर भी राज्य ने सिंचाई सुविधाओं को कृषि विस्तार कार्यक्रमों को विकसित नहीं किया और इसलिये मुख्य सम्यता से अलग-थलग हो गये, गाँव सामन्ती व्यवस्था की जकड़ में आ गये।*

ए.एम.पी. के मुख्य लक्षण

मार्क्स ने एशिया की उत्पादन पद्धित परप्रारम्भ में तो केवल एक खाका ही तैयार किया। इसके बाद उन्होंने *गन्ड्रासे* (Grundrisse) में इस अवधारणा को और अधिक विस्तृत और संशोधित रुप दिया। इस नये स्वरुप के आधार पर हम ए.एम.पी. यानी एशिया की उत्पादन पद्धति के कुछ लक्षण इस भाँति स्पष्ट कर सकते हैं:

(1) एशिया में शहरों का विकास उत्पादन पद्धति नहीं बदल सका—पश्चिमी दशों में शहरों का विकास हुआ और इसी तरह प्राच्य देशों में भी शहर विकसित हुए। इस विकास के होते हुए भी इन क्षेत्रों के शहरी इतिहास में बड़ा अन्तर हो गया। पश्चिम के शहरों में जहाँ सामन्तवाद था, वहाँ मूल्यों के विनिमय की व्यवस्था उस दिशा की ओर

चली जहाँ वर्ग बन गये तथा आद्योगिक पूंजीवाद आ गया। मार्क्स कहते हैं पश्चिमी देशों के शहरों का इतिहास, पूंजीवादी और वर्ग रचना के आधार पर हुआ। दूसरी ओर प्राच्य देशों यानी एशिया में शहर तो बने और विकसित भी हुए लेकिन यह सब राज्य ने किया। उद्योग और बाजार के विनियम नहीं। एशियाई देशों के शहर इसलिये खेती और गाँवों पर निर्भर थे। एक तरह से ये शहर राजा-रानी के ठाठ-बाट को, शान-शौकत को बनाये रखने के लिये थे। ये शहर तो सामान्य जनजीवन की आर्थिक व्यवस्था पर ऊपर से थोपे गये समुदाय मात्र थे। इसलिये यहाँ पूंजीवाद पनप नहीं पाया और सामन्तवाद का शिंकजा किसी तरह ढ़ीला नहीं हो पाया।

(2) सामुदायिक स्वामित्व—मार्क्स ने ए.एम.पी. की संशोधित अवधारणा में एक और लक्षण बाद में चल कर जोड़ा। उन्होंने पाया कि एशिया के स्वायत्त गाँवों में भूमि पर अधिकार गाँव के लोगों का ही था। यह अधिकार व्यक्तिगत न होकर सामुदायिक था। गाँव के उत्पादन से जो भी लाभ होता उसका *विनिमय* (Appropriation) गाँव ही करता था। मार्क्स ने अपनी पुस्तक *केपिटल* (Capital) के प्राक्कथन में लिखा है कि एशिया के गाँव स्वावलम्बी थें और उनका यह स्वावलम्बी थे और उनका यह स्वावलम्बन उनकी परम्परागत उत्पादन पद्धति मे देखने को मिलता है। यह स्वायत्तता दस्तकारी और कृषि के क्षेत्र में मिलती है और इसलिये प्राच्य देशों में पाया जाने वाला सामन्तवाद और रुढ़िगत सामाजिक व्यवस्था इसी उत्पादन की पद्धति के कारण है।

मार्क्स ने *कपिटल* (Capital) में इस तथ्य को पूरे तर्क के साथ प्रस्तुत किया है कि भारत के गाँवों की उत्पादन पद्धति एकदम सरल और पिछड़ी हुई थी। इस पद्धति में किसी भी प्रकार के परिवर्तन के लिए पूर्ण विराम था। दस्तकारी और कृषि दोनों में आश्चर्यजनक ठहराव था, गतिहीनता थी। उत्पादन पद्धति का यही स्थायित्व सामन्तवादी व्यवस्था के बने रहने का रहस्य है। गाँवों में जो कुछ भी अतिरिक्त उत्पादन होता था उसे सरकार कर के रुप में लेकर विनिमय कर लेती थी।

(3) व्यक्तिगत सम्पति का अभाव—एशियाई समाज में भूमि पर स्वामित्व समुदाय का ही था। आज जिस तरह भू-स्वामी के पास राज्य द्वारा दिये गये पट्टे होते हैं, तब ऐसे पट्टे नहीं थे। गाँव की भूमि गाँव की थी, "सब भूमि गोपाल की"। भूमि तो प्राकृतिक स्त्रोत है जिसे भगवान ने दिया है। इसका मालिक जागीरदार या ठाकुर कैसे हो सकता है। एशिया में ए.एम.पी.का यह लक्षण निर्णायक है।

(4) कृषि विकास कार्य राज्य के हाथ में—एशिया की उत्पादन पद्धति की एक और विशेषता यह है कि इस महाद्वीप में कृषि विकास साधनों जैसे सिंचाई आदि पर अधिकार ठाकुर और जागीरदार का था। इस तरह के स्वामित्व ने कृषि विकास प्रयत्नों

को काश्तकार के हाथ से लेकर राज्य के हाथ में दे दिया।

(5) स्वावलम्बी गाँव—गाँवों की स्वावलम्बी प्रकृति ने सम्पूर्ण उत्पादन पद्धति को अपनी गिरफ्त में ले लिया। इसके कारण कृषि का विकास रुक गया। ग्रामीणों के जीवन का एक मात्र लक्ष्य जीविकोपार्जन के लिये उत्पादन करना था। यदि कहीं भूले-भटके उसने अपने उत्पादन में इजाफा भी किया तो वह सब उसे राज्य को कर के रुप में देना पडता था। इसलिये अतिरिक्त उत्पादन भी बंदिश में आ गया।

(6) कृषि और दस्तकारी में गठबन्धन—एशिया की उत्पादन पद्धति की एक और विशेषता यह है कि यहाँ के देशों में कृषि और दस्तकारी संयोग से एक हो गये, मिलजुल गये। इन दोनों ने गाँव के लोगों की आवश्यकताओं की पूर्ति कर दी। इसी कारण सामन्तवादी व्यवस्था अपनी निरन्तरता कायम रख सकी। गाँवों के कारण एशियाई देशों में बुर्जुआ वर्ग नहीं बन सके, खुला बाजार नहीं आ सका, व्यक्तिगत सम्पति को पनपने के लिए अवसर नहीं मिला और एक केन्द्रीय शासन, जिसकी प्रकृति सामन्तवादी थी, निर्बाध रुप से चलता रही। ऐसी व्यवस्था में मार्क्स का कहना है कि गाँवों में रहने वाले सभी लोग राजा, ठाकुर या जमींदार के शोषण के शिकार थे।

पश्चिमी और पूर्वी सामन्तवाद की तुलना

Comparision of Occidental and Oriental Feudalism

मार्क्स ने एशिया की उत्पादन पद्धति के अध्ययन से जो तथ्य निकाल उनके आधार पर उन्होंने पश्चिमी और पूर्वी देशों की सामन्त व्यवस्था की तुलना की है। वे कहते है की एशिया के देशों में उत्पादन पद्धति यूरोप से कोई बुनियादी रुप से भिन्न हो ऐसा नहीं है। दोनों महाद्वीपों में कृषि भूमि उत्पादन का साधन थी। लेकिन अन्तर तब आ जाता है जब यूरोप में राज्य की भूमिका महत्वपूर्ण बन जाती है। स्थिति यह थी कि 19 वीं शताब्दी में *एशियाई देशों में राज्य समुचित रुप से विकसति हो गया था। इसकी कार्यपालिका, न्यायपालिका, राजस्व, सभी बहुत अधिक विकसित थे। एक तरह से राज्य आवश्यकता से अधिक विकसित और सुदृढ़ था लेकिन दूसरी और नागरिक समाज* (Civil Society) *एक दम पिछड़ा हुआ था। इसका परिणाम यह हुआ कि राज्य का समाज पर प्रभुत्व बढ़ गया। अतः एशियाई देशों में सामन्त व्यवस्था का कारण राज्य का प्रभुत्व और पिछड़ी हुई उत्पादन पद्धति थे।*

युरोप के देशों में राज्य का विकास तो पर्याप्त हुआ था, लेकिन वहाँ वर्ग बन गये थे, खुला बाजार आ गया थाबुर्जुआ वर्ग का कानून चलने लगा था इस कारणा सामन्त व्यवस्था मजबूत नहीं हो पायी। भारत में सामन्त व्यवस्था को जबर्दस्त धक्का तब लगा जब ब्रिटिश राज्य ने यहाँ पर व्यक्तिगत सम्पति का अधिकार जनजीवन को दे दिया।

उन्होंने रेलगाड़ी चलायी, समाचार पत्रों के प्रकाशन को बढ़ावा दिया। आधुनिक तरह की सैन्य व्यवस्था तैयार की और एक प्रकार से आधुनिकीकरण को विकसित किया। मार्क्स और एंजिल्स ने एशिया की उत्पादन पद्धति का, जो ब्रिटिश राज में यहाँ पर थी, गहरा अध्ययन किया। उन्होंने एक प्राक्कल्पना प्रस्तुत की: ज्यों ज्यों साम्राज्यवाद का विकास होता है, आधुनिकीकरण का आविर्भाव होता है और जब साम्राज्यवादी शक्तियाँ आधुनिकीकरण की गिरफ्त में आ जाती है, सम्पूर्ण उत्पादन पद्धति बदल जाती है। साम्राज्यवाद के साथ पूँजीवाद के आर्विभाव की इस प्राक्कल्पना को कालांतर में स्वयं कार्ल मार्क्स ने ठीक नहों समझा। यह इसलिये कि नैतिक रुप से यह कहना उचित नहीं लगता कि साम्राज्यवाद की कुल्हाड़ी सामन्तवाद को काट देती है।

एशिया की उत्पादन पद्धति की आलोचना

Criticism of AMP

रेमण्ड एरां (Raymond Aron) ने एशियेटिक उत्पादन पद्धति पर कुछ सवाल उठाये है। उनका तर्क है कि यदि एशिया की उत्पादन पद्धतियाँ यूरोप से भिन्न हैं तो यह भिन्नता दुनियाँ के कई भागों में और कम से कम तीसरी दुनियाँ में तो देखेने को मिल ही सकती है तो इसका मतलब हुआ इतिहास के विकास की कई रेखाएँ होगी। जितनी उत्पादन पद्धतियाँ भिन्न होंगी, इतिहास भी उतने ही भिन्न होंगें यह एक विवादास्पद प्रश्न है। स्वंय रेमण्ड एरां अपने इस तर्क का उत्तर देते है। *एशिया की उत्पादन पद्धति यूरोप के दूसरों देशों से भिन्न इसलिये है कि यहाँ सभी कामगार, विज्ञान, किसान और दस्तकार राज्य के मातहत हो जाते है ठीक इसके विपरीत यूरोप में भू-स्वामी और काश्तकार के बीच में राज्य कहीं नहीं आता। जब हम एशियन उत्पादन पद्धति की व्याख्या करते है तो हमें राज्य की इस भूमिका को जो एशिया में उपस्थित थी, नहीं भूलना चाहिये।*

यह ठीक है कि मार्क्स ने द क्रिटिक आर्फ पोलिटिकल इकॉनामी (1859) में कहा था कि एशिया की उत्पादन पद्धति का अध्ययन युग परिवर्तक है। बाद में चलकर रुस के क्रान्तिकारी संघर्ष में भी ए.एम.पी. की अवधारणा बढ़ी जो प्रांसगिक दिखायी देती है। समाजवादी देशों के उत्थान और पतन में ए.एम.पी. का योगदान निर्णायक रहा है। इस अवधारणा का इतना महत्व होने पर भी इस पर बार-बार विवाद हुए हैं, लम्बी-चौड़ी बहसें हुई है। इस बहस में दो प्रश्न बुनियादी रुप से उठाये गये है: पहला प्रश्न है–

क्या समाज का उद्विकास इतिहास के एक रेखीय (unilinear) संदर्भ में हुआ है? दूसरा, क्या समाज बहु रेखीय (multi linear) दिशा की ओर बढ़ा है? कुछ विद्वानों का तर्क है कि मार्क्सवाद के अनुसार ए.एम.पी. यांत्रिक रुप से एक रेखीय संदर्भ

में बढ़ा हो, यह आवश्यक नहीं है। इस दृष्टि से सम्पूर्ण एशिया में सबसे पहले आदिम साम्यवाद आया हो और इसके बाद दासता, सामन्तवाद, और पूंजीवाद आये हो, ऐसा उद्विकास मार्क्स ने कभी स्वीकार नहीं किया। ए.एम.पी. की दूसरी व्याख्या यह है कि उत्पादन के साधनों का उद्विकास एक साथ विभिन्न दिशाओं यानी बहुरेखीय हुआ हो। ए.एम.पी. की बहस का यह मुद्दा आज भी एशिया के देशों में विद्वानों द्वारा उठाया जाता है।

हमारे देश में उत्सा पटनायक (utsa Patnaik) अमित भादुड़ी (Amit Bhaduri) आदि ने एशिया की उत्पादन पद्धति के विवाद में जोश-खरोश से भाग लिया है। अमित भादुड़ी का तर्क है कि भारतीय कृषि की उत्पादन पद्वति अर्ध-सामन्तवादी (Semi feudalism) थी। कृषि में अर्ध-सामन्तवाद के लक्षण इस तरह हैं: (1) कानून मुक्त बटाईदारी कृषि, (2) छोटे किसान निरन्तर ऋणग्रस्तता (3)ग्रामीण क्षेत्रों में शोषण करने वाले और (4) किसानों का बाजार से सीमित सम्बन्ध। इस दृष्टि से भादुड़ी के अनुसार भारत में सामन्तवादी उत्पादन पद्धति के स्थान पर अर्ध सामन्तवादी पद्धति प्रचलित थी।

उत्सा पटनायक मार्क्स के ए.एम.पी. की व्याख्या भारतीय संदर्भ में करती हैं। वे कहती हैं कि यहाँ सामन्तवाद के स्थान पर पूर्व पूंजीवादी (Pre-capitalist) उत्पादन पद्धति थी। इस विवाद में केथलीन गफ (Kathleen Gough) का उल्लेख भी करना चाहिये। इस महिला ने तमिलनाडु के धजांवुर जिले का अध्ययन मार्क्स की उत्पादन पद्धति की अवधारणात्मक पृष्ठभूमि में किया है। वे मार्क्स को एशिया के सम्बन्ध में सही नहीं मानती और कहती हैं कि यहाँ ए.एम.पी. पद्वति ऐसी थी जिसमें सामाजिक परिवर्तन और उत्पादन शक्तियों को विकसित करने की गुजांइश थी। गफ का तो आग्रह है कि मार्क्स ने एशिया की उत्पादन पद्धति को यूरोप के संदर्भ में ही देखा है। वे मार्क्स के ए.एम.पी. के तीन लक्षण बताती हैं: (1) उत्पादन शक्तियाँ (2) उत्पादन सम्बन्ध और (3)इन उत्पादन पद्धतियों का राजनीति, कानून, कला, धर्म और दर्शन से सम्बन्ध। लेखिका ने इन लक्षणों के आधार पर धंजावुर जिले का अध्ययन करके अपने निष्कर्ष रखे।

मार्क्स ने उत्पादन पद्धतियों को इतिहास के विभिन्न युगों में देखा है। पिछले पृष्ठों में हमने बार-बार दोहराया है कि मार्क्स सम्पूर्ण मानव जाति का हित चाहते थे—मनुष्य का उद्धार व कल्याण चाहते थे। यह उद्धार या कल्याण राजवंशों के परिवर्तन या प्रजातन्त्र के उलटफेर से नहीं हो सकता। मनुष्य की मुक्ति का मूल आधार उत्पादन पद्धतियाँ है। अगर उत्पादन पद्धतियों में क्रान्तिकारी परिवर्तन कर दिये जाये तो सम्पूर्ण समाज बदल जायेगा। मार्क्स जब उत्पादन पद्धतियों का विश्लेषण इतिहास के आधार

पर करते हैं तो वे द्वन्द्वात्मक भौतिकवाद, और उत्पादन शक्तियों और सम्बन्धों की चर्चा भी करते है। उत्पादन सम्बन्धों के आधार पर ही साम्यवादी युग आया, इस युग में भौतिक द्वन्द्व हुआ और दासता आयी। दासता के युग में फिर द्वन्द्व हुआ, संघर्ष हुआ और सामन्तवाद आया। एक युग की उत्पादन शक्तियों ने दूसरे युग की उत्पादन शक्तियों के साथ द्वन्द्व किया और परिणाम स्वरुप राज्य बदला और बदले धर्म, अर्थ, कला और दर्शन। सामन्तवादी युग का अध्ययन मार्क्स ने एशिया में भी किया। इसके उपसंहार में हम यहीं कहना चाहते है कि मार्क्स की उत्पादन पद्धतियों के विश्लेषण में एशिया की उत्पादन पद्वति का केन्द्रीय स्थान है। केन्द्रीय इसलिये कि ये पद्धतियाँ पूर्वी देशों की परम्परा रही है।

अब हम मार्क्स की उद्विकासीय परम्परा को पूंजीवाद में देखेंगे।

पूंजीवादी अवस्था
(Capitalist stage)

उत्पादन पद्वतियों की दृष्टि से पूंजीवाद का उदय उत्पादन शक्तियों और सम्बन्धों से जुड़ा हुआ है। यूरोप में पूंजीवाद का आविर्भाव 15 वीं शताब्दी से लेकर 19 वीं शताब्दी तक हुआ। जिस प्रकार सामन्तवादी उत्पादन पद्धति को समाप्त करके- द्वन्द्व करके पूंजीवाद आया वैसे ही पूंजीवाद भी अन्तर्विरोध के कारण समाप्त हो जायेगा। उत्पादन पद्धतियों का नियम समान रुप से लागू होता है। पूंजीवाद के विकास के साथ ही पूंजीवाद की मृत्यु भी निश्चित है। पूंजीवाद की स्थापना के साथ उत्पादन शक्तियाँ भी तेजी के साथ बढ़ने लगी। अब उत्पादन मशीनों से होना शुरु हुआ। भाप और बिजली जैसी प्राकृतिक शक्तियों का ऊर्जा के स्त्रोतों के रुप में उपयोग किया जाने लगा। बड़ी-बड़ी फैक्ट्रियां, मिलें, कोयला और खाने बनायी जाने लगी। मार्क्स और एंजिल्स ने कम्युनिस्ट पार्टी के घोषणा पत्र में कहा है कि अस्तित्व के आरम्भ में पूंजीवाद ने उत्पादन शक्तियों के विकास के लिये उससे कहीं बहुत अधिक किया जितना कि मानव इतिहास के सभी पूर्ववर्ती युगों में किया गया था।

उत्पादन शक्तियों का यह तीव्र विकास नये, पूंजीवादी उत्पादन सम्बन्धों के कारण हुआ। वे उत्पादन साधनों पर बुर्जुआ वर्ग के निजी स्वामित्व और उत्पादन साधनों से वंचित तथा अपनी श्रम शक्ति बेचने को विवश उजरती मजदूरों के श्रम के शोषण पर आधारित होते है। पूंजीपति अधिक मूल्य (यानी वह मूल्य जिसे मजदूर अपनी श्रम शक्ति के मूल्य के अतिरिक्त निर्मित करता है), मुफ्त में हस्तगत कर लेता है।

पूंजीवाद किसे कहते हैं?

(What is Capitalism?)

मार्क्स ने अपनी महान कृति केपिटल (Capital) में उत्पादन की पूंजीवादी प्रणाली का विस्तृत विवेचन किया है। उन्होंने इस तथ्य का पता लगाया कि अतिरिक्त या बेशी मूल्य (Surplus value) के लिये पूंजीपतियों की लोलुपता उत्पादन के विस्तार प्रोद्योगिकी के विकास, मजदूरों के शोषण की तीव्रता, उत्पादन की अराजकता, पूंजीपतियों के बीच बढ़ती हुई प्रतियोगिता, पूंजीवादी अन्तर्विरोधों की गहनता और सामाजिक सम्पदा के विशाल विनाश सहित उत्पादन की पूंजीवाद प्रणाली के सम्पूर्ण विकास को निर्धारित करती है।

मार्क्स का तर्क है कि पूंजीवादी उत्पादन सम्बन्ध बुनियादी संरचना (Infra-Structure) है जो अधि रचना (Super structure) को बनाते है। इन सम्बन्धों के कारण शोषक वर्ग के राजनीतिक प्रभुत्व की विधियों में परिवर्तन आया। मताधिकार लागू किया गया, नागरिकों की राजनीतिक स्वतन्त्रता और कानून के सामने उनकी समानता घोषित की गयी। इसके साथ ही मजदूर वर्ग के बढ़ते संघर्ष और बुर्जुआ वर्ग की प्रतिक्रियावादी घरेलू और विदेश नीतियों ने राजकीय कार्यतन्त्र में, खास तौर से सेना और बल प्रयोग के अन्य अंगों में विशाल वृद्धिला दी।

पूंजीवादी व्यवस्था में बुर्जुआ समाज की यह पूरी कोशिश होती है कि वह अपने प्रभुत्व की रक्षा करे, शोषित जनता को दबाये रखे। इस अवस्था ने मजदूर वर्ग की विचारधारा को मजबूत किया। यदि सम्मान्य रुप में पूंजीवाद की व्याख्या की जाय तो कहना पड़ेगा कि इसका बुनियादी आधार पूंजी (capital) है। पूंजी के विभिन्न स्वरुप है: उत्पादन की सामग्री, मशीन, भण्डारों में भरा हुआ माल आदि। पूंजी की और विशेषता यह है कि इसके माध्यम से बाजार में श्रम ख़रीदा जा सकता है। जिसके पास पूंजी है वह विभिन्न तरीकों से अधिक पूंजी कमाना चाहता है। पूंजीवाद में मुनाफाखोरी निहित है लेकिन इसमें दिवालियापन भी हो सकता है। पूंजीवादी व्यवस्था में, सब मिलाकर बुनियादी सिद्धान्त मुनाफाखोरी का है। पूर्व पूंजीवादी अवस्था में किसी न किसी प्रकार का मुनाफा तो होता था लेकिन पूंजीवादी अर्थ व्यवस्था में पूर्ववर्ती अर्थव्यवस्था की तुलना में मुनाफे के अवसर ज्यादा होते हैं।

पूंजीवाद का उद्गम

(Origin of capitalism)

सामन्तवादी अवस्था में ही पूंजीवाद का प्रारम्भ हो गया था। सामन्तवाद में किसानों से जो कर, बेगार, लिये जाते थे वे सामन्त को पूंजीपति बना देते थे। सामन्तवादी व्यवस्था

में ही नगर सेठ और बड़े-बड़े व्यापारी होते थे। इस अवस्था में ही पूंजीवाद पैदा हो गया था। पश्चिमी देशों में कुछ अर्थशास्त्रियों ने पूंजीवादी अर्थ व्यवस्था का सैद्धान्तिक विश्लेषण किया। मार्क्सवाद के समानान्तर राजनैतिक अर्थशास्त्र (Political Economy) का जन्म हुआ। एडम स्मिथ (Adam Smith) और रिकार्डो (Re-cardo) आदि ने एक नयी आर्थिक वैचारिकी को विकसित किया। इसी युग में अर्थ व्यवस्था में अ-हस्तक्षेप (Laissez-faire) विचारधारा को बढ़ावा दिया गया। दूसरी ओर एक प्रकार का औद्योगिक पूंजीवाद (Industrial capitalism) पैदा हुआ। पूंजीवाद पर धीरे-धीरे राज्य का हस्तक्षेप भी निर्णायक बन गया। संक्षेप में पूंजीवाद वह है जिसमें उत्पादन पद्वति का आधार पूंजी होती है। पूंजी का उद्देश्य मुनाफाखोरी करना है। *इस पूंजी के माध्यम से ही श्रम खरीदा जा सकता है, और उत्पादन के साधन हथिया लिये जाते हैं। पूंजी के कोई भी स्वरुप हो श्रम की खरीद, कल-कारखाने, उत्पादित वस्तुएँ–सभी पर निजी स्वामित्व (Private Ownership) होता है। पूंजीवाद का इस तरह केन्द्रीय लक्षण पूंजी है जो कि उत्पादन की पद्धति है।*

वास्तव में पूंजीवाद का प्रयोग गैर मार्क्सवादी अर्थशास्त्री अपवाद रुप में करते हैं। यहाँ तक कि मार्क्स की कृतियों में भी इसका प्रयोग बहुत बाद में हुआ है। स्वयं मार्क्स ने भी पूंजीवादियों (Capitalists) और *पूंजीवादी* (Capitalist) पदों का प्रयोग किया। अपनी प्रख्यात पुस्तक *कम्युनिस्ट मेनीफेस्टो* और *कपिटल* में भी उन्होंने कहीं भी पूंजीवाद पद का प्रयोग नहीं किया है। यह सब होते हुए भी जब पूंजी के साथ "वाद" प्रत्यय को जोड़ देते है तो यह एक विचारधारा बन जाती है और इसलिये एक विचारधारा के रुप में ही इसे लेना चाहिए।

पूंजीवाद के लक्षण
(Characteristics of Capitalism)

मेहानाद देसाई ने पूंजीवादी अवस्था के कुछ बुनियादी लक्षणों की विस्तार से व्याख्या की है। जहाँ ये लक्षण पूंजीवाद को परिभाषित करते है, वही ये इसकी मुख्य विशेषताओं को भी बताते हैं। ये लक्षण इस तरह हैं:

(1) **निजी स्वामित्व एक वर्ग के पास में**—पूंजीवादी व्यवस्था में उत्पादन के साधनों का स्वामित्व निजी व्यक्तियों के हाथ में होता है। ये व्यक्ति उत्पादन साधनों के सम्बन्ध में अपने मुनाफे के लिये मनमाना निर्णय लेते हैं। निर्णय की इस प्रकिया में मजदूरों की कोई भूमिका नहीं होती है। जब उत्पादन सम्पति पर निजी अधिकार होता है तो इसका मतलब हुआ दूसरे लोगों के जीवन पर पूंजीपति का नियंत्रण होता है।

(2) **बाजार**—पूंजीवादी व्यवस्था का केन्द्रीय सिद्धान्त बाजार अर्थव्यवस्था है।

पूर्व-पूंजीवादी युग में अर्थ व्यवस्था सामन्यतया स्थानीय और स्वावलम्बी होती थी। इसमें प्रत्येक परिवार जितनी उसकी आवश्यकता होती थी, उत्पादन करता था। आवश्यकता पड़ने पर वे वस्तुएँ जिनकी परिवार को आवश्यकता होती थी लेकिन जितना उत्पादन परिवार नहीं करता था उन्हें वस्तु विनिमय पद्धति से प्राप्त कर लिया जाता था। पूर्व-पूंजीवादी व्यवस्था में श्रम विभाजन नाम मात्र को था।

पूंजीवादी व्यवस्थाओं में वस्तुओ का मोल-तोल न तो परम्पराएँ करती हैं और न राज्य के आदेश। वस्तुओं के भाव तो बाजार ही करता है, बाजार किसी का नहीं है। इसमे तो सीधा-साधा अर्थशास्त्र का नियम चलता है: *माँग और पूर्ति* (Demand and Supply) यदि भावों में उछाला है तो बाजार का संकेत स्पष्ट है कि अमुक वस्तुओं की बिक्री लाभदायक है। यदि वस्तुओं के भाव में गिरावट है तो संकेत है: भाग्य किसी और जिन्स में आजमाओ। बाजार अर्थव्यवस्था में उपभोक्ता ही सर्व शक्तिमान है।

बाजार एक ऐसा स्थान है जहाँ श्रम शक्ति खरीदी जाती है: मजदूरों को काम पर लगाया जाता है और यह वह स्थान भी है जहाँ श्रम बेचा जाता है यानी मजदूर को दिहाड़ी मिलती है। यह दिहाड़ी निश्चित समय के लिये होती है। बाजार की बहुत बड़ी खासियत यह है कि यहाँ श्रम की खरीद फरोख्त किसी न किसी करार द्वारा होती है।

(3) मुद्रा विनियम—पूंजीवादी व्यवस्था में मुद्रा का स्थान निर्णायक होता है। पिछले समय में वस्तु विनिमय होता था। हमारे देश में गाँवों में जजमानी व्यवस्था थी। पूंजीवादी व्यवस्था में सम्पूर्ण विनियम मुद्रा से होता है। इस व्यवस्था में बैंक और वित्तीय संस्थाओं की भूमिका महत्वपूर्ण हो जाती है।

(4) उत्पादन पर नियंत्रण—पूंजीपति या उसके द्वारा नियुक्त मैनेजर सम्पूर्ण उत्पादन प्रक्रिया को, श्रम शक्ति को नियंत्रित करता है। इस नियंत्रण में यह भी देखा जाता है कि कितने कुशल-अकुशल मजदूरों को रखा जायेगा, छंटनी की जायेगी और इससे आगे उत्पादन में किन तरीकों को काम में लिया जायेगा और किस तादाद में माल पैदा किया जायेगा।

(5) वित्तीय निर्णयों पर नियंत्रण—पूंजीवादी व्यवस्था में कई निर्णय महत्वपूर्ण होते हैं। कारखाने में पैसे का नियोजन कब और कैसे किया जाये, माल पर साख किसे और कितनी दी जाये इस सबका निर्णय मैनेजर, निदेशक मण्डल या पूंजीपति लेता है। निर्णय की इस प्रक्रिया में मजदूर की कहीं भी भागीदारी नहीं होती यद्यपि व्यवस्था के स्तर पर लिया गया किसी भी गलत वित्तीय निर्णय के लिये मजदूरों को खामियाजा भरना पड़ता है।

हमारे देश में पूंजीवादी अवस्था ब्रिटिश राज में आयी। अंग्रेजों ने जगह-जगह कल-कारखाने लगाये, संचार सुविधाएँ दी और कानून बनाये। गाँवों में जो सामन्तवादी व्यवस्था चल रही थी उस पर सबसे पहला वार ब्रिटिश राज में ही हुआ। वास्तव में अंग्रेजो ने भारत में अपने पांव जम जाने के बाद पुरानी भू-व्यवस्था में आमूल परिवर्तन का सिलसिला शुरु किया। *नयी लगान व्यवस्था ने गाँव की जमीन पर लोगों की जमाने से चली आ रही मिल्कियत खत्म कर उसकी जगह भू-स्वामित्व के दो रुपों को जन्म दिया: देश के कुछ भागों में जमींदारी और कुछ अन्य भागों मे किसान की निजी मिल्कियत।* इस तरह की सामन्तवादी व्यवस्था तो समझ में आती है लेकिन इसमें महत्वपूर्ण बात यह है कि *जमीन को किसान की निजी मिल्कियत को कानूनी दर्जा देकर अंग्रेजी राज ने कृषि क्षेत्र में सबसे पहली बार पूंजीवादी व्यवस्था प्रारम्भ की।* अब कृषि भूमि राज्य की नहीं रही, किसान की मिल्कियत बन गयी। इस संदर्भ में ए.आर. देसाई, *भारतीय राष्ट्रवाद की सामाजिक पृष्ठभूमि* में लिखते हैं:

> इस तरह अंग्रेजों की भारत विजय से देश में एक कृषि क्रान्ति हुई। जमीन की निजी मिल्कियत की प्रथा शुरु कर अंग्रेजों ने कृषि के पूंजीवादी विस्तार की आवश्यक शर्ते की सृष्टि की। भारत की पूर्व पूंजीवादी सामन्ती अर्थतन्त्र के पूंजीवादी रुपान्तरण के कारणों में भूमि सम्बन्धों का परिवर्तन सबसे प्रमुख है।

भारत में पूंजीवादी व्यवस्था के उद्‌गम और विकास पर कई समाजशास्त्रियों, अर्थशास्त्रियों और राजनीति के विद्वानों ने कार्य किया है। मार्क्सवादियों ने भी बहुत कुछ कहा है। इस समस्त विवरण से यह स्पष्ट होता है कि ब्रिटिश राज के बाद से आज तक भारत में जो कुछ विकास हुआ है उसमें पूंजीवादी व्यवस्था बराबर सुदृढ़ हुई है। हरित क्रान्ति ने कृषि में भी पूंजीवादी व्यवस्था को स्थापित किया है।

मार्क्स ने पूंजीवादी अवस्था का विशद् वर्णन *कपिटल* में किया है। उनके विश्लेषण का आधार उत्पादन शक्तियों और उत्पादन सम्बन्ध हैं। उनका तर्क बहुत सामान्य है: जब उत्पादन शक्तियाँ बढ़ती है तो पूंजीवाद का विस्तार होता है। लेकिन इस विस्तार के साथ ही उत्पादन सम्बन्ध, उत्पादन शक्तियों से बहुत दूर हो जाते हैं और परिणाम स्वरुप द्वन्द्व होता है। इसी कारण ज्यों-ज्यों पूंजीवाद बढ़ेगा, मार्क्स का थीसीस है, विरोध भी बढ़ेगा। एक दिन ऐसी अवस्था आयेगी जब क्रान्ति होगी। जिस तरह दासता की लाश पर सामन्तवाद खड़ा हुआ, जिस तरह सामन्तवाद की लाश पर पूंजीवाद खड़ा हुआ वैसे ही पूंजीवाद की लाश पर समाजवाद खड़ा होगा। यही भौतिकवादी द्वन्द्व है, यही इतिहास की भौतिकवादी अवधारणा है, यहीं उत्पादन पद्धतियों के बदलाव का परिणाम है।

समाजवादी अवस्था
(Socialistic Stage)

मार्क्स की इतिहास की भौतिकवादी व्याख्या यूरोप और एशिया के देशों के उत्पादन पद्धतियों के आधार पर देखते हुए कहते हैं कि इतिहास का यह सिलसिला द्वन्द्वात्मक भौतिकवाद बराबर चलता रहेगा। इतिहास के नियमों को नकारा नहीं जा सकता। जब दासत्व अवस्था ने साम्यवादी अवस्था को ठुकराया यानी निषेध का निषेध हुआ तब पूंजीवाद का निषेध होना आवश्यक है। 1848 ई. में जब मार्क्स और एंजिल्स ने कम्युनिस्ट पार्टी का घोषणा पत्र रखा तब से ही पूर्वी यूरोप में समाजवादी आन्दोलन चल गया था।

मार्क्स के लिये समाजवाद की अवस्था को प्राप्त करना कोई उद्देश्य नहीं था। न ही मार्क्स के लिये यह किसी भविष्य के समाज की कल्पना थी। इस के लिये उन्होंने समाजवाद का कोई बल्यू प्रिन्ट बनाया हो ऐसी बात नहीं है। मार्क्स का तो केवल यही कहना था कि पूंजीवाद में भी अन्तविरोध है, निषेध है, द्वन्द्व है और इसलिये सामन्तवाद की तरह इसकी समाप्ति भी निश्चित है। अतः पूंजीवाद का पतन समाजवाद के लिये होना ऐतिहासिक नियम का परिणाम मात्र है। मार्क्स और एंजिल्स ने कहीं भी समाजवादी अवस्था को परिभाषा हो सकती है *तो केवल यही कि समाजवाद सबसे पहले और सबसे महत्वपूर्ण पूंजीवाद का निषेध है।*

मार्क्स अपने तर्क को और आगे बढ़ाते है और कहते हैं। कि समाजवाद आ जाने के बाद, इतिहास की परिणिति यही है कि साम्यवाद आयेगा। वास्तव में यह एक लम्बी क्रान्तिकारी प्रक्रिया है। *पूंजीवाद के बाद सर्वहारा के अधिनायकवाद* (Dictatorship of the Proletariat) *की अवस्था आयेगी। अब सर्वहारा अपनी उत्पादन पद्धतियों को अधिक तीव्रता से विकसित करेगें। अधिनायकवादी अवस्था वस्तुतः संक्रमणकालीन* (Transitional) *अवस्था है। इस अवस्था के गुजर जाने के बाद साम्यवाद आयेगा। इस अवस्था में राज्य किसी फूल की तरह मुरझा जायेगा। अब न बुर्जुआ होगा न सर्वहारा।* लोगों का कार्य के प्रति दृष्टिकोण बदल जायेगा और इस अवस्था में इस अवस्था में इस तरह *न वर्ग होंगे* (Classless) *और न राज्य* (Stateless) होगा। इस साम्यवादी अवस्था में "*प्रत्येक को अपनी क्षमता के अनुसार काम करना है, और प्रत्येक को अपनी आवश्यकता के अनुसार प्राप्त करना है।* "(From each according to his ability, to each according to his need)"

उपसंहार

मार्क्स ने इतिहास की भौतिकवादी अवधारणा को विभिन्न अवस्थाओं में देखा है। यदि

मार्क्स की अध्ययन विधि को स्पष्ट करने के लिये कहा जाय, तो सर्वप्रथम यही कहना पड़ेगा कि मार्क्स ने इतिहास की व्याख्या व्यक्तिनिष्ठ न करके वस्तुगत की है। इसलिये उनकी विधि वैज्ञानिक है। उनका तो तार्किक और आनुभविक निष्कर्ष यही है कि जब कभी किसी देश मे या भू-भाग के उत्पादन पद्धति में यानी उत्पादन शक्तियों और उत्पादन सम्बन्धों में परिवर्तन आता है तब पिछली अवस्था बदलकर नयी अवस्था में आ जाती है। एक अवस्था पिछली अवस्था की लाश पर खड़ी होती है। यही इतिहास का भौतिकवादी द्वन्द्व है। इतिहास का उद्विकास आदिम साम्यवाद से दासता अवस्था, इससे आगे सामन्तवाद और पूंजीवादी अवस्था तक हुआ है। एक अवस्था ने बराबर पहली अवस्था का निषेध किया है। इतिहास के इसी नियम पर मार्क्स की अध्ययन विधि कहती है, पूंजीवाद के विरोध स्वरुप समाजवाद आयेगा। यह अवस्था संक्रमण कालीन अवस्था है। जैसा इतिहास का उद्विकास हुआ है, जैसा इतिहास का अंतिम छोर है जिसके आगे कोई रास्ता नहीं, साम्यवाद है। साम्यवाद मार्क्स के लिये कोई लुभावना मुहावरा नहीं है और न ही यह कोई आदर्श है। यह तो वह रेखा है, वह लकीर है जिस पर इतिहास बराबर चलता आ रहा है।

अध्याय 7

वर्ग और वर्ग संघर्ष
Class and Class Conflict

मार्क्स ने अपने समाजवाद में अर्थशास्त्र, राजनीतिशास्त्र और समाजशास्त्र पर जो कुछ लिखा है, उसका सम्पूर्ण संदर्भ वर्ग व्यवस्था के विश्लेषण पर आधारित है। यदि सरसरी निगाह से देखें तो पूंजीवादी समाज में भरण-पोषण के कुछ निश्चित स्त्रोत हैं। मजदूर और कामगार बाजार में अपना श्रम बेचते हैं। इसके बदले में उन्हें पगार या वेतन मिलता है। भरण-पोषण का एक और स्त्रोत है। कुछ लोग पूंजी के मालिक है– उनके निजी कल-कारखाने हैं, व्यापार उद्योग हैं। इन लोगों के लिये पेट भरने का साधन पूंजी है। जीविकोपार्जन का एक तीसरा स्त्रोत भी है– भूमि की मिल्कियत। यदि हम इन तीनों स्त्रोंतो का विश्लेषण करें तो ये हैं: पगार, मुनाफाखोरी और भूमि कर। समाज के ये तीन वर्ग श्रमिक, पूंजीपति और भू-स्वामी आम लोगों के लिये सामान्य बात है।

प्रश्न उठता है वर्ग कैसे बनते हैं? इसके उत्तर में यही कहना होगा कि *किसी भी वर्ग की पहचान या भरण-पोषण के स्त्रोत उसकी आमदनी है।* किसी भी समाज के सदस्य या तो अपने पगार या दिहाड़ी से जीवन यापन करते हैं, या अपने पास जो सम्पति है उसके मुनाफे से मौज मज़ो और जीवन की निरन्तरता बनाये रखते हैं, या ऐसे लोग हैं जिनके पास *भू-सम्पत्ति* (Landed Property) है और इसी से उन्हें जो आय होती है, उससे वे अपना भरण-पोषण करते हैं। तो हमने देखा कि वर्ग के निर्माण में आदमी की आमदनी महत्वपूर्ण है। यह आमदनी ही वर्ग निर्माण की केन्द्रीय धुरी है।

रेमण्ड एराँ (Raymond Aron) ने मार्क्स की एक विचारक की तरह अपनी पुस्तक *मेन करेन्ट्स इन सोशियोलोजीकल थॉट* (Main Currents is Sociological

Thoughts-1, 1956) में व्याख्या की है कि *मार्क्स का समाजशास्त्र वास्तव में वर्ग संघर्ष का समाजशास्त्र है। उनकी इतिहास की अवधारणा में वर्ग संघर्ष का प्रस्ताव केन्द्रीय प्रस्ताव है, मौलिक अवधारणा है। वे कहते है कि आधुनिक समाज की अवधारणा प्रतिरोधी* (Antagoistic) *अवधारणा है। इतिहास के विशाल नाटक में मुख्य किरदार जाति है। कहना चाहिये कि वर्ग संघर्ष वह जानदार शक्ति है जो इतिहास के पहियों को पूरी ताकत से आगे धकेलती है। यह धकेलना पूंजीवादी समाज को क्रान्ति की ओर ले जाता है और इसकी परिणिति एक ऐसे समाज में होती है जहां न तो प्रतिरोध होता है, न अन्तर्विरोध, न वर्ग और न राज्य।*

रेमण्ड एरॉ वर्ग और वर्ग संघर्ष की प्रासंगिकता को गहराई से देखते हैं। वास्तव में उन्हें वर्ग की धारणा बुर्जुआ समाजों की सरंचना से मिली और यह भी विशेष करके फ्रांन्स के समाज से । एरॉ ने मार्क्स की वर्ग की अवधारणा के तीन मुख्य *प्रस्ताव* (Propositions) रखे हैं:

(1) वर्गों का अस्तित्व उत्पादन पद्धतियों के विकास के साथ इतिहास की विविध दशाओं के साथ जुड़ा है, यानी वर्ग उत्पादन के विकास के साथ बनते हैं।

(2) वर्ग संघर्ष अनिवार्य रुप से सर्वहारा को अधिनायकवाद की ओर ले जाता है।

(3) यह अधिनायकवाद जो कि केवल संक्रमण काल होता है, वर्गों का उन्मूलन करता है और वर्गहीन समाज की स्थापना की ओर ले जाता है।

उपर्युक्त तीन प्रस्ताव जिन्हें एरॉ ने रखा है, मार्क्स के सोच या उनकी समझ में केन्द्रीय हैं। यहां बुनियादी प्रश्न उठता है: सामाजिक वर्ग किसे कहते हैं? इस प्रश्न के उत्तर की खोज हम अगले पृष्ठों में करते हैं।

सामाजिक वर्ग किसे कहते हैं?

(What is a Social Class)

मोटे रुप में उत्पादन साधनों पर निजी स्वामित्व पर आधारित उत्पादन सम्बन्धों वाली संरचनाओं में वर्ग और वर्ग सम्बन्ध सामाजिक संरचना के मुख्य तत्व होते हैं। लेनिन ने अपनी *कृति महान सूत्रपात* में वर्ग की निम्न परिभाषा दी है:

> वर्ग लोगों के बड़े-बड़े ग्रुपों को कहते हैं, जो सामाजिक उत्पादन की इतिहास द्वारा निर्धारित पद्धति में अपने स्थान की दृष्टि से, उत्पादन साधनों के प्रति अपने सम्बन्धों से श्रम के सामाजिक संगठन में अपनी भूमिका की दृष्टि से और फलस्वरुप सामाजिक सम्पदा के उस भाग की, जो उनके पास रहता है, प्राप्ति की विधि तथा आकार की दृष्टि से एक दूसरे से भिन्न होते हैं।

वस्तुतः वर्ग की मुख्य विशेषता आर्थिक है। लेकिन वर्ग भेद राजनीति, दैनिक जीवन, विचारधारा आदि क्षेत्रो में भी देखने को मिलता है। प्रत्येक वर्ग अपनी राजनीतिक चेतना, नैतिकता आदि रखता है, लेकिन अंतिम विश्लेषण में वर्ग की विशेषताएं आर्थिक तथ्यों द्वारा निर्धारित होती है, जो सबसे महत्वपूर्ण हैं। अतः उत्पादन साधनों के प्रति लोगों का सम्बन्ध अपने आप में प्रधान वर्ग विशिष्टता है और यह सब दूसरी विशिष्टताओं को निर्धारित करता है। *इस बात को सभी मार्क्सवादी मानते हैं कि वर्गों में भेद सर्वप्रथम साधनों के प्रति सम्बन्धों में भिन्नता की बदौलत होता है।*

आर्थिक साधनों के मालिकाना अधिकार के कारण ही वर्ग दास-स्वामित्व बनते हैं। उदाहरण के लिये दास स्वामित्व वाले समाज में दास और दास-स्वामी, सामन्तवाद में किसान और सामन्त तथा पूंजीवाद में सर्वहारा वर्ग और बुर्जुआ वर्ग प्रतिरोधी वर्ग है। इन वर्गों के अतिरिक्त कुछ और मुख्य वर्ग भी होते हैं जैसे स्वतन्त्र दस्तकार, किसान, बुद्धिजीवी लोग, पुरोहित आदि। बुर्जुआ वर्ग में टटपूंजिया वर्ग, और इजारेदार वर्ग आदि आते हैं।

स्वंय मार्क्स ने वर्ग पर अपनी कृतियों में थोड़ा बहुत अवश्य लिखा है। वर्ग पर उनका एक परिच्छेद कैपिटल के अंतिम पृष्ठ पर मिलता है जिससे सभी मार्क्सवादी परिचित हैं। केपिटल मार्क्स की एक सम्मानित और बहुचर्चित वैज्ञानिक कृति है। इसमें दी गयी वर्ग की परिभाषा को हम यहां देते हैं:

> जब लाखों परिवार ऐसी आर्थिक दशा में जीवन यापन करते हैं तो उन्हें उनकी जीवन पद्धति, उनके हेतुओं और उनकी संस्कृति से, अन्य वर्गो से विमुख कर देती है, और उन्हें शत्रुतापूर्ण विरांधी खेमें मे खड़ा कर देती है, वर्ग कहलाती है।

मार्क्स की वर्ग सम्बन्धी यह अवधारणा निषेधात्मक है। वर्ग की इस परिभाषा में *प्रतिरोध* (Antagonism) आवश्यक है। अपनी अन्य पुस्तक *दी पॉवर्टी ऑफ फिलोसोफी* (The Poverty of Philosophy, 1847) *में भी मार्क्स ने सामाजिक वर्ग को परिभाषित किया है:*

> पहला तो यह है कि आर्थिक दशाएँ आम जनता को कामगारों की श्रेणी में रख देती हैं। दूसरा, इस वर्ग के लिये पूंजीपति अपने प्रभुत्व के कारण काम करने की एक जैसी स्थितियाँ और हेतु उत्पन्न कर देते हैं। इस तरह यह गरीब-गुरबों का समूह जहां तक पूंजीपतियों के प्रति उनके सम्बन्धों का सवाल है, पृथक वर्ग बन जाता है।

मार्क्स और एंजिल्स ने *जर्मन आइडियोलोजी* (German Ideology, 1845) में भी एक स्थान पर वर्ग की व्याख्या की है। उनकी यह निश्चित धारणा है कि पूंजीवादी

समाज की बहुत बड़ी विशेषता वर्ग है। यहाँ मार्क्स ने वर्ग का विस्तृत खुलासा दिया है। एक ही धन्धे को करने वाले लोग जिनकी आर्थिक अवस्था और काम की दशाएं और इसी तरह शोषण के तरीके समान होते हैं, वर्ग नहीं बनाते। वर्ग के लिये बहुत बड़ी अनिवार्यता *वर्ग चेतना* (Class Consciousness) और *वर्ग संगठन* (Class Organization) हैं। काम की दशाएँ कितनी ही अमानवीय हो, मजदूर का जीवन कितना ही नारकीय हो, लेकिन जब तक उसमें यह चेतना नहीं आती कि इस त्रासदी में वह अकेला ही नहीं है, उसके गाँव और कस्बे के लोग ही नहीं है, प्रान्त और देश के अन्य कामगार ही नहीं हैं वरन् सारी दुनियाँ के मजदूरों की चाहे वे किसी भी देश के हों, यही हालत है, तब तक वे वर्ग नहीं बनते। अतः *वर्ग चेतना और वर्ग संगठन दो ऐसे खम्भे हैं जिन पर वर्ग का ढांचा खडा हुआ है।*

इसी पुस्तक में मार्क्स और एंजिल्स ने दो नयी अवधारणाएं रखी हैं: अपने आप में वर्ग– *क्लास इन इट सेल्फ* (Class in itself) और अपने लिये वर्ग *क्लास फॉर इट सेल्फ* (Class for itself)। *जब एक धन्धे में काम करने वाले लोग संगठित हो जाते हैं और उनमें यह चेतना आ जाती है कि हम एक ही पेशें में हैं तो इस तरह का समूह अपने आप में वर्ग है–क्लास इन इट सेल्फ। दूसरी ओर धन्धों में फेर-फार हो सकता है लेकिन उनमें काम करने वाले व्यक्तियों की हैसियत सामान्य कामगार की होती है और वे इस सामान्यता के आधार पर चेतना और संगठन बना लेते हैं तो यह अपने लिये वर्ग है–क्लास फॉर इट सेल्फ।*

मार्क्स ने वर्ग के इन आधारभूत तत्वों की वर्ग चेतना और वर्ग संगठन की अनिवार्य भूमिका पर यह टिप्पणी रखी है:

> आम जनता का एक समूह जहाँ तक उसके पूंजीवादी सम्बन्धों का सरोकार है, एक पृथक वर्ग है। *लेकिन यह अब भी अपने आप में वर्ग नहीं है। जब यह वर्ग संगठित हो जाता है, इसमें पारस्पिरिकता आ जाती है तब यह अपने आप में वर्ग (Class in itself) बन जाता है। इससे आगे एक दूसरी और ऐसी अवस्था आती है जब वर्ग अपने वर्ग के सभी लागों के लिये संगिठत हो जाता है* (Class for itself) *बन जाता है। इससे आगे एक दूसरी और ऐसी अवस्था आती है जब वर्ग अपने वर्ग के सभी लोगों के लिये संगठित हो जाता है* (Class for itself) इसका अर्थ होता है: दुनियाँ भर के मजदूर भाई-भाई।

उत्तरवर्ती मार्क्सवादियों ने मार्क्स की *अपने आप में वर्ग* तथा *वर्ग के लिये वर्ग* की अवधारणाओं को स्वीकार नहीं किया है। इनका आग्रह यह है कि किसी भी वर्ग के बनने के लिये वर्ण चेतना का होना आवश्यक है। इस अस्वीकृति के होते हुए भी वर्ग के सम्बन्ध में कुछ बात बहुत स्पष्ट है: (1) वर्ग का सम्बन्ध उत्पादन साधनों, उनके

सम्बन्धों और शक्तियों से जुड़ा हुआ है, (2) किसी भी वर्ग के लिये यह वर्ग चेतना आवश्यक है कि हमारे काम की दशाएँ, दिहाड़ी या पगार और शोषण एक समान हैं, (3) वर्ग तभी बनता है जब वह दूसरे वर्गों को अपना दुश्मन समझता है। वर्ग निर्माण का आधार ही *प्रतिरोध* (Antagonism) है, (4) वर्गों की व्याख्या हर तरह के इतिहास की विभिन्न अवस्थाओं से जुड़ी हुई है।

वर्ग चेतना
(Class Consciousness)

समाजशास्त्र की एक विशिष्ट शाखा है जो *ज्ञान मीमांसा* (Epistemology) के नाम से जानी जाती है। ज्ञान मीमांसा के प्रणेताओं में हीगेल, मार्क्स और कार्ल मेनहीम का योगदान महत्वपूर्ण समझा जाता है। इन विचारकों का तर्क है कि आदमी में जो कुछ भी ज्ञान है, वह उन भौतिक परिस्थितियों की उपज है जिनमें वह अपना जीवनयापन करता है। यह ठीक है कि ज्ञान पुस्तकालय की अगणित पुस्तकों में, शब्द कोषों में इतिहास और विज्ञान के अगणित ग्रन्थों में भरा पड़ा है, यह ज्ञान का खजाना है। किन्तु यह निरन्तर नहीं है, यदि हम इसमें आये दिन नयी खोजों, आविष्कारों, निर्वचनों और आनुभविकता से नये ज्ञान का योगदान नहीं करते। अतः ज्ञान का भंड़ार तो आनुभविकता की प्राकृतियों में ही भरना और समृद्ध होना है। *यूनेस्को* (Unesco) के एक अनुमान के अनुसार तकनीकी ज्ञान सात वर्ष में दूना हो जाता है और समाजविज्ञान द्वारा अर्जित ज्ञान दस वर्ष में दुगुना हो जाता है। ज्ञान की उपज में मार्क्स का उत्पादन सम्बन्धों का ऐतिहासिक विश्लेषण यह बताता है कि कामगार या पूंजीपति की उत्पादन सम्बन्धों के प्रति जो प्रतिक्रिया होती है वही नवीन ज्ञान पैदा करती है। जैसी उत्पादन शक्तियाँ और उत्पादन सम्बन्ध होगें, उन्हीं के अनुवर्ती इन वर्गों का ज्ञान भी होगा।

मार्क्स की इस अवधारणा का खण्डन *वेबलिन* (Veblin) ने किया है। उनका कहना है कि *व्यक्ति का ज्ञान उन वर्गों के बारे में भी होता है जिनका वह सदस्य नहीं है। वेबलिन ने एक आर्थिक थीसिस दिया: आदमी जितनी अधिक मंहगी वस्तु खरीदेगा (इस बात की चिन्ता किये बिना कि यह वस्तु कितनी उपयोगी है) उतनी ही उसकी समाज में प्रतिष्ठा बढ़ेगी।* वेबलिन का दृष्टान्त है कि कारखाने का मजदूर जब मलमल का कुर्ता पहनता है तो वह यह जानता है कि मिल की खादी की तुलना में यह कुर्ता कम चलेगा। वह यह भी जानता है कि उसके कामगार वर्ग के लोग मिल की खादी का कपड़ा पहनते हैं फिर भी यदि वह मलमल का कपड़ा लेता है तो मजदूरों में उसकी प्रतिष्ठा बढ़ जाती है। उसका यह प्रयास निम्न मध्यम वर्ग की ओर बढ़ने का प्रयास है। ज्ञान मीमांसा की इस तरह की आलोचनाएं बहुत हुई हैं, फिर भी मार्क्स का

यह योगदान कि *व्यक्ति की सामाजिक चेतना उस वर्ग से पैदा होती है जिसका वह सदस्य है, महत्वपूर्ण है।* यह भी कहा जाता है कि जैसे भारत में हम किसी व्यक्ति की जाति को पहचान कर उसके व्यवहार को समझ जाते हैं या व्यवहार को देखकर उसकी जाति पहचान जाते हैं। इस तरह *वर्ग की सदस्यता भी व्यक्ति के सम्पूर्ण व्यवहार, उसकी जीवन पद्धति और वैचारिकी को निश्चित करती है।*

वर्ग चेतना का अर्थ और उद्‌गम

(Meaning of Class Consciousness)

यद्यपि मार्क्स ने हीगेल को उसके पाँवों के बल पर खड़ा कर दिया, फिर भी यह स्वीकार करना पड़ेगा कि मार्क्स ने अपने सभी सिद्धान्तों में मुक्त हस्त से हीगेल से उधार लिया है। हीगेल ने भी *सामाजिक चेतना* (Social Consciousness) की चर्चा की है। उनका तर्क है *कि आदमी में चेतना उसकी वैचारिकी* (Ideology) *के अनुसार आती है। मार्क्स ने इसे नकारा है। उनका थीसिस है कि आदमी की चेतना उसकी भौतिक वस्तुओं यानी उत्पादन पद्धतियों और उत्पादन शक्तियों के सम्बन्धों के अनुसार होती है। दोनों में अंतर यह है कि हीगेल चेतना का आधार वैचारिकी को मानते हैं और मार्क्स चेतना का आधार उत्पादन पद्धतियों से जोड़ते हैं।*

वर्ग चेतना की विशेषताएँ

(Characteristics of Class Consciousness)

मार्क्स ने एक स्थान पर कहा है कि *सत्तारुढ़ वर्ग के जो विचार होते हैं, वे ही विचार सम्पूर्ण युग में प्रभावशाली होते हैं।* उदाहरण के लिये यदि राजस्थान में ऐसे राजा हुए जो शिव के उपासक थे, जिन्होनें जगह-जगह शिव मन्दिर बनवाये, विभिन्न प्रकार से शिव की पूजा के महोत्सव आयोजित किये, तो उनकी प्रजा के लिये भी शिव की उपासना अनुकरणीय हो गयी। मार्क्स कहते है कि जो वर्ग, और इस अर्थ में पूंजीपति सत्ता में हैं तो उनकी सम्पूर्ण वैचारिकी समाज पर छा जायेगी, प्रभावपूर्ण हो जायेगी। यहाँ हम सामाजिक चेतना की कुछ महत्वपूर्ण विशेषताओं को प्रस्तुत करेगे।

(1) *झूठी चेतना*

False Consciousness

मार्क्स कहते है कि सामान्यतया सत्तारुढ़ वर्ग की चेतना सामान्य जन की चेतना भी हो जाती है। होता यह है कि *सत्तारुढ़ दल जिस दृष्टि से समाज की वास्तविकता को देखता है, इस वास्तविकता से पैदा हुई चेतना को अपने हित के लिये अन्य वर्गों के सदस्य भी अपना लेते हैं। इस तरह की चेतना वास्तविक चेतना नहीं है, मार्क्स की व्याख्या में यह*

थोपी हुई और एक तरह से झूठी चेतना है। कालान्तर मे कामगार वर्ग यह समझने लगता है कि सत्तारुढ़ वर्ग ने वास्तविकता के प्रति जो चेतना पैदा की है वह उनके वर्ग हितों के लिये नहीं है, और फिर झूठी चेतना (False Consciousness) *का स्थान सही वर्ग चेतना* (True Class Consciousness) *को मिल जाता है।*

(2) *सर्वहारा में वर्ग चेतना का उदय राजनैतिक दलों से है*

The Emergence of proletariat class consciousness stems from political parties

मार्क्स ने सबसे पहली बार वर्ग चेतना का उदय राजनैतिक संघर्ष में देखा। उस जमाने में फ्रान्स में छोटी जोत के किसानों ने सरकार के विरोध में संगठित आन्दोलन किया। तब उन्होंने पाया कि जहाँ एक ओर किसानों में वर्ग चेतना का उदय हुआ, वही राजवंशों में भी किसानों को दबाने के लिये संगठित होने की चेतना आयी। धीर-धीरे राजनीतिक लड़ाई से उत्पन्न हुई यह चेतना अन्य लड़ाइयों के लिये भी सर्वहारा में आयी। अब बड़े-बड़े कारखानों में और उद्यमों में मजदूर संगठित होकर मालिक के विरुद्ध लड़ने लगे। मालिक और कामगारों की इस लड़ाई ने कामगारों में यह चेतना पैदा की कि उनका हित मालिक के खिलाफ लड़ने में ही है। इस भाँति अपने सामान्य हितों की पूर्ती के मजदूर वर्ग में जो चेतना आयी वही वर्ग चेतना है। यहाँ यह भी कहना चाहिये कि वर्ग चेतना की रचना की प्रक्रिया बराबर वर्ग संगठन से जुड़ी है। *सर्वहारा जितने अधिक संकठित होगें, जितनी अधिक उनमें एकता होगी उतनी ही तीव्र उनमें सामाजिक चेतना भी होगी।*

(3) *वर्ग की वस्तुगत स्थिति व्यक्तिगत चेतना को पैदा करती है*

Objective situation of a class creats subjective consciousness

मार्क्स ने अपने रचना काल के प्रारम्भ से ही सामाजिक चेतना को वस्तुगत (Objective) स्थिति के साथ जोड़ा है। वर्ग चेतना कोई ऐसी चेतना नहीं है जो रातों-रात पैदा हो जाती है। इसके आविर्भाव की भी एक लम्बी प्रक्रिया है। कामगार वस्तुगत स्थिति में अपने सम्पूर्ण जीवन को गुजारता है। वह मिल की पारियों में कभी रात तो कभी दिन खटता है। उसके लिये जीवन यापन दूभर हो जाता है। काम की दशाएं भी उसे संतोषजनक नहीं लगती। कभी यह मशीन खराब तो कभी वह मशीन वांछित उत्पादन न होने पर मालिक का बराबर दबाव। यह सम्पूर्ण स्थिति *वस्तुगत* (Objective) स्थिति है। इस स्थिति से उसकी समझ बढ़ती है, सोच विकसित होता है कि कारखाने का मालिक अपने उत्पादन की बढ़ोतरी और मुनाफे को ही देखता है और उसे (कामगार को) भेड़ियों के बीच में छोड़ दिया है। अब उसमें *व्यक्तिगत चेतना*

(Subjective Consciousness) आती है। ऐसी ही दशा में काम करने वाले उसके साथी कामगारों में भी यह व्यक्तिगत चेतना आती है। *थोड़ी अवधि गुजर जाने के बाद यह व्यक्तिगत चेतना सामूहिक चेतना* (Collective Consciousness) में बदल जाती है। इस तरह वस्तुगत चेतना, व्यक्तिगत चेतना में बदलती है। और यह व्यक्तिगत चेतना वर्ग चेतना का रुप लेती है।

(4) *अपने आप में वर्ग, वर्ग के लिये वर्ग बन जाता है*

Class-in-itself turns into class-for-itself

जब तक सामाजिक चेतना का घेरा एक निश्चित वर्ग और स्थानीयता तक ही सीमित होता है,*यह अपने आप में वर्ग* की स्थति है। लेकिन जब यह वर्ग विशेष की चेतना अन्य समान वर्गो तक पहुंच जाती है तो यह वर्ग के लिये *वर्ग की चेतना है। वास्तविकता यह है क़ि उत्पादन प्रिक्रिया में व्यक्ति का जो स्थान या दर्जा होता है– फोरमेन, कुशल– अकुशल मजदूर इसी दर्जे से उसकी वर्ग चेतना पैदा होती हैं।*

(5) *व्यक्तियों के सोच की जोड़ और औसत, सामाजिक चेतना नहीं है*

Social Consciousness is neither the sum nor the average of single individuals

यह कहना अनुचित होगा कि सामाजिक चेतना वर्ग के सभी व्यक्तियों की औसत या सम्पूर्ण चेतना है। सामाजिक वास्तविकता समाज के श्रम विभाजन में देखने को मिलती है। इस वास्तविकता को वर्ग विशेष का व्यक्ति अपने निजी दृष्टिकोण से देखता है। इस तरह के निजी दृष्टिकोण जो वर्ग के सदस्यों में होते है व्यक्तियों की औसत वर्ग चेतना को नहीं बनाते। मार्क्स ने और कालान्तर में लेनिन ने यह आग्रह पूर्वक कहा है कि सामजिक चेतना की *रचना* (formation) ऐतिहासिक होती है। जब एक अवधि तक वर्ग के सदस्य दूसरे वर्ग को अपना दुश्मन समझते हैं तो लम्बे समय में जाकर उत्पादन सम्बन्धों के बारे में एक निश्चित धारणा बन जाती है। अत: *व्यक्तियों की सामाजिक चेतना जो उनके वर्ग के बारे में है, निजी चेतना नहीं है। न ही यह सभी चेतनाओं का सामूहिक स्वरुप है। वर्ग की चेतना ही व्यक्ति की चेतना बन जाती है।*

(6) *भू-सम्पति की मिल्कियत वंशानुगत होती है, जबकि वर्ग चेतना उत्पादन प्रक्रिया से सम्बद्ध है*

Membership of estate is hereditary while class consciousness is within the production process

मार्क्स ने वर्ग चेतना और जागीर चेतना में एक बुनियादी अन्तर किया है। पिछली

शताब्दियों में जब यूरोप में सामन्तवाद था, तब रियासत के लागों में वर्ग चेतना जैसी कोई बात नहीं थी। इसके दृष्टान्त मार्क्स ने फ्रान्स में पाये। हमारे देश में भी जमींदारी और जागीरदारी थी। उस व्यवस्था में जागीरदार परम्परागत था। जागीरदार की मृत्यु के बाद उसका बड़ा लड़का जागीरदार बनता था। मतलब हुआ, जागीरदार का स्थान वंशानुगत था। इसलिये इस व्यवस्था में वर्ग चेतना का अभाव था। इधर पूंजीवादी व्यवस्था में किसी वर्ग में व्यक्ति का जो स्थान है यानी वह बुर्जुआ वर्ग का है या सर्वहारा का, वंशानुगत नहीं है। यह सामान्य बात है कि मध्यम वर्ग का व्यक्ति उच्च वर्ग का सदस्य बन सकता है और कल उच्च वर्ग का व्यक्ति धन्धे में भारी घाटा आने पर दिवालियेपन के कगार पर आ सकता है। अतः वस्तुस्थिति यह है कि व्यक्ति जिस वर्ग का सदस्य है, उस वर्ग की उत्पादन पद्धतियाँ अर्थात् वर्ग में काम करने की दशाएँ, वेतन आदि उसकी सामाजिक चेतना को बताते हैं।

वर्गवादी समाज में कामगार से लेकर पूंजीपति तक की सामजिक चेतना हर स्थति में अपने वर्ग की चेतना होती है। जिसे हम सामाजिक चेतना कहते है, वस्तुतः वह वर्ग चेतना है। जब किसी वर्ग का व्यक्ति समाज की अधिरचना साहित्य, कला, धर्म, परम्परा आदि को देखता है तो उसकी प्रतिक्रिया उत्पादन सम्बन्धों द्वारा निर्धारित होती है। आज जब टेलिविजन या संचार माध्यमों में उपभोग की वस्तुओं का विज्ञापन होता है तो इन वस्तुओं के प्रति दर्शकों कि जो प्रतिक्रिया होती है वह वर्ग जनित होती है, उदाहरण के लिये मध्यम वर्ग का व्यक्ति रंगीन टी.वी. या रसोई घर के प्रसाधनों के प्रति आकर्षक होता है जबकि मिल का कामगार इन वस्तुओं को केवल पूंजीपति वर्ग के चोंचले मानता है। वर्ग चेतना, इस तरह समाज की भौतिक और अधिरचना को अपने वर्ग के संदर्भ में ही देखता है।

वर्ग चेतना के साथ ज्ञान मीमांसा जुड़ी हुई है। व्यक्ति का जो कुछ ज्ञान है, मार्क्स का तर्क है उसकी उत्पत्ति उसके किसी वर्ग में अस्तित्व के कारण है। दिलचस्प बात यह है कि जब एक वर्ग के सदस्य का दूसरे वर्ग में परिवर्तन होता है तो उसका ज्ञान भी वर्ग जनित हो जाता है। वर्ग के विश्लेषण में ज्ञान मीमांसा की कई आलोचनाएँ हुई हैं। फिर भी ज्ञान मीमांसा के बौद्धिक क्षेत्र में कार्ल मार्क्स का स्थान अविस्मरणीय है।

अलगाव

(Alienation)

पूंजीवादी व्यवस्था में, चाहे वह दुनियाँ के किसी भी कोने में हो, कामगार की स्थिति किसी भी भवन में लगाये जाने वाले पत्थर के उन चौखटों की है जिसे कारीगर चाहे तो फर्श पर लगा दें और चाहे तो थुकदानी के स्टेण्ड पर जोड़ देवे। पत्थर की ये चौखटें

बेजान हैं, उन्हें तो घड़ा और तराशा ही इसलिये है कि कारीगर अपनी मनमर्जी से उन्हें वहीं भी लगा देवे। हिन्दी के प्रगतिशील कवि दुष्यन्त एक जगह पर कहते है कि पूंजीवादी व्यवस्था में आदमी तो केवल मात्र एक झुनझुना है जिसे बिना आदमी की चिन्ता किये कहीं भी किसी भी मौके पर बजाया जा सकता है।

जिस तरह चाहो, बजाओ इस सभा में।
हम नहीं हैं आदमी, हम झुनझुने हैं॥

इसी संदर्भ में कामगार तो एक झुनझुना है जिसे पूंजीपति को अपनी इच्छानुसार बजाना है। झुनझना अपने आप में कुछ नहीं है। पूंजीवादी व्यवस्था में कामगार एक *अजनबी* (Stranger) मात्र है। उसके पास कोई *शक्ति नहीं* (Powerless) है।

मार्क्स ने *केपिटल* की पहली जिल्द में *अलगाववादी श्रमिकों* (Alienated Labour) की चर्चा विस्तार से की है। *इरविंग जैटलिन* (Irving M. Zeitlin) जैसे सिद्धान्त वेताओं का तो कहना है कि मार्क्स ने *केपिटल पुस्तक का शीर्षक अलगाव भी रखा होता तो अनुचित नहीं था। यह इसलिये कि केपिटल* में मार्क्स ने यह विस्तारपूर्वक बताया है कि पूंजीवादी व्यवस्था बराबर विकसित होती है और इसका कारण बढ़ती हुई उत्पादन शाक्तियाँ और बुनियादी उत्पादन सम्बन्ध है। इस संदर्भ में केपिटल में मार्क्स ने यह स्थापित किया है कि पूंजीवाद के विकास के साथ जीवन की दशाओं में बहुत तैजी से परिवर्तन आया है। ज्यों-ज्यो पूंजीवाद के पंख फैले हैं त्यों-त्यों कारखानों और मिलों मे काम करने वाले श्रमिकों में अलगाव आया है। मिलों के धुएं के गुबार के नीचे कामगार बराबर सोचता है, इस सम्पूर्ण व्यवस्था में मैं तो बराबर घूमने वाला दाँता (cog) हूँ जिसका होना न होना बराबर है। मैं तो एक मात्र चना हूँ जो भाड़ नहीं फोड़ सकता। कामगार की इस विवशता को मार्क्स ने श्रमिकों के अलगाव के अनतर्गत रखा है। अलगाव की समस्या इस भाँति वर्ग व्यवस्था से जुड़ी हुई है और इसीलिये हम इसका विवेचन वर्ग के अन्तर्गत करते हैं।

अलगाव का अर्थ
(Meaning of Alienation)

अंग्रेजी में अलगाव के लिये *एलिनिएशन* (Alienation) पद काम में लिया जाता है। इसका प्रयोग केवल मार्क्सवादी ही करते हों, ऐसा नहीं है। गैर-मार्क्सवादी भी पर्याप्त रुप में इस पद को काम में लाते हैं। 20वीं शताब्दी के मध्य में इस पद का प्रयोग दर्शनशास्त्र के शब्द कोष मे हुआ था। इससे पहले यद्यपि दर्शनशास्त्र और उसके बाहर भी इसको प्रयोग में लाया जाता था। एक अवधारणा के रूप मे यह पहली बार शब्द कोष में इस शताब्दी के मध्य में आया। गैर-दर्शन शास्त्रीय प्रयोग में जब इसको काम

में लिया जाता था तो इसका मतलब अपने पुराने दोस्तों और सहयोगियों से सम्बन्ध विच्छेद करने से था। अर्थ और कानून में जब सम्पति एक हाथ से दूसरे हाथ को हस्तानान्तरित की जाती थी तब अलगाव का प्रयोग होता था। उदाहरण के लिये वस्तुओं को खरीदना बेचना वस्तु की चोरी करना, किसी को भेंट देना ये बस अलगाव के अर्थ के अन्तर्गत आते थे। मार्क्स पहले व्यक्ति थे जिन्होंने इस अवधारणा को दर्शन का दर्जा दिया। ईसाई धर्म में इस पद की उत्पति पापों से मुक्ति के अर्थ से है। कुछ विचारकों का कहना है कि अलगाव पद की पहली अभिव्यक्ति पश्चिमी विचारधारा में *ओल्ड टेस्टामेन्ट* (Old Testament) में देखने मिलती है।

दार्शनिकों ने अलगाव के प्रयोग की उत्पति यूनानी प्लेटों के विचारों में भी खोजी है। रुसों ने भी इसका प्रयोग किया था। हीगेल के बाद मार्क्स ने पहली बार व्यवस्थित रुप से इस पद को वैज्ञानिक स्तर पर रखने का प्रयास किया। हीगेल के बाद *फारबेच* (Feuerbach) ने इस अवधारणा को काम में लिया है। इन्होंने धर्म से विमुख होने वालों के लिये इस पद का प्रयोग किया है।

अलगाव की अवधारणा में बराबर विवधता रही है। इस विविधता के होते हुए भी, किसी भी अंतिम विश्लेषण में, *अलगाव वह अवस्था है जिसमें व्यक्ति स्वंय से ही विमुख हो जाता है। मनुष्य का जो सार* (Essance) *या उसकी प्रकृति* (Nature) है उससे जब वह अलग हो जाता है, तो यह अलगाव की अवस्था है। दूसरे शब्दों मे जब व्यक्ति *स्वंय अलगाव* (self alienation) की अवस्था में होता है तब वह निम्न प्रकार की गतिविधि करता है। यह गतिविधि ही उसका अलगाव है:

(1) ऐसे व्यक्ति अपनी मानवीय प्रकृति से दूर हो जाते हैं।

(2) ये व्यक्ति अपने स्वंय से, अपनी कार्य प्रणाली से अपनी जीवन की गतिविधि से, दूर हो जाते हैं। जीवित रहते हुए भी ये व्यक्ति अपने सामाजिक आर्थिक जीवन से बेखबर रहते हैं।

(3) यह बेखबरी इस हद तक पहुंच जाती है कि वे अपनी शरीर से भी अपने आप को जोड़ते नहीं एक तरह से उनका सम्पूर्ण मानस ही सुन्न हो जाता है।

(4) अलगाव ऐसी विनाशकारी स्थिति है जिसमें एक व्यक्ति दूसरे व्यक्ति और व्यक्तियों से एकदम दूर हो जाता है, उसके इर्द-गिर्द क्या होता है, उसे पता नहीं। उसके स्वयं के शरीर का जोड़-जोड़ और अंग-अंग टूटने लगता है, तब भी वह इससे सरोकार रहीं रखता। पूंजीवादी व्यवस्था में, कामगार कभी भी अपने आप को उत्पादन और उससे होने वाले लाभ के साथ जोड़ता नहीं है। लाभ और उत्पादन से उसका कोई मतलब नहीं है। उसे तो केवल अपनी दिहाड़ी ही या

वेतन ही मिलना है।

(5) अलगाव व्यक्ति का अमानवीकरण (De-humanisation) है। अलगाव के कई स्वरुपों में मूल स्वरुप की व्याख्या मार्क्स ने की है। मार्क्स के अनुसार *अलगाव वह अवस्था है जिसमें कामगार उसके स्वंय के श्रम से उपार्जित वस्तुओं से अपने आप को अलग रखता है। वह अपने आप को गुलाम समझता है, शक्तिहीन मानता है और स्वंय से बेखबर होकर उत्पादन प्रक्रिया में जुटा रहता है।*

मार्क्स की अवधारणा के अनुसार अलगाव का विकास कई अवस्थाओं में होता है। पहली अवस्था तो तब होती है जब वह सामान्य रुप में कारखाने के उत्पादन में अपना सहयोग देता है। इस अवस्था में अलगाव की भावना नहीं है। धीरे-धीरे उसे लगता है कि मालिक का मुनाफा तो बराबर बढ़ता जाता है, और स्वयं उसकी स्थिति दिनों-दिन खस्ता होती जाती है। उसके जीवित रहने की दशा बदतर हो जाती है। इस अवस्था में आकर उसमें स्वयं के लिये, स्वयं से अलगाव हो जाता है। यह अलगाव *आत्म अलगाव* (Self Alienation) है। तीसरी अवस्था तब आती है जब उसके जैसे कई कामगार स्वयं का अलगाव महसूस करने लगते है। *अब कामगार का अलगाव एक व्यक्ति का अलगाव नहीं रहता, स्वयं कामगारों का अलगाव बन जाता है।* एक चौथी स्थिति भी आती है जब समस्त मजदूरों में श्रम से अलगाव की भावना तीव्रतर हो जाती है। इस अवस्था में एक क्रान्तिकारी परिवर्तन की अपील होती है। कामगार संगठित होते हैं और एक ऐसा वातावरण बनता है जब यह निश्चित होने लगता है कि पूंजीवाद के उन्मूलन के लिये क्रान्ति ही एक मात्र विकल्प है। इस अवस्था में आकर व्यक्ति में एक नयी शक्ति आ जाती है अब वह शक्तिहीन नहीं है क्योंकि उसमें पूंजीवाद को नष्ट करने की ताकत है। अब अलगाव उस सीमा तक पहुंच जाता है जिसे मार्क्स अ-अलगाव (De-alienation) की अवस्था कहते हैं। अलगाव की सम्पूर्ण अवधारणा को इसकी विभिन्न अवस्थाओं में देखा जाना चाहिये।

अलगाववादी अवधारणा पर विवाद

यद्यपि मार्क्स ने अलगाववादी अवधारणा को हीगेल और पूर्ववर्ती विचारकों से लिया था, इसकी लोकप्रियता द्वितीय विश्व युद्ध के बाद दर्शनशास्त्र तथा समाजविज्ञानों में बढ़ गयी। दार्शनिकों के अतिरिक्त इस अवधारणा पर मार्क्सवादियों, मनोवैज्ञानिकों, समाजशास्त्रियों आदि ने भी लिखा है। वास्तव में इस शताब्दी के छठे दशक में जाकर अलगाववाद पर एक खासा साहित्य तैयार हो गया। इस युग में यह भी हुआ कि यह अवधारणा विवाद के घेरे में भी आ गयी। स्वयं मार्क्सवादियों में अलगाव के अर्थ पर विभेद हो गया और गैर मार्क्सवादी भी इस विभाजन से छूट नहीं पाये।

मार्क्सवादियों में *लुकास* (Luckas), *ब्लाँच* (Bloch) *ई. फ्रोम* (E.Fromm) आदि अग्रणी लेखक हैं। लुकास अलगाव की अवधारणा को हीगेल और मार्क्स की परम्परा में रखते हैं। फ्रोम का कहना है कि मार्क्स के अलगाव का समाजशास्त्र, मनोवैज्ञानिक और दर्शनशास्त्र की दृष्टि से विवेचना होना चाहिये। इधर संरचनावादी मार्क्सवादियों (Structuralist-Marxist) में जिनमें अल्थुजर (Althusser) मुख्य है तर्क देते हैं कि *अलगाव का कारण व्यक्तिगत सम्पति, वर्ग प्रभुत्व, शोषण और श्रम विभाजन है।* कुछ ऐसे मार्क्सवादी लेखक भी हैं जो आत्म अलगाव (Self alienation) की अवधारणा को स्वीकार नहीं करते। उनका कहना है कि *आत्म अलगाव में ऐतिहासिकता नहीं है और इसलिये यह अवधारणा अ-ऐतिहासिक बन जाती है।*

अलगाव की अवधारणा की बहस में गैर मार्क्सवादी भी हैं। इस सिलसिले में हैडेगर (Heidegger) और सार्त्रे (Sartre) का योगदान महत्वपूर्ण है। सार्त्रे वस्तुतः अस्तित्ववादी (Existentialist) हैं। वे अलगाव को अस्तित्ववादी संदर्भ में देखते हैं और इसी संदर्भ में इसकी व्याख्या करते हैं। अस्तित्ववादी परम्परा में टीलिच (P. Tillich) ने भी मार्क्स के अलगाव की व्याख्या की है।

अलगाव की अवधारणा विद्वानों की कई पीढ़ियों से गुजरी है। मार्क्सवादी यह तो स्वीकार करते हैं कि *वर्ग और श्रम शक्ति का विश्लेषण अलगाव की अवधारणा के बिना नहीं किया जा सकता, लेकिन वे इसके ऐतिहासिक और वैयक्तिक पहलुओं पर विवाद करतें हैं। अलगाव पर जो भी साहित्य उपलब्ध है, चाहे वह मार्क्सवादियों गैर-मार्क्सवादियों और समाज वैज्ञानिकों का हो, उस में कुछ विशेषताएं बहुत स्पष्ट हैं, इनका हम यहाॅ उल्लेख करेगें।*

अलगाव की विशेषताएं
(Characteristics of Alienation)

(1) *कामगार का अ-मानवीकरण*

पूंजीवादी समाज व्यवस्था में उत्पादन प्रक्रिया इतनी जटिल हो जाती है कि इसमें कामगार का अमानवीकरण (De-humanisation) हो जाता है। उत्पादन वस्तु के साथ व्यक्ति की भावनाओं और संवेगों का कोई जुड़ाव नहीं होता। जब परिवार में माँ अपने बच्चों के पहनने के लिये गरम स्वेटर बनाती है तो हर सुई में, ऊन के हर रंग में उसका प्रेम और स्नेह जुड़ा रहता है। पहनने वाला भी इस स्वेटर के माध्यम से अपने आपको स्वेटर बनाने वाले के साथ तादात्म्य कर लेता है। यही स्त्री जब कारखाने में

करघे पर काम करती है तो यह एक भौतिक श्रम मात्र है और उत्पादन के साथ न तो उसके संवेग जुड़े होते है और न कोई भावनाएं। यह सम्पूर्ण प्रक्रिया कामगार के लिये तो यांत्रिक (Mechanical) मात्र है। अतः अलगाव की स्थिति में व्यक्ति में अमानवीयता आ जाती है।

(2) *वैयक्तिक विघटन*

कुछ गैर-मार्क्सवादियों ने अलगाव की स्थिति को ऐनोमिक (Anomic) कहा है। यह वह स्थिति है जिसमें कामगार न तो अपने समूह और समाज के नियम-उपनियमों को स्वीकार करता है और न ही वह अपनी व्यवस्था के लक्षणों की प्राप्ति के प्रति जागरुक होता है। ऐनोमिक की अवधारणा को दुर्खीम (Durkheim) ने रखा था। बाद में इसे रॉबर्ट मर्टन (Robert Merton) ने पूरी तरह से विकसित किया। यदि हम अवधारणात्मक संदर्भ से देखें तो इन विचारकों के अनुसार अलगाव एक प्रकार से वैयक्तिक विघटन (Personal disorganization) है।

(3) *समाज के साथ अनुकूलन का अभाव*

कुछ लेखकों के अनुसार अलगाव सर्वहारा वर्ग की वह स्थिति है जिसमें कामगार अपने आप को अपने समूह के साथ अनुकूलन नहीं कर सकता, वह तो ऐसी अवस्था में पहुँच जाता है जब उस पर समाज का कोई अंकुश ही नहीं रहता। वह तो अपने काम को किसी यन्त्र की तरह करता रहता है– न तो प्रतिबद्धता और न संवेग।

(4) *स्वयं और दुनियाँ से पृथक्करण*

जोसेफसन और जोसेफसन (Josephson and Josephson) का कहना है कि अलगाव में मस्तिष्क की ऐसी दशा हो जाती है कि व्यक्ति अपने आप को, स्वयं से, अपने इर्द-गिर्द के लोगों से और एक तरह से सारे संसार से पृथक कर लेता है। इन लेखकों के अनुसार अलगाव एक व्यक्तिगत समस्या है।

(5) *वस्तुगत जीवन पद्धति*

अलगाव की व्याख्या में यह भी कहा जाता है कि यह व्यक्ति की केवल भावना और अनुभूति ही नहीं है जो उसे पूरी तरह तोड़ देती है। यह तो एक वस्तुगत तथ्य (Objective fact) है– जीवनयापन की एक पद्धति है जो उसे पूरी तरह न केवल कारखाने वरन् समाज से विमुख कर देती है।

(6) *अलगाव एक दार्शनिक और समाजशास्त्रीय कोटि है*

दर्शनशास्त्र के सोवियत शब्द कोष में ओर्गुसोव (A.P. Ogurtsov) ने अलगाव की

व्याख्या करते हुए कहा है कि *यह वह कोटि है जिसमें आदमी की गतिविधियों का वस्तुगत परिवर्तन होता है जिसके परिणाम स्वरुप आदमी के सभी क्रियाकलाप केवल गौण हो जाते हैं और उत्पादन की प्रक्रिया उस पर हावी हो जाती है।*

जब हम अलगाव की प्रक्रिया को उसके लम्बे ऐतिहासिक दौर में देखते हैं तो स्पष्ट हो जाता है कि यह केवल अपने स्वरुप में आर्थिक और भौतिक ही नहीं है, दार्शनिक और ऐतिहासिक भी है। यहाँ यह भी कहना चाहिये कि मार्क्स ने इस अवधारणा को दो संदर्भों में देखा है: (1) ऐतिहासिक और (2) उत्पादन प्रक्रिया की भूमिका में। यह सत्य है कि प्रारम्भ में इस अवधारणा का मूल हीगेल का दर्शनवाद था। जब मार्क्स ने केपिटल में इसे पहली बार रखा तो इसकी व्याख्या उत्पादन प्रक्रिया और ऐतिहासिक संदर्भ में की। यह बात दूसरी है कि गैर-मार्क्सवादी लेखक इस प्रक्रिया का विश्लेषण मनोवैज्ञानिक और दार्शनिक स्तर पर भी करते है।

अलगाव के स्वरुप
(Forms of Alienation)

अलगाव के सिद्वान्त को विकसित करने में मार्क्स के अतिरिक्त कई अन्य दर्शनशास्त्रियों और समाजशास्त्रियों का भी योगदान है। इन लेखकों ने अपने-अपने संदर्भ में अलगाव के विभिन्न स्वरुप प्रस्तुत किये हैं। यहाँ हम कुछ प्रमुख स्वरूपों का उल्लेख करेगें–

(1) *एडम स्वाफ के अनुसार अलगाव का वर्गीकरण*

एडम स्वाफ ने अलगाव को एक सामाजिक प्रघटना के रुप में लिया है। उनके अनुसार अलगाव के दो प्रकार हैं: (1) वस्तुगत या सामान्य अलगाव, और (2) व्यक्तिगत या आत्म अलगाव।

(2) *रिचार्ड स्वाट के अनुसार अलगाव का वर्गीकरण*

ई. 1970 में इन्होंने अपनी पुस्तक अलगाव में इसके प्रकारों का उल्लेख किया है:

(अ) आदमी का प्रकृति से अलगाव

(ब) आदमी का अपने इष्ट मित्रों से अलगाव

(स) आदमी का अपने काम तथा स्वयं मस्तिष्क से अलगाव, तथा

(द) आदमी का स्वंय से अलगाव।

(3) *एम. सीमन के अनुसार अलगाव का वर्गीकरण*

इन्होंने अलगाव की स्थिति को पाँच कोटियों में रखा है:

(अ) शक्तिहीनता

(ब) अर्थहीनता

(स) सामाजिक पृथक्करण

(द) नियमहीनता

(य) आत्म उदासीनता

अलगाव का उपर्युक्त वर्गीकरण किसी भी अर्थ में सम्पूर्ण वर्गीकरण नहीं है। ऐसा वर्गीकरण कुछ अर्थों में सही भी है और कुछ में गलत। यह सब होते हुए भी वर्गीकरण का बहुत बड़ा लाभ यह है कि इससे हमें अलगाव की विशेषताओं का पर्याप्त ज्ञान हो जाता है।

मार्क्स की अलगाव की अवधारणा की आलोचना कई मुद्दों पर हुई है, उदाहरण के लिये आत्म अलगाव की अवधारणा को स्वयं मार्क्सवादियों ने कई तरह से बुरा-भला कहा है। इसके आलोचकों का कहना है कि इस तरह की अवधारणा ऐतिहासिक शक्ति की अवेहलना करती है। सच्चाई तो यह है कि अलगाव में व्यक्ति ऐतिहासिक संभावनाओं को नकार देता है और इस तर्क पर आत्म अलगाव सही नहीं उतरता। यह भी कहा जाता है कि यदि अलगाव को मस्तिष्क की एक दशा कहा जाय तो यह मार्क्स के साथ अन्याय होगा। ऐसी व्याख्या मनोवैज्ञानिक है और उत्पादन प्रक्रिया को नकार देती है। इसी तरह जब अलगाव को ऐनोमी (anomie) और व्यक्तिगत विघटन के रुप में देखा जाता है तब भी यह अवधारणा केवल समाजशास्त्रीय रह जाती है। *मार्क्स ने तो अलगाव को उत्पादन प्रक्रिया और शोषण तथा अतिरिक्त मूल्य के संदर्भ में रखा है और इसलिये इसे इसी अर्थ में समझना चाहिये।*

इरविंग जेटलिन जब श्रम शक्ति के अलगाव की चर्चा करते है तो इसके उपसंहार में उनका बयान है कि पूंजीवादी व्यवस्था में कामगार का अंतिम उद्देश्य अपने आप को तकनीकी दबाव से मुक्त करना है। इस व्यवस्था में हुआ यह है कि *आदमी तेजी के साथ उत्पादन प्रक्रिया पर नियंत्रण अधिकार खो रहा है। इस अवस्था में हो यह रहा है कि वह अपनी सृजनात्मक मानवीय कुशलता को खोकर उत्पादन संगठन को मजबूर कर रहा है। इसी कारण मार्क्स इस अवस्था के अमानवीयकरण की प्रक्रिया मानता है।*

अतिरिक्त मूल्य तथा अतिरिक्त श्रम
(Surplus Value and Surplus Labour)

इस अध्याय में हम वर्ग संरचना और वर्ग संघर्ष की व्याख्या कर रहे हैं। अतः जब पूंजीवादी समाज में वर्ग के निर्माण को ऐतिहासिक और उत्पादन सम्बन्धों के संदर्भ में देखते है तो अतिरिक्त मूल्य और श्रम का विश्लेषण करना आवश्यक हो जाता है। *अतिरिक्त मूल्य शोषण का एक निश्चित तरीका है। यह तरीका पूंजीवाद में देखने को मिलता है। पूंजीवाद में जिसे अतिरिक्त मूल्य कहते हैं, वह मुनाफे का एक स्वरुप है। इस मुनाफ का कारण यह है कि कामगार जिस किसी वस्तु का उत्पादन करता है उसे उसके दिहाड़ी से अधिक मूल्य में बेच दिया जाता है। यह मुनाफा ही कामगार का शोषण है*। इस तरह लाभ (Profit) और दिहाड़ी (Wage) अतिरिक्त मूल्य और श्रम के दो निश्चित स्वरूप हैं और पूंजी का जब नियोजन किया जाता है, तब ये दोनों स्वरुप देखने को मिलते हैं। लेकिन लाभ और दिहाड़ी दोनों ही मुद्रा (Money) हैं और इसलिए यह श्रम का वस्तुगत स्वरूप है। ऐतिहासिक रुप से देखें तो मुद्रा का यह स्वरुप उत्पादन सम्बन्धों से जुड़ा हुआ है और इसी कारण अतिरिक्त मूल्य की अवधारणा निर्णायक अवधारणा है।

पूंजीवादी उत्पादन वास्तव में पण्य वस्तु के उत्पादन का एक सामान्य प्रकार है। दुनियाँ में जहाँ भी पूंजीवाद है, उत्पादन इसी प्रकार होता है। उत्पादित वस्तुओं को जब बेचा जाता है तो उसका मूल्य होता है। जब मूल्य को निश्चित करते है तो इसके उत्पादन के लागत को देखते हैं। उत्पादित वस्तु पूंजीपति की है और पूंजीपति वस्तु के उत्पादन की लागत जिसमें उसकी पूंजी भी नियोजित है, को ध्यान में रखकर मूल्य निर्धारित करता है। *लागत और मूल्य के बीच का अन्तर अतिरिक्त मूल्य है*। अगर अतिरिक्त मूल्य को बहुत ही सामान्य दृष्टान्त से समझाएँ तो कहना होगा कि एक पुस्तक का बाजार में मूल्य सवा सौ रुपया है। इस पुस्तक को तैयार करने में अर्थात् मशीन की टूट-फूट, कागज, दिहाड़ी आदि में सौ रुपया खर्च हुआ है। अतः पुस्तक का लागत मूल्य सौ रुपया है जबकि बिक्री मूल्य सवा सौ है। लागत और बिक्री मूल्य का अन्तर पच्चीस रुपया है यह धन ही मार्क्सवादी विश्लेषण के अनुसार अतिरिक्त मूल्य है।

यह नहीं है कि मार्क्स ने ही अतिरिक्त मूल्य की चर्चा की हो। क्लासिकल अर्थशास्त्रियों ने भी अतिरिक्त मूल्य का विश्लेषण किया है।लेकिन मार्क्स की अतिरिक्त मूल्य की अवधारणा क्लासिकल अर्थशास्त्रियों से भिन्न है। उदाहरण के लिये हम रिकार्डो (Recardo) का दृष्टान्त दें। रिकाड़ों का कहना है कि *अतिरिक्त*

मूल्य का कारण कामगार की दिहाड़ी और पूंजीपति के वेतन से जुड़ा है। बाजार में कामगारों को बाध्य किया जाता है कि वे उनके श्रम का जो वास्तविक मूल्य है उससे कम में बेच देवें। यह विनिमय गैर-बराबरी का विनिमय है। इस विनिमय को रिकार्डो बेजा विनिमय (Unfair Exchange) कहते हैं।

मार्क्स की अतिरिक्त मूल्य की व्याख्या दूसरी है। उन्होंने बताया कि विनिमय में कुछ भी बेजा या ज्यादती नहीं है। श्रम शक्ति को तो उसके मूल्य के बराबर ही बेचा जा सकता है। अतिरिक्त मूल्य तो उत्पादन व्यवस्था से पैदा होता है। इस तरह मार्क्स कहते हैं कि पिछली सभी उत्पादन पद्धतियों में पूंजीवादी शोषण बेजा विनिमय न होकर उत्पादन प्रक्रिया में पैदा है। *इसलिये विनिमय की उचित दरों का निर्धारण शोषण का अन्त नहीं है*। वास्तव में शोषक और शोषित की स्थिति वर्ग समाज की स्थिति है। इसका आधार यह है कि उत्पादन के साधन किसकी मिल्कियत है।

मार्क्स ने पूंजीवादी उत्पादन पद्धति का सैद्धान्तिक विश्लेषण किया है। इतिहास बताता है कि पूंजीपति बराबर इस तथ्य पर जोर देता है कि उसकी लागत पूंजी में वृद्वि होवें, इजाफा होवें। दूसरी ओर कामगार इसके लिये बराबर संघर्ष करता है कि अतिरिक्त मूल्य में उसकी बराबर भागीदार हो।

मार्क्स का वर्ग की रचना का विश्लेषण; यह है कि ऐतिहासिक स्तर पर पूंजीवादी उत्पादन में पूंजीवादी व्यवस्था बराबर सुदृढ़ हुई है। दूसरी तरफ कामगारों और मजदूरों में पूंजीपतियों के विरोध में प्रतिरोध बढ़ा है। वर्ग तो वैसे कई हैं, मार्क्स ने फ्रान्स में ही कई वर्गों की पहचान की है। वे यह भी कहते है कि सर्वहारा और बुर्जुआ के बीच में मध्यम वर्ग भी है। लेकिन जब वर्गों का ध्रुवीकरण होता है-- ज़ब बुर्जुआ और सर्वहारा संघर्ष के लिये एक-दूसरे के आमने-सामने रुबरु हो जाते है, क्रान्ति का बिगुल बज जाता है तब मध्यम वर्ग तटस्थ नहीं रह सकता। बहुत करके उसे पूंजीपति वर्ग के साथ मिलना है। बुर्जुआ और सर्वहारा का यह प्रतिरोध *शोषण पर आधारित है और शोषण की संरचनात्मक नींव अतिरिक्त मूल्य पर निर्भर है*।

वर्ग संरचना को उत्पादन पद्धति के साथ जोड़ना पड़ेगा। इस उत्पादन पद्धति में भी ऐतिहासिक शक्तियों का प्रभाव है। मार्क्स उत्पादन सम्बन्धों और शक्तियों के ऐतिहासिक प्रमाणों पर यह तर्क देते है कि वर्ग संघर्ष प्रतिरोध पर निर्भर है। प्रतिरोध की यह भावना वर्ग चेतना और अतिरिक्त मूल्य द्वारा निर्धारित होती है। अगले पृष्ठों में हम वर्ग संघर्ष की व्याख्या करेगें।

वर्ग संघर्ष
(Class Conflict)

वर्गों की उत्पति के साथ ही वर्ग संघर्ष भी शुरु हो गया। इतिहास दिखलाता है कि सभी बैर भाव पूर्ण समाजों में वर्ग संघर्ष हुए हैं। मार्क्स और एंजिल्स ने *कम्युनिस्ट मेनीफेस्टो* में लिखा है:

> अब तक आविर्भूत सभी बैर-भाव पूर्ण समाजों का इतिहास वर्ग संघर्ष का इतिहास रहा है। स्वतन्त्र मनुष्य और दास, पेट्रीशियन और प्लेवियन, सामन्त और भू-दास, शिल्प संघ का उस्ताद और कारीगर और मजदूर तथा कारीगर– संक्षेप में, शोषक और शोषित बराबर एक दूसरे का विरोध करते आये हैं। कभी छिपकर और कभी प्रकट रुप से लगातार एक दूसरे से लड़ते रहे हैं, इस लड़ाई का अन्त हर बार या तो पूरे समाज के क्रान्तिकारी पुनर्गठन में या संघर्षरत दोनों ही वर्गों की बर्बादी में हुआ है।

तात्विक रूप से वर्ग संघर्ष का स्रोत वर्ग हितों का प्रतिरोध है। जो एक वर्ग का हेतु है वह दूसरे वर्ग का प्रतिरोध है। पूंजीवादी समाज में मजदूर और पूंजीपति के हित एक दूसरे के विपरीत होते हैं। *एक वर्ग के रूप में बुर्जुआ वर्ग शोषण बढ़ाने पूंजीवादी प्रणाली को बनाये रखने और अपने आर्थिक तथा राजनैतिक प्रभुत्व सुदृढ़ करने में दिलचस्पी रखता है। दूसरी ओर मजदूर वर्ग पूंजीवादी व्यवस्था में अपनी वस्तुगत स्थिति के कारण शोषण का उन्मूलन करने, निजी स्वामित्व और उस पर आधारित सामाजिक उत्पीड़न का खात्मा करने तथा शोषक राज्य को नष्ट करने में दिलचस्पी रखता है।*

मार्क्स और एंजिल्स ने सिद्ध किया कि वर्ग संघर्ष बैर भावपूर्ण संरचनाओं में सामाजिक विकास की प्रेरक शक्ति है। सामाजिक विकास की एक निश्चित अवस्था में वर्ग संघर्ष अनिवार्य रूप से सामाजिक क्रान्ति की ओर ले जाता है। *वर्ग संघर्ष की चरम अभिव्यक्ति स्वंय क्रान्ति है। जब क्रान्तिकारी वर्ग राजनीतिक सत्ता अपने हाथों में ले लेता है तब उसका प्रयास सामाजिक सम्बन्धों में आमूलचूल परिवर्तन लाने के लिए होता है। क्रान्तिकारी वर्ग के लिये संघर्ष ही एक मात्र वह साधन है जिसकी सहायता से सामाजिक विकास के तात्कालिक कार्य पूरे किये जाते हैं।*

पूंजीवाद समाज गहनतम सामाजिक गैर-बराबरी और प्रतिरोध का समाज है। पूंजीवादी के विकास के साथ समाज में बुर्जुआ और सर्वहारा वर्गों में अधिकाधिक ध्रुवीकरण होता है। पूर्ववर्ती संरचनाओं में वर्ग संघर्ष की तुलना में सर्वहारा वर्ग का संघर्ष अधिक संगठित और विकसित हो जाता है।

ऐतिहासिक रुप से वर्ग संघर्ष का पहला रूप सर्वहारा वर्ग के आर्थिक हितों की रक्षा करना है। सामान्य रुप से सर्वहारा के आर्थिक हित दिहाड़ी में वृद्धि, काम की अनुकूल दशाएँ, छँटनी, बेरोजगारी के विरुद्ध संघर्ष आदि में निहित है। इसी संघर्ष के दौरान श्रमिक संगठन (Trade union) पैदा होता है। आर्थिक संघर्ष अपना अनिवार्य महत्व रखता है। उसके सकारात्मक परिणाम असंदिग्ध होते हैं। फिर भी, वह मूल प्रश्नों को नहीं हल कर सकता। वह मजदूर वर्ग को एक समष्टि में संगठत नहीं करता। इस संघर्ष के दौरान न तो राजनीतिक दल बनते हैं, न ही वर्ग चेतना में तेजी आती है।

वर्ग संघर्ष राजनैतिक संघर्ष को भी बढ़ावा देता है। मजदूर वर्ग अपने राजनैतिक हितों की रक्षा के लिये, राजनैतिक सत्ता में हिस्सा लेने और अन्ततः सत्ता के लिये राजनैतिक सम्बन्धों की प्रणाली में मजदूर वर्ग के प्रभुत्व की स्थापना करने के लिये संघर्ष करता है। समाजवादी भावना के प्रति चेतना लाने के लिये राजनैतिक संघर्ष वास्तव में एक विचारधारात्मक संघर्ष है।

आधुनिक युग में वर्ग संघर्ष कुछ ऐसी विशिष्टताएँ लिये हुए है जो इस युग की विशेषताओं से जुड़ी हुई है। प्रयत्न यह किया जा रहा है कि क्या पूंजीवाद के विस्तार के साथ वर्ग संघर्ष में कोई तीव्रता आयी है? मार्क्स ने अपनी विचारधारा में यह भी कहा था कि वर्ग संघर्ष के दौरान यह संभव है कि सर्वहारा वर्ग कुछ देशों में कुलीन वर्ग का स्थान भी ले ले। हाल में सोवियत रुस में जो विघटन आया है उसके कारणों में जैसा कि *डिजिलास* का कहना है, सर्वहारा वर्ग का कुलीन वर्ग बन जाना भी है।

अध्याय 8

कार्ल मार्क्स: सामाजिक परिवर्तन (क्रान्ति) का सिद्धान्त

Karl Marx: Theory of Social Change (Revolution)

आदमी का अ-मानवीय शोषण और दमन के खिलाफ विद्रोह करना ही क्रान्ति है। मार्क्स के सिद्धान्तों का केन्द्रीय बिन्दु *मानव* है। यह मानव कभी दासता की बेड़ियों में जकड़ा था, कभी सामन्तवादी व्यवस्था में प्रजा रूप में था और आज पूंजीवादी समाज में मजदूर है। मनुष्य का अन्तिम लक्ष्य उसकी स्वतन्त्रता है और यह स्वतन्त्रता जो बुनियादी है जब तक उसे नहीं मिल सकती जब तक उस पर अंकुश रखने वाला राज्य नेस्तनाबूद नहीं होता, शोषण करने वाला पूंजीवादी वर्ग नहीं रहता। यह सब परिवर्तन तभी संभव है जब समाज में क्रान्ति आये। *क्रान्ति ऐतिहासिक रूप से अपरिहार्य है, उसे टाला जा सकता है, उसकी तिथि में फेर बदली किया जा सकता है, लेकिन उसे रद्द नहीं किया जा सकता। अतः क्रान्ति कोई राजनैतिक दुर्घटना नहीं है, यह तो एक ऐतिहासिक आवश्यकता की अभिव्यक्ति मात्र है।* क्रान्ति के कुछ निश्चित उद्देश्य होते हैं, कार्य होते हैं। क्रान्ति कोई चलते फिरते अनायास रूप से नहीं हो पाती। *यह तभी होती है जब इसके होने के लिये कुछ निश्चित स्थितियाँ उत्पन्न होकर चरम सीमा तक पहुंच जाती हैं।*

मार्क्स का क्रान्ति के सम्बन्ध में एक निश्चित मुहावरा था: *कोई भी सामाजिक व्यवस्था चाहे कितनी ही सड़ी-गली क्यों न हो, तब तक मटियामेट नहीं होती जब तक समाज में निहित सभी उत्पादन शक्तियाँ अपनी पराकाष्ठा तक विकसित नहीं हो*

जाती। इससे आगे नये उत्पादन सम्बन्ध तब तक पैदा नहीं होते जब तक उत्पादन की भौतिक स्थितियाँ नहीं बदलतीं। उदाहरण के लिये उत्पादन के पूंजीवादी सम्बन्ध सबसे पहले सामन्तवादी समाज की कोख से विकसित हुए हैं। फ्रान्स की राज्य क्रान्ति (1789 ई.) तब हुई जब उत्पादन के नये पूंजीवादी सम्बन्ध एक परिपक्व अवस्था में नहीं पहुंचे। पूंजीवादी समाज में यह आवश्यक है कि इसी की कोख में उत्पादन शक्तियाँ पूरी तरह से विकसित हो: परिपक्व होनी चाहिये। सच्चाई यह है कि *वर्ग समाज में क्रान्ति तभी आयेगी जब इसमें उत्पादन शक्तियाँ पूरी तरह विकसित हो जायेगी*। मार्क्स के क्रान्ति के सिद्धान्त का बुनियादी सूत्र यह है कि भविष्य में विकसित होने वाली उत्पादन शक्तियाँ और उत्पादन सम्बन्ध किसी भी क्रान्ति के पहले वर्ग समाज में विकसित होने चाहिए।

मार्क्स जब कभी क्रान्ति की चर्चा करते हैं तो वस्तुतः उनका उद्देश्य समाज के आमूलचूल परिवर्तन से होता है। आमूलचूल परिवर्तन इसलिये कि एक सामाजिक व्यवस्था एकाएक बदल कर दूसरी सामाजिक व्यवस्था को जन्म देती है। यह सामाजिक परिवर्तन त्वरित गति से होता है। इसलिये इसे क्रान्ति कहते हैं। परिवर्तन की एक प्रक्रिया तो *उद्विकास* (Evolution) है। यह प्रक्रिया अपनी गति से कभी बहुत स्पष्ट और कभी अस्पष्ट रूप से चलती रहती है। इस प्रक्रिया के परिणामस्वरूप जो सामाजिक परिवर्तन आता है उसका सही ज्ञान हमें एक लम्बी अवधि के बाद होता है। क्रान्ति द्वारा लाया गया परिवर्तन चमत्कारिक होता है। जब रूस में 1917 ई. में सामाजिक क्रान्ति हुई, तो ठीक इसके बाद धीरे-धीरे *अ-वर्ग समाज* (De-Class) बनने लगा। अतः सामाजिक परिवर्तन और क्रान्ति में बुनियादी अन्तर यह है कि पहले में परिवर्तन उद्विकासीय प्रक्रिया से होता है और दूसरे में त्वरित।

मार्क्स ने कहीं भी सामाजिक परिवर्तन की चर्चा नहीं की है! उनके सिद्धान्त के अनुसार जिसे हम समाज विज्ञानों में सामाजिक परिवर्तन कहते हैं, वस्तुतः क्रान्ति है। वर्ग संघर्ष की परिणिति क्रान्ति ही है। यह कोई आकस्मिक घटना नहीं है, इसका आधार इतिहास के विभिन्न युगों की भौतिक दशाएं हैं। *वर्ग संघर्ष पूंजीवादी समाज के अन्तर्विरोध के कारण है*।

उत्पादन पद्धति में परिवर्तन के साथ नये वर्ग का उदय होता है। यह नया वर्ग उत्पादन शक्तियों और उत्पादन सम्बन्धों का वाहक होता है। इसके विपरीत प्रतिगामी वर्ग, जो पुराने उत्पादन सम्बन्धों का वाहक होता है तथा जिसके हाथ में राजनैतिक शक्ति भी होती है, यथास्थिति बनाये रखने में ही अपना हित समझता है। अपने हितों की पूर्ति के लिये वह राज्य को दमन का साधन बनाता है। *इसी कारण मार्क्स राज्य को हर स्थिति में उत्पीड़क मानते हैं*। इसलिये इतिहास के इस मोड़ पर नवीन उत्पादन

शक्तियों और पुराने उत्पादन सम्बन्धों तथा उनके वाहक वर्गों के बची संघर्ष अपरिहार्य हो जाता है। इस वर्ग संघर्ष की अन्तिम दिशा क्रान्ति की ओर होती है।

सामाजिक क्रान्ति समाज के राजनीतिक, आर्थिक एवं बौद्धिक जीवन में एक गहरी उलट-फेर का नाम है। क्रान्ति के फलस्वरूप शासक वर्ग एवं राज्य के एक प्रकार के स्थान पर दूसरा प्रकार प्रकट होता है: पुराने उत्पादन सम्बन्धों का उन्मूलन और नवीन उत्पादन सम्बन्धों का उदय होता है तथा सामाजिक मान्यताओं एवं संस्थाओं में आमूल परिवर्तन आता है। मार्क्स की विचारधारा में पुरानी प्रतिगामी सामाजिक व्यवस्था के स्थान पर नवीन प्रगतिशील सामाजिक व्यवस्था का निर्माण क्रान्ति द्वारा ही होता है। क्रान्ति, किसी वर्ग विशेष या व्यक्ति विशेष की इच्छा पर निर्भर नहीं होती। इसके लिये निश्चित ऐतिहासिक दशाओं तथा अन्य वस्तुगत एवं व्यक्तिगत पूर्व आवश्यकताओं का होना आवश्यक है।

सामाजिक क्रान्ति किसे कहते हैं?

यदि एक वाक्य में सामाजिक क्रान्ति की व्याख्या करें, जो कहेंगे कि इतिहास में जो गतिशीलता है, जो बदलाव है वह उत्पादन शक्तियों और उत्पादन सम्बन्धों के बीच में संघर्ष है। पूंजीवाद की प्रारंभिक अवस्था में उत्पादन सम्बन्ध उत्पादन शक्तियों को विकसित करने में सहायक थे। इस अवस्था में पूंजीपति उत्पादन शक्तियों का विकास तेजी के साथ करते हैं। और इस विकास में मजदूरों की भागीदारी भी प्रंशसनीय होती है। मार्क्स ने अपनी *केपिटल* में इसका विस्तृत विवरण दिया है। लेकिन पूंजीवादी विकास का यह सिलसिला अधिक समय तक कामगारों को अपने साथ नहीं ले जा सकता। होता यह है कि थोड़े समय बाद उत्पादन सम्बन्ध वस्तुगत स्तर पर कामगारों के विरोधी हो जाते हैं। अब वह अवस्था आ जाती है जब उत्पादन सम्बन्ध तब तक ठीक नहीं हो सकते जब तक समाज की बुनियादी संरचना यानी पूंजीवादी अर्थ व्यवस्था बदल नहीं जाती।

क्रान्ति का आधार वर्ग संघर्ष है। यह वर्ग संघर्ष मालिक और मजदूर में होता है तथा इसे राजनैतिक, सामाजिक और मनोवैज्ञानिक अभिव्यक्ति में देखा जा सकता है। मार्क्स कहते हैं कि पूंजीवादी समाज में जो वर्ग संघर्ष होते हैं उन्हें *व्यक्तिनिष्ठ* (Subjective) स्तर पर देखा जा सकता है। कामगारों में जो चेतना होती है वह बढ़ती हुई उत्पादन शक्तियों का यानी *वास्तविकता* (Reality) का प्रतिबिम्ब है। इधर कारखानों के मालिकों में जो संघर्ष दिखायी देता है वह सम्पति सम्बन्धों को यथास्थिति में बनाये रखने का होता है। दूसरे शब्दों में बढ़ती हुई उत्पादन शक्तियों को देखकर कामगार अपने आपको अजनबी समझता हैं और इधर मालिक बे-सम्पति वर्ग के शोषण

में अपने आप को झोंक देता है। ऐसी अवस्था में इतिहास किसी व्यक्ति विशेष के बनाने से नहीं बनता। इतिहास तो एक *वस्तुगत परिणाम* (Objective Sequence) है: यह एक प्रकार का द्वन्द्व है, एक प्रतिरोध है और क्रान्ति इस प्रतिरोध का निवारण करती है। इतिहास एक और अर्थ में वर्गों के बीच का युद्ध भी है। सोच के ये दो प्रकार इतिहास वस्तुगत परिणाम है और वर्गों में युद्ध होता है, मार्क्स की केन्द्रीय धारणा है। वर्ग समाज में इसलिये वर्ग संघर्ष न कि वर्ग सामन्जस्य एक प्राकृतिक दशा है और इसे किसी भी तरह टाला नहीं जा सकता। जब-जब पूंजीवादी समाज में वर्गों का अधिकतम *ध्रुवीकरण* (Polarisation) हुआ है, क्रान्ति के अवसर उतने ही अधिक बढ़े हैं।

सामाजिक क्रान्ति, इस तरह वह है *जिसमें सामाजिक सम्बन्धों की प्रणाली में एक ऐसा आमूल परिवर्तन होता है जिसके फलस्वरूप एक सामाजिक-आर्थिक संरचना, दूसरी सामाजिक-आर्थिक संरचना को जन्म देती है।*

सामाजिक क्रान्ति समाज विशेष में विकसित हो चुके मुख्य सामाजिक राजनैतिक और सामाजिक आर्थिक वर्ग प्रतिरोध के समाधान की एक प्रक्रिया है। होता यह है कि क्रान्ति के दौरान वर्गों के बीच के प्रतिरोध उभर कर सामने आते हैं। ये प्रतिरोध रातों-रात नहीं उभरते। इनके जन्म और विकास में कई दशक और कभी-कभी तो कई सदियाँ खप जाती हैं। सच्चाई यह है कि सामाजिक क्रान्तियाँ वस्तुगत आवश्यकताओं की बदौलत होती है। उत्पादन शक्तियों तथा आर्थिक प्रगति में बाधक बने कालातीत उत्पादन सम्बन्धों के बीच टकराव सामाजिक क्रान्ति का मुख्यतम कारण है। कालातीत उत्पादन सम्बन्ध उत्पादन शक्तियों के विकास का सामाजिक रूप न रहकर उनके लिये बेड़ियां बन जाते हैं। अतः सामाजिक क्रान्ति अन्ततः आर्थिक सम्बन्धों, मुख्यतया स्वामित्व सम्बन्धों की प्रणाली में परिवर्तन की ओर ले जाती है। इस संदर्भ में आर्थिक प्रतिरोध सामाजिक क्रान्ति के निर्णायक कारण हैं। जब क्रान्ति होती है तो राज्य सत्ता एक वर्ग के हाथों से दूसरे वर्ग के हाथों में पहुंच जाती है। इस तरह सामाजिक क्रान्ति केवल आर्थिक क्रान्ति ही नहीं है। यह एक सामाजिक तथा राजनैतिक क्रान्ति भी है।

क्रान्ति कब होती है?

किसी भी देश में क्रान्ति आनन-फानन में नहीं होती। इसके पीछे *वस्तुगत दशाएँ* (Objective Conditions) होती हैं। इन दशाओं के परिपक्व होने पर ही क्रान्ति होती है। क्रान्ति के कारण हैं। इन कारणों को हम यहाँ क्रमशः प्रस्तुत करेगें।

(1) *उत्पादन पद्धति पर आधारित युगों का सिलसिला क्रान्ति की ओर ले जाता है*

ऊपर हमने कहा है कि क्रान्ति किसी राजा महाराजा या नेता की इच्छा पर निर्भर नहीं है। इसका आधार तो युग विशेष की भौतिक दशाएं या उत्पादन पद्धतियाँ है। इतिहास का एक युग दूसरे युग की ओर बढ़ता है। युगों के बढ़ने के सिलसिले में भौतिक दशाएं ऐसी अवस्था में आती हैं, जब क्रान्ति होती है। एक तरफ पुरानी सामाजिक व्यवस्था होती है और दूसरी तरफ नयी उत्पादन शक्तियाँ। ये नयी उत्पादन शक्तियाँ मनुष्य और इस अर्थ में कामगार की आजादी पर जोर देती है। जब एक युग की पुरानी और दूसरे युग की नयी व्यवस्था में संघर्ष होता है, तब क्रान्ति आती है।

होता यह है कि पुरानी व्यवस्था के निम्न वर्ग नयी उत्पादन शक्ति के युग में उच्च वर्ग को चुनौती देती है। चुनौती देने का यह आलम तब तक चलता रहता है, जब तक क्रान्ति नहीं होती।

(2) *क्रान्ति का एक स्वरूप बुर्जुआ भी होता है: मार्क्स की क्रान्ति का आधार उत्पादन पद्धति में बदलाव होता है*

मार्क्स और मार्क्सवादियों ने क्रान्ति के कई स्वरूपों को देखा है। उदाहरण के लिये ऐंजिल्स ने जर्मनी के एकीकरण के प्रयासों को क्रान्तिकारी कहा है। यह क्रान्ति ऐतिहासिक शक्ति के कारण हुई थी। एक अन्य स्थान पर मार्क्स, भारतीय गांवों की हस्तकला, कारीगरी, ग्रामीण उद्योग आदि के पतन को जो ब्रिटिश औद्योगीकरण के कारण आया (1853 ई.) को ग्रामीण क्रान्ति कहते हैं। एक और प्रकार की क्रान्ति यूरोप के अन्य देशों में देखने को मिलती है, उदाहरण के लिये इंगलेण्ड की 1640 ई. के दशक की क्रान्ति और इसी तरह 1848-49 ई. में जर्मनी में कामगारों द्वारा उठाया गया आन्दोलन या इसी भांति 1789 ई. में हुई फ्रान्स की राज्य क्रान्ति, *बुर्जुआ क्रान्ति* (Bourgeois Revolution) कहलाते हैं। मार्क्स और मार्क्सवादी, इन क्रान्तियों को परिभाषित करने में एक मत नहीं हैं।

क्रान्ति की परिभाषाओं में, यदि सैद्धान्तिक दृष्टि से देखा जाये तो मार्क्स की स्थिति बहुत स्पष्ट है। उनके अनुसार क्रान्ति का बहुत बड़ा कारण यह कहना चाहिये एक मात्र कारण उत्पादन पद्धति और उससे जुड़ी हुई भौतिक दशाएं हैं।

(3) *क्रान्ति के लिये निश्चित भौतिक दशाओं का होना आवश्यक है*

यह इतिहास में पहली बार था कि पूंजीवाद ने मजदूर वर्ग को पैदा किया। इन वर्गों के कारण ही समाज में श्रम विभाजन हुआ। अतः कामगार वर्ग, मार्क्स की भली तरह से स्पष्ट करते हैं, पूंजी का स्वामित्व नहीं चाहते। वे तो पूंजी से अलगाव रखते हैं। क्रान्ति

इसलिये नहीं होती कि कामगार उस सम्पूर्ण मिल्कियत के मालिक हो जायें जो आज पूँजीपतियों की है। क्रान्ति तो इसलिये होती है कि वर्ग समाप्त हो जायें, राज्य समाप्त हो जाये और एक ऐसा समाज बन जाये जो वर्गहीन और राज्यहीन हो।

मार्क्स ने क्रान्ति की अवधारणा को भौतिक दशाओं के साथ जोड़कर एक और स्पष्टीकरण दिया है। वे कहते हैं कि *युद्ध का मतलब क्रान्ति नहीं है। 1914 ई. में जब प्रथम विश्व युद्ध हुआ और एक राष्ट्र ने दूसरे राष्ट्र के विरोध में हथियार उठाये तो किसी भी परिभाषा में यह क्रान्ति नहीं थी। राजवंशों का उलट-फेर कभी भी क्रान्ति को नहीं बनाता।*

क्रान्ति तो वह है जिसमें आम जनता की भागादारी होती है। यह तब होती है जब पूंजीपति वर्ग किसी भी दशा में अपने कल-कारखानें नहीं चला पाता। ये भौतिक दशाएँ जो वस्तुगत वास्तविकताएँ हैं, क्रान्ति को निश्चित करती हैं। क्रान्ति न तो किसी राजनैतिक दल और न वर्ग की इच्छा पर निर्भर है। इसकी दशा और दिशा तो इतिहास निश्चित करता है।

(4) *वर्गों का ध्रुवीकरण*

क्रान्ति होने के लिये कामगारों की हालत का अत्यधिक खस्ता होना आवश्यक है। कारखानों में धुएँ में और गन्दी बस्ती में रहने वाले कामगार की तंगहाली जितनी अधिक बढ़ती जाती है उतना ही उसका अलगाव भी बढ़ जाता है। कामगार का भी अपना एक वर्ग है और वह अपने आप की पहचान इस वर्ग से करता है। वास्तव में किसी भी कामगार को सबसे पहले तो अपनी पहचान केवल अपने जैसे कामगारों के साथ जोड़नी पड़ती है। उसकी यह अवस्था केवल एक समूह या *समष्टि* (Aggregate) के सदस्य मात्र की होती है। इसे *क्लास इन इट सेल्फ* (Class-in-itself) यानी अपने आप में वर्ग की अवस्था कहते हैं। *इस अवस्था में कामगार का आर्थिक पद्धति में अपना एक निश्चित स्थान होता है। स्थान यह कि उसे कारखाने में एक अजनबी की तरह रात और दिन खटता है। जो कुछ उत्पादन होता है उसका उससे कोई मतलब नहीं। यह ऐसी अवस्था है जिसमें जितना अधिक वह काम करता है उतना ही अधिक उत्पादन होता है। लेकिन यह उत्पादन उसका नहीं है।* इस अवस्था में पहुंच कर वह *वर्ग के लिये वर्ग* (Class for itself) के स्तर पर आ जाता है। वर्ग संरचना (Class formation) में कामगार अब इतना चेतन हो जाता है कि वह कह सके कि दुनियाँ भर के मजदूरों संगठित हो जाओ, तुम्हारे पास तुम्हारी बेड़ियों को छोड़कर खोने के लिये और कुछ नहीं है। यह मजदूर-मजदूर, भाई-भाई की चेतना वर्ग के सदस्यों की सम्पूर्ण वर्ग के प्रति चेतना है।

यह कहना जैसा कि अमरीका के औद्योगिक मनोवैज्ञानिक कहते हैं कि कामगार का अलगाव और कुछ न होकर कार्य के प्रति असंतोष है, गलत है। *वास्तविकता यह है कि कारखाने का मालिक जब व्यक्तिगत मिल्कियत को बनाना शुरू कर देता है और कामगार का शोषण प्रारम्भ हो जाता है तब इसलिये की क्रान्ति का बिगुल बज गया है। अलगाव और आर्थिक शोषण कामगार की कमर तोड़ देते हैं और वह क्रान्ति के लिये तैयार हो जाता है।*

जैसे-जैसे सर्वहारा वर्ग की तंगहाली बढ़ती जाती है, क्रान्ति की दशा निकट आती जाती है। वैसे मार्क्स स्वीकार करते हैं, समाज में छोटे-मोटे कई वर्ग हैः बुर्जुआ वर्ग, लघु उद्योग, सफेद पोश, मध्यम वर्ग और सर्वहारा वर्ग। ज्यों-ज्यों गरीबों का शोषण अलगाव बढ़ता जाता है, मालिक की व्यक्तिगत सम्पति संचयी होती जाती है, सभी वर्ग दो ध्रुवों में बंट जाते हैं। यह वर्गों का ध्रुवीकरण है। क्रान्ति के समय तो दो ही वर्ग रहते हैः बुर्जुआ और सर्वहारा। शेष सभी वर्ग इन दोनों में से एक के साथ अपनी शिनाख्त कर लेते हैं। इधर ध्रुवीकरण पूरा हुआ और उधर क्रान्ति के लिये रेखा खिंच गयी।

(5) *तीव्रतम वर्ग चेतना*

मार्क्स ने बार-बार इस थीसिस को रखा है कि व्यक्ति की जो कुछ समझ, सोच और विचारधारा है वह वस्तुतः उसकी सामाजिक चेतना है। किसी भी व्यक्ति की सामाजिक चेतना मूल में जिस वर्ग का सदस्य है, उससे पैदा होती है। इस अर्थ में सर्वहारा वर्ग की जो भी सामाजिक चेतना है, उसका मूल स्रोत उसका सर्वहारा वर्ग ही है। जब एक कामगार धर्म को देखता है, संस्कारों और कर्मकाण्डों को देखता है, उपासना और अर्चना हो देखता है तब उसकी चेतना कहती है कि यह सब धार्मिक संरचना और कुछ न होकर पूंजीपतियों द्वारा निर्मित शोषण की एक विधि है। जब मजदूर यह कहता है कि जब सरकार जोर और जुल्म करती है, जब सरकार नागरिकों का शोषण करती है तो यह कुछ न होकर सतारूढ़ दल द्वारा किया गया शोषण है जो पूंजीपतियों की साजिश के कारण है। *अतः कामगार की धर्म या राजनीति के बारे में जो सामाजिक चेतना विचारधारा और सोच है उसकी उत्पति सर्वहारा वर्ग से ही हुई है।* यह इसलिये कि स्वयं सर्वहारा वर्ग पूंजीवादी उत्पादन पद्धति का ऐसा बेसहारा मोहरा बन गया है कि उसके भाग्य में और कोई सुनहरा विकल्प ही नहीं है। कामगार की तरह मालिक की विचारधारा भी यानी उसकी चेतना भी उसी पूंजीपति वर्ग से पैदा हुई है जिसका वह सदस्य है। मालिक की साँठ-गाँठ सत्तारूढ दल के साथ रहती है, और इसी कारण पूंजीपति वर्ग के धर्म, साहित्य, कला, नृत्य, संगीत आदि के विषय में जो विचार होते है

उनका जन्म पूंजीपति-वर्ग की कोख से ही होता है। कार्ल मार्क्स का, वर्ग चेतना के संदर्भ में यह कथन मार्क्सवादियों में बहुत लोकप्रिय है कि किसी भी समाज में सतारूढ दल के विचार सामान्यतया सम्पूर्ण युग के प्रभावी विचार होते हैं।

जब विभिन्न वर्गों में सामाजिक चेतना अपनी पराकाष्ठा पर पहुंच जाती है तो मानिये सर्वहारा वर्ग क्रान्ति के लिये प्रस्तुत है। अब स्थिति विस्फोटक हो गयी है।

(6) *क्रान्ति करने का अवसर तभी आता है जब वस्तुगत दशाएं* (Objective Conditions) *और व्यक्तिपरक तैयारी* (Subjective Readiness) *मेल खाते हैं*

केवल वस्तुगत दशाएँ यानी कारखाना, खस्ता मशीनरी, गन्दी बस्ती, थोड़ा रोजगार आदि ही किसी भी क्रान्ति को सफल बनाने के लिये पर्याप्त नहीं हैं। इसी तरह सर्वहारा की बलवती इच्छा भी क्रान्ति को कारगर नहीं बनाती। मार्क्स कहते हैं कि वस्तुगत दशाओं और कामगार की इच्छा में बराबर उतार-चढ़ाव आते रहते हैं। उतार-चढाव के कारण ही राजनीति में भी यही उतार-चढ़ाव देखने को मिलते हैं।

यह ठीक है कि सर्वहारा को क्रान्ति करने के लिये तैयार रहना चाहिये, उसकी भागीदारी के बिना क्रान्ति हो भी नहीं सकती। लेकिन ऐसी क्रान्ति की सफलता के लिये वस्तुगत दशाएँ भी अनुकूल होनी चाहिये। देर सबेर ऐसा अवसर आता है जब वस्तुगत दशाओं और व्यक्तिपरक इच्छाओं में मेल हो जाता है, दोनों एक हो जाते हैं तब सर्वहारा की क्रान्ति को दुनियाँ की कोई भी ताकत रोक नहीं सकती।

(7) *मालिक वर्ग के हाथ में उत्पीड़न* (Coercion) *का हथियार होता है*

क्रान्ति का एक और कारण राज्य का आंतकवादी होना है। राज्य की शक्ति सामान्यतया प्रत्यक्ष या अप्रत्यक्ष रूप से बुर्जुआ वर्ग के हाथों में होती है। राज्य बुर्जुआ वर्ग का ऐसा हथियार है जिसके द्वारा सर्वहारा वर्ग के ऊपर अन्याय, अत्याचार किये जाते हैं। मार्क्स कहते हैं कि जो राज्य बुर्जुआ के हाथों में शोषण को बढ़ावा देता है *उसका आर्थिक पतन निश्चित रूप से होता है। अर्थहीनता की अवस्था में राज्य अधिक समय तक सत्ता को अपने हाथों में नहीं रख सकता*। यह अवस्था क्रान्ति को गति देती है।

(8) *पूंजीवाद एक के बाद एक आर्थिक संकट में उलझता रहता है। अन्तत्वोगत्वा यह बदतर आर्थिक संकट ही इसे ले डूबता है*

जब एक तरफ वस्तुगत दशाएँ खस्ता होती है, अमानवीय होती है और दूसरी तरफ कामगार क्रान्ति करने के लिये बेताब हो रहे होते हैं और ऐसी अवस्था में पूंजीवाद के लिये संकट जटिल होते हैं, तब क्रान्ति की संभावना बढ़ जाती है। मार्क्स ने क्रान्ति के लिये, इस भांति तीन अवस्थाओं को आवश्यक समझा है: (1) बिगड़ती हुई वस्तुगत

दशाएँ (2) कामगारों की क्रान्ति करने की तीव्र इच्छा और (3) पूंजीवाद के लिए संकटों का गहराना।

क्रान्ति की विशेषताएँ

Characteristics of Revolution

हमारे देश में जयप्रकाश नारायण ने सामाजिक परिवर्तन के लिये एक देशव्यापी आन्दोलन सातवें दशक में चलाया था। इसे इन्होंने *सम्पूर्ण क्रान्ति* (Total Revolution) का नाम दिया था। हम यह नहीं कहते कि जयप्रकाश नारायण ने सम्पूर्ण क्रान्ति का यह आन्दोलन मार्क्स से प्रेरित होकर उठाया था यद्यपि वे समाजवादी थे। लेकिन सम्पूर्ण क्रान्ति का यह आन्दोलन मार्क्स की क्रान्ति की अवधारणा को, उसकी विशेषताओं को समझने में सहायक है। मार्क्स जब क्रान्ति की चर्चा करते हैं तो उनका केवल यह सीमित अर्थ नहीं है कि उत्पादन पद्धतियों, सम्बन्धों और शक्तियों के कारण क्रान्ति के परिणामस्वरूप आर्थिक संरचना बदल जायगी। क्रान्ति से मार्क्स का मतलब सम्पूर्ण सामाजिक परिवेश में परिवर्तन से है। जब आर्थिक संरचना बदलती है, उत्पादन पद्धतियाँ बदलती है तो परिणाम स्वरूप सम्पूर्ण सामाजिक *अधिसंरचना* (Superstructure) भी बदल जाती है। राज्य की प्रकृति में अन्तर आता है, धर्म को देखने का दृष्टिकोण दूसरा हो जाता है, साहित्य, कला और नृत्य को समझने का संदर्श बदल जाता है। यहाँ हम मार्क्स द्वारा प्रतिपादित सामाजिक क्रान्ति या इस अर्थ में सामाजिक परिवर्तन की कुछ विशेषताओं को रखेगें:

(1) *क्रान्ति केवल एक झटके में ही पूरी नहीं होती:*

क्रान्ति की बहुत बड़ी पहचान यह है कि यह एकाएक तो होती है, लेकिन एक सांस में ही समाप्त नहीं होती। यह क्रान्ति उत्पादन पद्धतियों में ही नहीं होती, समाज के सम्पूर्ण परिवेश में पूरी संरचना में होती है। ऐसा होता है कि समाज के किसी एक क्षेत्र में क्रान्ति होती है। धीरे-धीरे यह क्रान्ति समाज के अन्य क्षेत्रों: राजनीति, परिवार, विवाह, धर्म आदि में भी देखने को मिलती है। इसीलिये इस सम्पूर्ण क्रान्ति की अवधि अपेक्षित रूप से लम्बी होती है।

(2) *सामाजिक क्रान्ति समाज सुधार नहीं है:*

मार्क्स ने यूरोप की कई क्रान्तियों का अध्ययन किया। उन्होंने इटली में मेजिनी (Mazzini) द्वारा प्रेरित क्रान्ति को समझा। इसी तरह यूरोप में 1848 ई. के बाद जो क्रान्तिकारी उलट-फेर हुए उनका भी विश्लेषण किया। इस सबसे बाद मार्क्स इस निष्कर्ष पर आये कि क्रान्ति का उद्देश्य समाज सुधार नहीं है। जगह-जगह थिगली

लगाने से समाज की दशाओं में अन्तर नहीं आता। जब तक समाज का सम्पूर्ण परिवर्तन नहीं होता पूरे दाँते, नट और बोल्ट नहीं बदलते, तब तक गरीब-गुरबों की शोषण से मुक्ति नहीं हो सकती। एक व्यवस्था को गिराकर, उसके शव पर दूसरी व्यवस्था को खड़ा करना ही क्रान्ति है।

(3) *अधिसंरचना का आविर्भाव:*

मार्क्स का तर्क है कि इतिहास के प्रत्येक युग में, पिछले युग का प्रतिरोध हुआ है और इसलिये किसी भी क्रान्ति का उद्देश्य तत्कालीन युग की बुनियादी संरचना को उखाड़कर उसके स्थान पर नयी अधिरचना को स्थापित करना होना चाहिए। जब बुनियादी संरचना क्रान्ति के परिणामस्वरूप बदल जाती है, तब अपने आप ही *अधिरचना* (Super Structure) में भी क्रान्तिकारी परिवर्तन आते हैं। यह इसलिये कि बुनियादी संरचना ही समाज के सोच, समझ और विचारधारा को बदलती है और इसी कारण अधिरचना का सम्पूर्ण परिवेश भी बदल जाता है।

मार्क्स के सिद्धान्त में जो पूंजीवाद की कटु आलोचना है, उसके अनुसार धर्म, अफीम की तरह है जो कामगारों को, उनकी वर्ग चेतना को सुलाये रखती है। धर्म पूंजीवादी अधिरचना का एक साधन है जो पूंजीपतियों की यथास्थिति को बनाये रखता है। और सर्वहारा की क्रान्ति की भावना पर, उसके उभार पर ठंडा पानी डालती है। इस अर्थ में धर्म में धर्म अधिरचना का वह भाग है जिसकी उपज बुर्जुआ समाज है।

मार्क्स की धर्म के प्रति जो विचारधारा थी उसका उद्‌गम जर्मनी का समाज था। उन्हें और ऐंजिल्स को यह समाज देखकर ज्ञात हुआ कि इसमें धर्म के प्रति इतनी गहरी आस्था है कि वहाँ किसी भी राजनैतिक गतिविधि को नहीं किया जा सकता। उन्हें लगा कि धर्म को बढ़ावा देने में राज्य और पूंजीपति दोनों की रूचि है। उनके अनुसार धर्म तो *जनता को दी गयी अफीम* (Opium of the Masses) है। इसका नशा जनता को क्रान्ति के लिये हथियार उठाने को निरूत्साहित करता है। धर्म के नशे में जनता समझने लगती है कि उनका शोषण तो ईश्वर की इच्छा है, वही ऊपर बैठा हुआ सर्वहारा के भाग्य को निश्चित करता है। अपने यौवनकाल में मार्क्स ने धर्म का अध्ययन व्यवस्थित रूप से किया। इन अध्ययनों के परिणामस्वरूप वे इस निष्कर्ष पर पहुंचे कि पूंजीवादी समाज में धर्म की भूमिका पूंजीपति वर्ग और राज्य निश्चित करते है। धर्म की तरह सम्पूर्ण संस्कृति भी पूंजीवादी अधिरचना की उपज है। इसी कारण क्रान्ति जब होती है तो पूंजीवादी व्यवस्था पर आधारित सम्पूर्ण अधिरचना ताश के पत्तों के महल की तरह धराशायी हो जाती है। अतः क्रान्ति की एक पहचान यह भी है कि इसके परिणामस्वरूप समाज की अधिरचना भी बदल जाती है। संस्कृति, साहित्य, धर्म,

दर्शन, सभी सर्वहारा वर्ग की विचारधारा के अनुकूल अपने आपको परिवर्तित कर लेते हैं। यह इसी कारण है कि रूस की 1917 ई. की क्रान्ति के बाद सोवियत रूस की अधिरचना में धर्म को कोई स्थान नहीं रहा। एक नयी तरह के साहित्य का सृजन हुआ और इस तरह अधिरचना का स्वरूप बुनियादी संरचना के साथ मेल खाने लगा।

(4) *सर्वहारा का अधिनायकवाद*

इंग्लेण्ड की *रक्तहीन क्रान्ति* (Bloodless Revolution) फ्रान्स की राज्य क्रान्ति और ऐसी ही यूरोप की कई क्रान्तियाँ जो 19 वीं शताब्दी में हुई, मार्क्स की परिभाषा के घेरे में क्रान्ति नहीं कहलाती। क्रान्ति की बहुत बड़ी शिनाख्त यह है कि इसमें बुर्जुआ की समाप्ति के बाद अनिवार्य रूप से सर्वहारा वर्ग प्रभावशाली हो जाता है। उसी का प्रभुत्व चलता है। वही दिशा निर्देश देता है। इस अवस्था को मार्क्स *सर्वहारा का अधिनायकवाद* (Dictatorship of the Proleteriat) कहते हैं। जब तक क्रान्ति के बाद सर्वहारा का प्रभुत्व नहीं आता यानी मजदूरों की हूकुमत नहीं आती क्रान्ति को मार्क्सवादी क्रान्ति नहीं कहते। इस अधिनायकवाद में पूंजीपतियों से यह कहा जाता है कि वे अपनी मिल्कियत राज्य को सौंप दें। यह प्रक्रिया अ-वर्ग (De-Class) की प्रक्रिया है जिसमें पूंजीपति वर्ग किसी भी वर्ग के स्थान से हट जाते हैं।

मार्क्सवादी राजनैतिक विचारधारा में सर्वहारा के अधिनायकवाद की अवधारणा एक निर्णायक विचारधारा है। एक विचारधारा है। एक स्थान पर (1852 ई.) मार्क्स कहते हैं कि उन्होंने वर्ग या वर्ग संघर्ष की अवधारणा को रखा हो, ऐसी कोई बात नहीं है। लेकिन वे आग्रहपूर्वक कहते हैं कि उन्होंनें जो नया तथ्य रखा है और जिसे प्रमाणित भी किया है वह सर्वहारा का अधिनायकवाद है। *उनका तर्क है कि वर्ग संघर्ष अनिवार्य रूप से सर्वहारा के अधिनायकवाद को जन्म देता है। इससे आगे उनका यह भी कहना है कि वर्गहीन समाज के निर्माण के लिये सर्वहारा का अधिनायकवाद एक संक्रमणकाल है*। मार्क्स के तर्क का सिलसिला कुछ इस तरह है: (1) वर्ग संघर्ष, (2) सर्वहारा का अधिनायकवाद, और (3) वर्गहीन समाज।

यद्यपि मार्क्स ने कहीं भी सर्वहारा के अधिनायकवाद की कोई परिभाषा नहीं दी है लेकिन वे निश्चित रूप से यह कहते हैं कि किसी भी क्रान्ति की बहुत बड़ी पहचान सर्वहारा का अधिनायकवाद है। *मार्क्स इस अधिनायकवाद की व्याख्या में कहते हैं कि इस व्यवस्था में शासन प्रणाली सर्वहारा के हाथ में आ जाती है जो क्रान्ति से पहले बुर्जुआ वर्ग के हाथ में थी। इस व्यवस्था में शासन चलाने का वास्तविक भार सर्वहारा का होता है। शासन के माध्यम से यह वर्ग क्रान्ति के उद्देश्यों को पूरा करता है। इस तरह सर्वहारा का अधिनायकवाद दोनों बातें पूरी करता है: (1) शासन प्रणाली का एक*

स्वरूप (Form of Regime), (2) सरकार का एक स्वरूप (Form of Government)। इस तरह की व्याख्या लेनिन ने भी अपनी पुस्तक *स्टेट एण्ड रिवोल्यूशन* (State and Revolution, 1964) में की है।

क्रान्ति की अवधारणा समाज विज्ञानों में एक जटिल अवधारणा है। इसकी कई परिभाषाएँ दी जाती है, इसके कई अर्थ निकाले जाते हैं। मार्क्स इसकी परिभाषा में लीक से हटकर हैं। उनके अनुसार क्रान्ति वह जिसमें वर्ग संघर्ष होता है। वर्गों का ध्रुवीकरण होता है। सर्वहारा वर्ग की तंगहाली और त्रासदी चरमसीमा पर पहुंच जाते हैं। इस क्रान्ति में राज्य समाप्त हो जाता है। सर्वहारा स्वयं राज्य को चलाते हैं और उनकी सत्ता सर्वोपरि होती है। सर्वहारा के अधिनायकवाद के बाद साम्यवाद आता है।

समाज का यह अंतिम पड़ाव है। उद्विकास का यह अंतिम छोर है और इस अवस्था में पहुंचने तक समाज वर्गहीन बन जाता है और *राज्य किसी फूल की तरह मुरझा* (State would wither away) जाता है।

सामाजिक क्रान्ति के सिद्धान्त की आलोचना
Criticism of the Theory of Social Revolution

प्रारम्भ में जब मार्क्स और ऐंजिल्स ने उत्पादन पद्धतियों का उल्लेख *जर्मन आइडियोलोजी* में किया तब ये दोनों लेखक क्रान्ति की अवधारणा के सम्बन्ध में स्पष्ट नहीं थे। उन्होंने जब 1843 ई. में इंग्लेण्ड, फ्रान्स और अमेरिका की क्रान्तियों का अध्ययन किया तब इन्हें बुर्जुआ क्रान्ति के नाम से पुकारा। इसके बाद उन्होंने जर्मनी में हुए *किसान युद्ध* (Peasant War of 1524-25) का विश्लेषण किया तब उन्हें लगा कि यह भी एक क्रान्ति थी क्योंकि इसमें किसान सामन्तवादी शिंकजे से बाहर निकल आये थे। लेकिन फिर उन्हें लगा कि शहरी लोगों में तो यह क्रान्ति हुई ही नहीं। बाद में चलकर मार्क्स ने क्रान्ति की अवधारणा को अधिक गहन रूप में रखा। यहाँ हमारा यही मत है कि क्रान्ति की अवधारणा का क्रमशः उद्विकास हुआ है और इसी कारण इसमें अभाव भी रहे हैं। मार्क्स की क्रान्ति की अवधारणा की कई आलोचनाएँ हुई हैं। यहाँ हम कुछ प्रमुख आलोचनाओं का उल्लेख करेगें।

(1) मार्क्स ने संघर्ष का कारण बुनियादी संरचना को बताया है, उनका कहना है कि सम्पति और शक्ति का गैर-बराबर वितरण क्रान्ति का कारण है। राल्फ डेहरनडोर्फ (Ralph Dahrendorf) ने क्रान्ति की इस बुनियादी अवधारणा को अस्वीकार किया है। वे आग्रहपूर्वक अपनी पुस्तक *"क्लास एण्ड क्लास कोन्फलीक्ट इन इण्डस्ट्रियल सोसाइटी* (Class and Class Conflict in Industrial Society, 1959) में कहते हैं कि संघर्ष का मुख्य कारण वर्ग नहीं है। आज के समाज में कई छोटी बड़ी संस्थाएँ

है। उद्योग और उद्योग घराने हैं। इन संस्थाओं में नियम उपनियम होते हैं, एक बंधा बंधाया संगठन होता है जिसमें कर्मचारियों की निश्चित भूमिकाएं होती हैं। ऐसे प्रत्येक संगठन में कर्मचारियों की भूमिका में शक्ति यानी प्राधिकार होता है। निदेशक के अधिकार सचिव से अधिक होते हैं। और इस सोपान में लिपिक के अधिकार न्यूनतम होते हैं। संगठनों के इस जाल को जो औद्योगिक समाज में देखने को मिलते हैं, डेहरनडोर्फ *इम्पेरटिवली को-ओरडीनेटेड एसोसिएशन* (Imperatively Cordinated Associations-ICA) कहते हैं। इन एसोसिएशनों यानी संगठनों में कर्मचारियों के आपसी सम्बन्ध वर्ग सम्बन्ध न होकर *प्राधिकार सम्बन्ध* (Authority Relations) होते हैं। *इन सम्बन्धों में टकराव आने पर ही क्रान्ति होती है*। मार्क्स की तरह वर्ग संघर्ष से क्रान्ति नहीं। मार्क्स तो इस तरह के प्राधिकार सम्बन्धों को केवल अधिरचना का एक अंग ही मानते हैं।

(2) डेहरनडोर्फ ने अपनी इस पुस्तक में मार्क्स से एक और बहुत बड़ी असहमति व्यक्त की है। मार्क्स ने जिस पूंजीवाद की अवधारणा को रखा है *उसमें उत्पादन साधनों के मालिक पूंजीपति या उसके नातेदारी सदस्य होते हैं*। डेहरनडोर्फ का आग्रह है कि अब पूंजीवाद का स्वरूप बदल गया है। औद्योगिक समाज में ऐसे संगठनों की बहुतायत है जिसमें कई हजार शेयर होल्डर होते हैं। पूंजीवाद का यह स्वरूप कोरपोरेट पूंजीवाद (Corporate Capitalism) है। यहाँ शक्ति और प्राधिकार कई लोगों में बंटते हैं। इस तरह के पूंजीवाद में संघर्ष का स्वरूप मार्क्स से बहुत भिन्न होता है।

(3) कई आलोचकों ने जिसमें पित्रिम सोरोकिन (Pitrim Sorokin) भी हैं, मार्क्स पर यह आरोप लगाया है कि वे क्रान्ति का निर्धारण केवल वस्तुगत दशाओं और व्यक्तिगत तैयारी के साथ जोड़ते हैं। ऐसा करने में उन्होंने संघर्ष के अन्य कारणों जैसे परिवार, जाति, धर्म आदि को छोड़ दिया है। भारत जैसे देश में तो गाँव और जाति की भूमिका वर्ग संघर्ष को भी जन्म दे देती है। हाल में दलित जातियों ने संगठित होकर जिस तरह राजनैतिक शक्ति को प्राप्त करने का दृष्टान्त रखा है, उसमें कहा जाता है कि अब देश में जातियाँ भी वर्ग बन रही हैं। अतः क्रान्ति के कारण आर्थिक चर होते हुए भी गैर-आर्थिक चर भी उतने ही महत्वपूर्ण हैं।

उपसंहार

मार्क्स जो कुछ कहते थे उसे करने में भी भरोसा रखते थे। उनका सामाजिक क्रान्ति का सिद्धान्त कोई बौद्धिक शब्द जाल मात्र नहीं था। उन्होंने स्वयं घोषणा पत्र निकाले, मजदूरों को संगठित किया, उसमें वर्ग चेतना पैदा की और कोशिश की कि किसी तरह किसी देश में सामाजिक क्रान्ति हो जाय। वस्तुतः वे समाज के ऐसे आर्थिक और

राजनैतिक प्रणेता थे जो इस सड़ी गली पूंजीवादी व्यवस्था को समाप्त करके समाजवादी साम्यवादी व्यवस्था स्थापित करना चाहते थे।

किसी भी समाज में सामाजिक परिवर्तन लाने की दो मुख्य प्रक्रियाएं हैं: समाज सुधार और सामाजिक क्रान्ति। चाहे सुधार हो या क्रान्ति, समाज में परिवर्तन तो आता ही है। इस अर्थ में सामाजिक सुधार और क्रान्ति सामाजिक परिवर्तन की विधियाँ हैं। मार्क्स सामाजिक परिवर्तन के लिये समाज सुधार के साथ समझौता नहीं करते। रूस में एक बार जब अकाल पड़ा तो कुछ मालदार लोगों ने गरीब-गुरबों को ओढ़ने को कम्बल और खाने को ब्रेड दी। यह दान था, गरीबों के साथ हमदर्दी थी। लेनिन ने जब यह सुना तो उन्होंने इस तरह की दानवृति का जमकर विरोध किया। उनका तर्क था कि इस प्रकार की सदाशयता गरीबों की तंगहाली को कमजोर कर देगी और क्रान्ति आगे सरक जायेगी।

मार्क्स क्रान्ति के लिये कई शर्तें रखते हैं। मुख्य रूप से उनका कहना है कि क्रान्ति रातों-रात नहीं होती। इसकी भी एक प्रक्रिया है। जब किसी युग में उत्पादन पद्धतियों और उत्पादन शक्तियों के बीच की खाड़ी बहुत चौड़ी हो जाती है, वस्तुगत काम की दशाएँ जब कामगार के सिर से ऊपर उठ जाती है, जब कामगार की वर्ग चेतना तीव्र हो जाती है, तब क्रान्ति अनिवार्य रूप से होती है। निश्चित रूप से क्रान्ति का होना न तो किसी व्यक्ति पर निर्भर है, न किसी राजनैतिक दल पर और न ही किसी वर्ग पर। क्रान्ति तो एक ऐतिहासिक घटना है जिसका कारण भौतिकवादी द्वन्द्व और व्यक्तिगत तैयारियाँ है। जब क्रान्ति होती है उससे ठीक पहले वर्गों का ध्रुवीकरण हो जाता है और क्रान्ति के बाद कामगारों का अधिनायकवाद। इसके बाद साम्यवाद आता है—एक ऐसा समाज जो वर्गहीन और राज्यहीन है।

अध्याय 9

सोवियत रूस के विघटन के सन्दर्भ में मार्क्स की प्रासंगिकता

Relevance of Karl Marx with Reference to Disintegration of Soviet Russia

सोवियत रूस में अगस्त 1922, 1991 में जो राजनैतिक भूचाल आया उसने सम्पूर्ण पूर्वी यूरोप को उस मुकाम पर खड़ा कर दिया जहां कार्ल मार्क्स के वे सब सैद्धान्तिक निरूपण तिरोहित हो गये जिसके बारे में उसने कहा था कि इस समाज में सर्वहारा के प्रभुत्व के बाद न भौतिकवादी द्वन्द्व होगा, न ही वर्ग संघर्ष। मार्क्स के सिद्धान्त के हिसाब से सोवियत संघ के समाज में, अधिनायकवाद के बाद वर्ग नहीं रहेगें, राज्य कुम्हला जायेगा और इतिहास अपनी सड़क की अंतिम छोर पर पहुंच जायेगा। यह सब नहीं हुआ।

इस उलट फेर के सन्दर्भ में मार्क्स के सिद्धान्त की मखौल उड़ाते हुए सोवियत रूस के अगस्त की इस क्रान्ति को कुछ आलोचकों ने समाजवादी समाज के मॉडल की मृत्यु करार किया। सोवियत रुस का विघटन उतना ही क्रान्तिकारी था जितनी 1917 ई. की उसकी क्रान्ति।

अगस्त 1991 ई. के उथल पुथल के बाद सोवियत संघ में *गोरबाचेव* (Gorbachev) ने दो महत्वपूर्ण अवधारणाऍं रखी: *ग्लासनोट* (Glasnost) और *पेरेस्ट्राइका* (Perestroika)। सोवियत रूस की अर्थव्यवस्था की असफलता चिन्तकों के लिये एक महत्वपूर्ण मुद्दा बन गयी। यह निश्चित है कि रूस में जो कुछ उतार-चढ़ाव आया उसने एक प्रजातान्त्रिक क्रान्ति का सूत्रपात किया। अब आम जनता

को एक सामान्य नागरिक के अधिकार मिल गये। अब बाजार व्यवस्था किसी भी पूंजीवादी व्यवस्था की तरह निर्णायक अर्थ-व्यवस्था बन गयी। यह सब इसलिये हुआ कि सोवियत रूस का समाजवाद वस्तुतः अधिनायकवादी बन गया और उसका यह अधिनायकवाद ही अन्ततः उसे ले डूबा।

1991 ई. के बाद जब सोवियत रूस के समाजवाद को प्राणघातक धक्का लगा तब मार्क्सवाद तथा मार्क्सवादी विचारधारा पर कई आक्षेप लगाये गये। पश्चिमी संचार व्यवस्था ने, समाचार पत्रों और संचार के अन्य साधनों ने यह स्थापित करने का प्रयास किया कि सोवियत रूस का विघटन और इस अर्थ में सम्पूर्ण पूर्व यूराप की समाजवादी व्यवस्था यह बताती है कि अब मार्क्सवादी विचारधारा लुप्त हो गयी है, इसका कोई अस्तित्व नहीं। इस विचारधारा के लुप्त होने का कारण प्रजातन्त्र और स्वतन्त्र *बाजार (Free Market) की शक्तियाँ हैं। दूसरे शब्दों में पूर्वी यूरोप में 1991 ई. में जो समाजवाद की मौत हुई, वह वस्तुतः पूंजीवाद की जीत थी*। पूंजीपतियों की विचारधारा के अन्ततोगत्वा यह स्थापित कर दिया कि मार्क्स का *इतिहास के अन्त* (End of History itself) का सिद्धान्त गलत था। वर्ग संघर्ष समाप्त नहीं हुआ। इन विचारकों ने पूंजीवादी अर्थव्यवस्था के थीसिस को प्रमाणित करते हुए कहा कि आने वाला युग *स्वतन्त्र संसार* (Free World) का होगा। हमारे देश में भी ऐसे विचारक है जो सार रूप में इसी थीसिस को प्रस्तुत करते हैं। उनकी सलाह यह है कि अब भारतीय साम्यवादियों को मार्क्सवादी विचारधारा से अपना पिण्ड छुड़ा लेना चाहिये।

ये विचारक और राजनीतिज्ञ जो समाजवादी और मार्क्सवादी विचारधारा के प्रति प्रतिबद्ध हैं, बेहिचक कहते हैं कि पूंजीवादी व्यवस्था अधिक समय नहीं चलेगी और एक न एक दिन वर्ग संघर्ष समाजवाद को स्थापित करने में सफल होगा। भारतीय विचारकों के इस थीसिस का प्रमाण हमारे देश में पश्चिमी बंगाल में लगातार कई चुनावों में साम्यवादी दल का सतारूढ़ होना, मार्क्स की प्रासंगिकता को बताता है। चीन का साम्यवाद भी इसी प्रासंगिकता का उद्घोषक है। सच्चाई यह है कि मार्क्सवाद की सार्थकता केवल सोवियत रूस के पतन से जुड़ी नहीं है। इस विचारधारा को हर तरह से तार्किक तथा सैद्धान्तिक रूप से देखना चाहिये। अगर हम यह मान लेते हैं कि सोवियत रूस का विघटन मार्क्स के समाजवादी सिद्धान्त की अस्वीकृति है तो इस तरह का निष्कर्ष हमारा पूर्वाग्रह मात्र ही है। मार्क्स का समाजवादी सिद्धान्त वास्तव में एक ज्वलंत मुद्दा है जिस पर अभी बहस होने की पर्याप्त गुंजाइश है। अर्वाचीन संसार में मार्क्स की प्रासंगिकता किस सीमा तक है, इसे देखने का प्रयास हम प्रस्तुत अध्याय में करेगें-*क्या मार्क्स के सिद्धान्त को समाजवाद लाने के लिये ईमानदारी से लागू किया*

गया?

अगस्त, 1991 में सोवियत रूस में जो कुछ हुआ, इसके लिये हम मार्क्स के सिद्धान्त को कहाँ तक उत्तरदायी मानते हैं? मार्क्स ने अपनी सम्पूर्ण बौद्धिकता के आधार पर पूंजीवादी व्यवस्था की आलोचना की है। कारखानों और लाखों उद्यमों में काम करने वाले कामगारों को मार्क्स से बड़ी उम्मीदें थी। उन्हें भरोसा था कि देर-सबेर सर्वहारा का अधिनायकवाद समाप्त होगा और ऐसे समाज की संरचना होगी जो वर्गहीन और राज्यहीन होगा। आशा के इस सन्दर्भ में जब सोवियत रूस का विघटन हुआ तो करोड़ों कामगारों और गरीब-गुरबों की आशाओं पर तुषारापात हो गया। रूस में ही कई तकनीशियनों, वैज्ञानिकों और प्रोफेसरों की जीवन-वृत्ति पर अंधेरा छा गया। ऐसा लगा कि मार्क्स ने पूंजीवाद की जो व्याख्या की थी, वह सब गलत और खोटी थी।

अर्वाचीन सन्दर्भ में मार्क्स की व्याख्या करते हुए हमें अपनी सम्पूर्ण वैचारिक ईमानदारी को काम में लाना चाहिये। यदि हम 1917 ई. की रूस की क्रान्ति को देखे तो साफ हो जायेगा कि *इस क्रान्ति की शुरूआत समाज के सबसे नीचे तबके से हुई थी*। मेहनतकश लोगों ने जारशाही के खिलाफ अपना परचम उठाया था, और वे कामयाब हुए। इधर 1991 ई. में जो क्रान्ति हुई उसकी शुरूआत नीचे से नहीं हुई, शुरूआत तो ऊपर से हुई। *बोल्शिविक पार्टी के प्रभुत्वशाली सदस्य सत्ता की शक्ति के बंटवारे के लिए आपस में लड़ने लगे। राजनेता और अधिकारीतन्त्र के सदस्य अपने आप में बुर्जुआ वर्ग बन गये। और इस तरह मार्क्स ने क्रान्ति के लिये जिन दशाओं को रखा था उसे नकार दिया*। अगर 1991 ई. की क्रान्ति नीचे से हुई होती तो हम मानते कि मार्क्सवाद की पूंजीवादी व्याख्या दोषपूर्ण थी। जहाँ मार्क्स अधिनायकवादी व्यवस्था में बुर्जुआ वर्ग को *अ-वर्ग* (De-Class) बनाने की पैरवी कर रहे थे, वहाँ सर्वहारा स्वयं बुर्जुआ बन रहे थे। ऐसी दशा में स्वयं अधिनायकवाद में, अधिनायकवाद का पतन निश्चित था।

मार्क्स ने ज्ञान के जिस समाजशास्त्र को प्रस्तुत किया वह एक प्रकार का संवाद था जिसे उन्होंने जर्मनी के दर्शनशास्त्र, ब्रिटेन के राजनैतिक अर्थशास्त्र और फ्रान्स के समाजवाद से लिया था। यूरोप की ये तीन परम्पराएँ 19 वीं शताब्दी में सशक्त परम्पराएँ बन गई। राजनैतिक दृष्टि से मार्क्सवाद ने अपने युग के राजनैतिक प्रजातन्त्र के आन्दोलन, कामगारों के पूंजीपतियों द्वारा शोषण के खिलाफ आन्दोलन और स्त्रियों की मुक्ति के आन्दोलनों से बहुत कुछ सीखा था। मार्क्स केवल विचारक ही नहीं थे वे अपने विचारों को व्यावहारिक रूप भी देने के लिये आन्दोलनरत थे। मार्क्सवादी पदावली में इसे मार्क्स की प्रेक्सिस (Praxis) कहते हैं। सोवियत रूस में कभी भी

मार्क्स के इस युक्तिपरक आन्दोलन को क्रियान्वित करने के प्रति चेष्टा नहीं की गई।

सोवियत रूस के पतन के पूर्ववर्ती युग में जहाँ अर्थव्यवस्था नहीं सम्भव पायी वहाँ बोल्शिविक पार्टी का नेतृत्व शक्ति के टुकड़ों के लिये बराबर लड़ता रहा। *वास्तव में मार्क्स की परिभाषा के अनुसार सोवियत रूस एक विशिष्ट विचारधारा का राष्ट्र था। इसकी विचारधारा न तो प्रजातान्त्रिक थी और न ही सिक्युलर (Secular) । यह राष्ट्र तो विशुद्ध रूप से वैचारिक राज्य (Ideological State) था*। जब वैचारिकी को ही भुला दिया गया तो संघ टूट गया। अगर सम्पूर्ण सोवियत संघ विचारधारा से जो मार्क्सवादी थी, एक सूत्र में बन्धा रहता तो पतन होना दूर की बात थी। मार्क्सवादी विचारधारा को तिलांजलि देकर लोग संस्कृति यानी इथनीसिटी के आधार पर बट गये। हुआ यह कि *सोवियत रूस ने कभी भी ईमानदारी से मार्क्स के सिद्धान्तों की कवायद (Exercise) नहीं की। जैसा की परीक्षण मार्क्स ने सिद्धान्तों का वांछित था, सोवियत रूस और उसके नेता नहीं दे सकें*। अतः हाल में हुआ सोवियत रूस का विघटन मार्क्स के पूंजीवादी व्यवस्था के सिद्धान्त की आलोचना की पराजय नहीं है। पराजय तो कवायद की है, *सही परीक्षण के अभाव की है*।

सोवियत रूस के विघटन के बाद क्या आज भी मार्क्स की प्रासंगिकता है?

यह ठीक है कि पूर्वी जर्मनी में मार्क्स के सिद्धान्तों की पराजय हो गयी। यह भी सही है कि मार्क्स ने पूंजीवाद की जो आलोचना की थी, उन्होंने जो यह थीसिस रखा था कि जिस दिन क्रान्ति होगी, वर्गों का द्वन्द्व समाप्त हो जायेगा, और समाज वर्गहीन और राज्यहीन बन जायेगा, सब झुठला गया है। तो क्या हम यह निष्कर्ष निकाले कि मार्क्स की बौद्धिक मृत्यु भी अगस्त 1991 ई. में हो गयी? इस तरह के प्रश्न का उत्तर सरल नहीं है। वास्तव में प्रश्न विवादास्पद है।

पूंजीवादी विचारधारा के सर्मथक अर्थशास्त्री और राजनीति के विद्वान यह तर्क देते हैं कि पूर्वी यूरोप ने कोई पौने सौ वर्ष तक मार्क्स के सिद्धान्तों की कवायद की, उसे पूरा परीक्षण दिया, यह इस तथ्य को प्रमाणित करता है कि मार्क्स के सिद्धान्त वास्तविक धरातल पर नहीं थे, उनकी प्रवृत्ति यूटोपियन थी। पिछले वर्षों में मार्क्स की जो आलोचनाएँ हुई हैं, वे 1991 ई. की कसौटी पर सही-सही नहीं उतरी। अब यह सिद्ध हो गया कि दुनियाँ के सामने केवल मात्र एक ही विकल्प हैः पूंजीवादी समाज का निर्माण।

मार्क्सवाद के समर्थकों का तरकस खाली नहीं हैं। उनका तर्क है कि जब मार्क्स

पूर्वी यूरोप में अपने परीक्षण में असफल रहे तो साम्यवादी चीन में इन सिद्धान्तों को सफलता क्यों मिल रही है। चीन के अतिरिक्त कई छोटे-मोटे समुदाय हैं जो मार्क्सवाद के परीक्षण में लगे हुए हैं। हमारे देश के एक राज्य में भी यह परीक्षण किसी न किसी तरह चल रहा है। महत्वपूर्ण बात यह है कि *किसी सिद्धान्त को व्यावहारिक रूप देने वाले समूह कैसे हैं? बोल्शिविक पार्टी अपने आपमें एक बुर्जुआ वर्ग बन गयी। उन्होंने स्वयं उत्पादन के साधनों पर अपना कब्जा कर लिया। यह कब्जे की ही लड़ाई थी जिसने इतने बड़े राष्ट्र को देखते-देखते धराशाही कर दिया।* यदि 1991 ई. की क्रान्ति नीचे से आयी होती, मेहनतकश लोगों ने राष्ट्रीय नेतृत्व से बगावत की होती तब तो दुनियाँ की समझ में आता कि मार्क्स के सिद्धान्तों ने लहुलुहान चोट खाई। यहाँ तो साधनों की बन्दरबाट में राष्ट्रीय नेतृत्व ही परस्पर भिड़ गया। और एक बड़ा देश नीचे गिर गया। अतः सोवियत रूस के विघटन में मार्क्स के सिद्धान्तों की पराजय न होकर उसे लागू करने वाले नेतृत्व की पराजय की है। इसी कारण मार्क्स की आज भी प्रासंगिकता बरकरार है।

समाज विज्ञानों में मार्क्स के सिद्धान्तों की प्रभुता

सोवियत रूस का पतन और कार्ल मार्क्स की प्रासंगिकता एक बहुत बड़ा राजनीतिक मुद्दा है। इस मुद्दे पर वाद हैं, प्रतिवादी हैं। लेकिन यह निर्विवाद है कि इस राजनैतिक उलट-फेर से परे समाज विज्ञानों में मार्क्स का प्रभाव बराबर दिखायी देता है। इस पतन से कहीं भी मार्क्स के सैद्धान्तिक और विधि सम्बन्धी विचारों में ढील नहीं आयी है। हम 1982 ई. की चर्चा करें। रणजीत गुहा के *सम्पादन में सबआल्टर्न स्टडीज* (Subaltern Studies-I, 1982) के आधे दर्जन से अधिक खण्ड प्रकाशित हुए हैं। इन खण्डों में रणजीत गुहा अपने सम्पादकीय में लिखते हैं कि अब तक दक्षिण एशिया के इतिहास के बारे में जो कुछ लिखा गया है उसमें अभिजात्य वर्ग का प्रभुत्व है। यह अभिजात्य वर्ग उपनिवेशवादी और बुर्जुआ है। ऐसी स्थिति में इस तरह का इतिहास सामान्य जनजीवन से मुक्त है, छुटा हुआ है। इसी की पूर्ति में रणजीत गुहा ने आम जनता के इतिहास को तथ्यों के आधार पर बनाने का प्रयास किया है। इस अर्थ में सब आल्टर्न अध्ययन वस्तुतः सामान्य लोगों का जो भूले-बिसरे हैं, अध्ययन हैं। *अध्ययन की यह नयी परम्परा जो इतिहास में देखने को मिलती है, वस्तुतः मार्क्स की ऐतिहासिक पद्धति है। यह समाज विज्ञानों पर कार्ल मार्क्स का स्पष्ट प्रभाव है।* यह सब इसलिये कि इतिहास लेखन की यह नयी पद्धति आम जनता की चेतना पर निर्भर है। इस तरह सब आल्टर्न अर्थात् जनता का इतिहास यह कहता है कि देश की आजादी की लड़ाई में एक ओर फटेहाल रहने वाले कोटि-कोटि लोग थे और दूसरी ओर उपनिवेशवादी और

भारतीय अभिजात्य वर्ग के लोग थे। समाज के निम्न वर्गों और दलितों को ऐसा गौरवपूर्ण दर्जा देने का काम मार्क्सवादी विचारधारा से ही प्रभावित है।

मार्क्स की अध्ययन विधि अब भी उसकी प्रासंगिकता बनाये हुए है।

यह कहा जा सकता है कि मार्क्स का राजनैतिक ऐजेण्डा पूर्वी यूरोप में पराजित हो गया। यह भी कहा जा सकता है कि मार्क्स की पूंजीवादी आलोचना खरी नहीं उतरी। इन तथ्यों के अतिरिक्त मार्क्स की कतिपय और आलोचनाएँ भी की जा सकती है। लेकिन समाज विज्ञान की अध्ययन पद्धतियों में अब भी कार्ल मार्क्स की परम्परा बराबर जीवित है। मार्क्स ने जिस ऐतिहासिक विधि को प्रतिपादित किया वह अपने आप में अनन्य है। उनसे पहले हीगेल ने विचारों के द्वन्द्व के आधार पर इतिहास को देखा था। मार्क्स पहले विचारक थे जिन्होंने इतिहास को भौतिकवादी संदर्भ में देखा। उनकी यह ऐतिहासिक विधि ही उन्हें बेमिसाल बना देती है।

मार्क्स सम्पूर्ण इतिहास को उत्पादन पद्धति यानी उत्पादन शक्तियों और उत्पादन सम्बन्धों के आधार पर देखते हैं। उन्होंने यूरोप और एशिया को इसी भौतिकवादी इतिहास की दृष्टि से देखा है। इतिहास की यह भौतिकवादी अवधारणा उन्हें वर्ग संघर्ष के दरवाजे तक ले आती है। मार्क्स की भौतिकवादी इतिहास की अवधारणा को दुनियाँ भर के विचारकों ने कसौटी पर परखा है। हमारे यहाँ भी अक्षय देसाई, कोसाम्बी, रामकृष्ण मुखर्जी, अमृत डांगे आदि में इतिहास को इसी संदर्भ में देखा है। ए.एम.पी. (AMP) यानी एशियाई उत्पादन पद्धति की अवधारणा और इससे जुड़ा हुआ सामन्तवाद और उपनिवेशवाद का सिद्धान्त मार्क्स की इस भौतिकवादी अवधारणा से ही विकसित हुए हैं।

अध्ययन विधि के संदर्भ में देखे तो यह निश्चित रूप से कहा जा सकता है कि राजनैतिक दृष्टि से, पूंजीवादी व्याख्या की दृष्टि से, कार्ल मार्क्स की प्रासंगिकता विवाद का मुद्दा बन सकती है, लेकिन जहाँ तक इतिहास की भौतिकवादी व्याख्या का प्रश्न है संसार में मार्क्स की समाज विज्ञानों में प्रासंगिकता आज भी महत्वपूर्ण है।